負けてたまるか。オレは日本人だ!

友情を胸に、武道を心身に、海外へ雄飛した熱き男のロマン

久保田英夫
Kubota Hideo

求龍堂

目次

負けてたまるか。オレは日本人だ！

友情を胸に、武道を心身に、海外へ雄飛した熱き男のロマン

第一章　家業と祖父。そして「でくの坊」の誕生

家業と祖父

祖父治三郎は、その父（曽祖父）喜代五郎とともに伊豆・伊東で自家船久吉丸《きゅうきち》を使い、海上で漁をする漁船より魚類を沖買いし、これを地下にある水槽に溜め、塩漬け加工していました（ここでいう「沖買い」とは、バブル期に流行《はや》った、大手商社のマグロの沖買いとは異なります）。

それは沖で漁をする漁船の近くに船をよせ、釣り上げた魚を海上で取り引きするものです。漁師は漁がよい時は、捕った魚をどんどん久吉丸に揚げ、その魚場を離れることなく漁を継続できるので、大層便利であったとか。その頃は漁船が小型であったため、魚で船が傾くほどの大漁の時などは大助かりであったと聞きます。わが家は代々この種の仕事に従事していました。

昔は氷が貴重であったため、塩漬けと乾燥品にして魚を江戸に送るのが出荷方法でした。現在でも築地の市場で取り扱う「塩干もの」は、その名残でしょう。山保《やまほ》（祖父の末弟の家の屋号）のおばの話によると、伊東港で最初にアジ、サバ、サンマ、金目鯛などの干物を商業化したのはわが家であったといいます。

カツオのシーズンには、その昔江戸で知られた「伊豆節」を製造し、戦前はこの伊豆節を日本橋三越に出荷していました。魚を溜めた地下の水槽は、周囲がコンクリートでできているので、太平洋戦争中はここを緊急用の防空壕として避難してました。

曽祖父の喜代五郎は近くの中道《なかみち》（土屋家）からの入り婿です。家つき娘の曾祖母は大変利発で、一を聞き十を知る聡明な女性だったそうですが、小柄で早口だったとは、彼女を知る山保のおばの話です。

祖父治三郎は、若くして妻（祖母）を肺炎で亡くしました。祖母（伊豆・三津《みと》出身）はふたりの子供、私の母と母の弟を残しました。

大正の初め頃のことです。祖父が日本橋の魚問屋に商品を販売したところ、期日がきても全然支払ってもらえず、怒った曽祖父に「治三郎、集金してこい」と言われたそうです。自分が売った得意先なので、祖父は仕方なく伊豆を後にしました。この頃は伊豆、三重、土佐の船は先ず大森の港に着け、そこより日本橋に向かったようです。関東大震災までは東海道、中仙道の起点である日本橋が物資の結集地点でした（震災後の昭和十年に現在の築地に移転）。

祖父は深川の近くに宿をとり、翌日から連日その問屋へ顔を出し催促しました。ところが来て分かったのですが、その問屋も上方のある問屋にひっかかり、身動きができない有様です。「仕方ない。長逗留だ」と、祖父は腹を決め江戸に居座りました（ここで江戸と書きましたが時はすでに大正です。江戸は「東京」ですが、祖父たちは長い間「江戸」と呼んでいました）。

妻（祖母）を亡くした祖父はまだ若く独り者です。毎日の無聊《ぶりょう》をもてあまし、時々深川の料理屋に顔を出し時には芸者をあげ、三味の音や踊りに国許を離れた寂しさを癒やしていました。芸者に酌をさせながら「止むを得ず江戸に集金に来たが、金は払ってもらえず、手ぶらで故郷に帰るわけにも行かない。じゃあ、どうしたらいいんだ」と、自問自答の毎日でした。お袋の顔も見たいし、娘や息子にも会いたい。西の空に落ちる紅い夕陽を眺めると、故郷が思い出され涙が頬を流れました。そんなことをくよくよ考えていると、酒も料理も美味くないし、気持ちがますますじりじりして焦りが深くなる。十数日すると皮膚に発疹も出て、さらにいらいらがつのる。それで祖父は近くに柔術道場を見つけ通うことにしました。子供の頃より柔術は父親喜代五郎から教わっていたので、その町道場でたちまち頭角を現し、師範から一目置かれるようになりました。

そうこうしている間に、祖父は手元の金子《きんす》も底をつき大層困りました。再三国許に金を送れと言えず、それで仕方なく品川の親戚に頼み込み、金を算段し深川に「おしるこ屋」を開店しました。明治の人は肝が据わっています。どうして海人《あま》（海上を生活の場とする人々）が、急にしるこ屋を始めたのか不明ですが、何か時代的背景があるのでしょう。

素人が始めるしるこ屋に、客がすぐつくものではありません。しかし、しるこ屋で毎日小額ですが日銭が入るのでそれで何とかしのいでいました。

祖父は、日々悪戦苦闘し「これからどうしたもんか」と、連日考えあぐねているとき、深川の売れっ子芸者のとめが、しるこ屋に顔を出すようになりました。それが縁で他の芸者たちも、毎日の芸事の稽古の行き帰りに寄るようになり、さらにどうした風の吹き回しか、芸者のとめが親身になって祖父をいろいろと面倒をみてくれるようになったのです。人の情けに飢えていた祖父は、たちまち見目麗しい彼女に強く惹かれました。それからあれやこれやがあったようですが、祖父はついに彼女の情にほだされ、男と女の仲となり、今度はふたりで店を切り盛りすることになりました。すると馴染みの芸者たちが、客と一緒に現れ、しるこ屋は思いのほか繁盛したそうです。

祖父がしるこ屋で多忙のなか、ある日のことです。国許の祖父の弟、次男終蔵が祖父を訪ねてきました。彼は今の東邦薬科大学を卒業し、伊東の実家の近くで薬局を開業していました。ところが兄貴の治三郎が江戸に行ったきり帰ってこない。それで仕方なく三男の富蔵と一緒に、薬局の仕事をする傍ら実家の家業の手伝いをしていました。昔から長男は家業を継ぎ、次男以下は親父と長男が生活費、学費の面倒をみて、ひとり前にさせ一本立ちさせる。これが古くからの伊豆の、いや日本のしきたりでした。

伊豆よりはるばるやって来た弟終蔵の話では、急に父喜代五郎が危篤となり、「治三郎はどこだ。治三郎はどこだ」と、苦しい息の下で繰り返すので、親戚一同と相談の上、祖父を呼び戻すためやって来たとのことです。

その日は偶然にも、祖父が築地の問屋から船一艘を債権の形《かた》にもらい受けたときでした。祖父は懇意になった深川の芸者とめを終蔵に紹介し、店のことなどを彼女に託し、急遽弟と一緒に郷里の伊東に帰り、父喜代五郎の臨終に間に合いました。

それから数日して、芸者とめが伊東に祖父を訪ねてきました。

「船と芸者が一緒に帰《けえ》って来た」と、これを見聞きした親戚や知人たちが、囃《はやし》し立てたとか。これには祖父もさぞ照れ臭かったことでしょう。

彼女が私の知る祖母のとめです。

祖父治三郎と後添えの祖母とめは、いつも仲がよく、私の大学時代の頃にはどうしてあんな風にお互いをかばい合って、いつも生活できるのかなといぶかった記憶があります。彼女はいつも優しく、幼少の頃はなにかと小遣いをせびる私の面倒をよくみてくれました。しかし私が何かおかしなことをすると、それは厳しい祖母でした。あれが明治女の厳しさというものでしょう。大正時代の婦人雑誌のグラビアに載ったという芸妓であったそうですが、そんな片鱗は垣間見ることはありませんでした。

ただ、今思い出しますと、あの頃の一般の女性では珍しく、長いキセルでタバコを吸っていたこと。それも背筋をすっと伸ばして。また茶碗や箸の持ち方や食事の仕方が実に綺麗でした。幼少の私が惚れ惚れするほどでした。時は戦時中です。

幼い私は、どうしてあんな風に美味そうに、ご飯を、それも「白米がほとんど入っていない、トウモロコシとコーリャ

祖母とめと近所の子供（あー坊）

されたといいます。

ところが、運が強いのかどうなのか、私は高齢となりましたが、すこぶる壮健です。あと何年生きるか不明ですが、米寿までは壮健に生きること、すなわちそれが「人生の目的を達成する」ことであると信じて疑いません。少々身体に痛んだところもあるのですが、「今日を生き、明日を考えない」という信条で暮らしています。

人に死はいつの日か訪れる。これは紛れもない事実です。この自明の理は考えても無駄、運に成り行きを任すしかない。そして健康であるために汗を流し、三快（快食、快便、快眠）を心がけています。

作家三島由紀夫は生まれて産湯を使った記憶を、なにかに書いていましたが、私には幼時の記憶がほとんどありません。ただふたつのことが、ぼんやりとおぼろげながら残っています。ひとつは母の乳をすっているものです。その記憶は時々小さな乳房から大きな乳房へと変化します。後年、母から聞いて知ったのですが、乳房のひとつは母のもの、もうひとつは向かいの家の大星の山崎のおばさんのものでした。母の母乳の出が悪かったので、おばさんが自分の母乳を分けてくれたのです。乳製品がなかった時代の話です。近所、親戚が親密に付き合っていた頃の懐かしい思い出です。

もうひとつは義姉照子の温かな背中です。彼女は私より一回りほど年上ですから、私は一歳、彼女は十三歳ほどでした。彼女は、いつも私を背負い学校に行き、学校から帰ると、普段は家の手

著者、3歳頃

伝いをやっていました。ある日のこと、近所の子供たちと遊び、日も暮れてきたので、皆が一斉にばたばたと走って家に帰る途中、近所のおばさんが、急ぎ足で歩く彼女を見て、

「照子、おまえ英坊《ひでぼう》はどこだい」

と、訊いてきました。彼女はエッと声を上げ、自分の背中を見ました。背負っているはずの私が、彼女の背中にいません。その時、私はその辺の木に縛りつけられ、いい気持ちで眠っていたそうです。彼女は近所の子供たちと遊ぶのに夢中になり、帰りに、私を忘れてしまっていたのです。

次は、幼稚園の時の記憶です。夏の昼下がり。祖母と母、義姉照子、薬局のおば、鈴木一男君(以下、かず坊)の母親とかず坊と私、皆がうち揃ってきれいに着飾って日傘をさし、浮き浮きとした気分で海岸通りを歩いていました。皆で十二分ほどのところにある、温泉旅館の風呂に向かっていました。

私は同じ歳のかず坊とふざけながら、皆の周囲をふたりで駆け回っていました。かず坊が何か言って急に道路を渡りました。私は彼のあとを追って通りを渡ろうとした、その瞬間です。自転車が角を曲がって来て、あっという間に私をはねました。相手は成人です。かなりの速度で曲がってきたのでしょう。私の右膝下は完全骨折でした。

この骨折の程度を検査した医師は「これは手に負えない。とりあえず救急処置だけを」と手当てをしてくれました。それからどの病院に連れていかれたか不明ですが、残っている微かな記憶は横浜の接骨医の家の中でした。多分祖母たちが手分けして良医を探し、そこに運んでくれたの

でしょう。

私はそこの座敷の布団の中に横たわっていました。そこに何日泊まったか分かりませんが、かなり長期間、多分二カ月ほど治療したことと思います。朝夕こわい顔した接骨医が来て、寝ている私の半身を起こし椅子に座らせ、右足を強い力で引っ張ります。その痛いこと、痛いこと。わんわん泣きながら祖母にしがみつき、この先生の治療を受けました。

この時は最初から祖母が付きっ切りでそばについていました。少し治ってくると、家の中は退屈なので、ふたりで近くの公園に出かけ、砂場にしゃがみこみ、アリや小さな虫と遊んだ記憶があります。連日暑い日で、私は麦わら帽子をかぶり、祖母は濃い紫色の日傘をさしていました。伊豆を遠く離れた横浜、ここで生活するのはもちろん初めての経験です。子供の私にとっては物珍しいことが多々ありました。

そのひとつは、名前は聞いていましたが、見たこともない珍しい小さな虫がいました。夏季ですので夜は蚊帳《かや》をつり、その中に布団を敷きます。隣には祖母がいつも寝ています。私は毎晩祖母の話すおとぎ話、「桃太郎」や「かぐや姫」などを聞きながら眠りに就きました。ある晩のことです。祖母が布団を敷くのを見ていると、不思議なことに布団の周囲に細い溝のようなものを置きます。何だろうといぶかっていましたが、ある朝解答を見つけました。何気なくこの細い溝の中を見ると変な小さな虫がうごめいています。何だろうと祖母に尋ねると、祖母が笑いながら「これが南京虫よ」という返事が返ってきました。私はびっくりして顔を近づけ「へえ、これがあの虫か」と、再びつらつらと眺めました。そして横浜は伊東とは違うんだと、子供心に横浜は、「異郷」であることを納得し、また何となく感心しました。

太平洋戦争勃発

昭和十六年十二月八日、真珠湾攻撃。そして太平洋戦争が勃発しました。この頃はゆかた一反、三〜四円七十銭。人気詩集『智恵子抄』（高村光太郎）、流行語は「進め一億火の玉だ」。

伊東は田舎で、私はまだ幼い子供です。日常生活は普段とあまり変わりません。小学校の前半は戦時中です。それで毎朝規則正しく隣組の先輩、後輩と組みになって通学しました。帰りも同様で勝手に飛び出すことはできません。そして食料事情は次第に年ごとに悪くなりました。

昼休みとなり、皆が弁当を開ける時間になると、いつもひとりこっそりと教室を出て行く生徒がいました。弁当を持ってこないので皆の手前外に出て行くのです。そしてクラスの友達から彼の父親が大陸で戦死したと耳にしました。

伊東町はその昔から温泉量が豊富で、古くから温泉場として名を馳せています。聞いた話では平安時代には歌にも詠まれていたとか。皆さんは知らないでしょうが、現在でも伊東市は関東第一の温泉量を誇っています。

その一方、私の生まれ育った新井区、この地域には温泉は湧かず、住民の大半が漁労で生計を立てていました。他の地域の人たちは、「あそこはアライじゃねえ。アレエ（荒れえ）だ」と、荒っぽく野蛮な地域だと言っていました。確かに言葉も他の地域と異なり、独特の「浜言葉」です。

しかしここは、その昔から近所仲良く暮らし、犯罪はほとんどありませんでした。もちろん気性の荒い漁師町ですから、時に若い連中が喧嘩をしますが、これは一種の若い漁師たちの憂さ晴らし。戦後になって静岡県では清水港がマグロ漁の水揚げで一挙に数量を増やしました。それ以前は黒瀬川（黒潮）を前にした伊東港は静岡随一、その水揚げを誇っていました。

戦時中は私の父は徴用で、輸送船に乗っていて留守でした。それで祖父が今まで通り家業の海産物の仕事を継続していました。祖母と義姉照子は朝と晩は、裏山の畑に出て野菜類を作っていました。母は主に家事を中心に動き、時に家業を手伝っていました。私の記憶ではわが家では食の心配はまったくありませんでした。

ただ戦況が進み昭和十九年頃になると、朝昼晩の主食に米はほとんどなく、野菜のすいとん、そしてトウモロコシ、コーリャンなどが米に代わりました。茶碗の中の主食を口に含むとパサパサ、ボロボロの味気ないものでした。そして私は祖父がテーブルに座っていないときは、母に「こんな美味くねえものは食えねえ」と箸を投げ出しました。すると母は困って、私の顔をじっと見つめていました。

そしていつものことですが、学校から帰るとカバンを放り投げ、春、秋、冬は後ろの山へ、夏は百メートルほど歩いて近くの岸壁へ行き、思う存分夕日が山際に沈むまで泳ぎ回りました。そしていつでも空きっ腹の連続でした。

今でも鮮明に覚えていますが、最初に犬かきで身体が海面に浮いた一瞬、「ああ、泳げた！」と大声で叫んで、水の中ではしゃぎ回り、「泳げた、泳げた」と言って周囲を見渡しました。もうあたりには誰もいません。私はひとりぼっちで、ばちゃばちゃと長時間泳ぎの真似をやっていたのです。これは小学校二年の時です。遠くの景色を眺めると、富士山の左側に真っ赤な夕日が山の端に落ち込む寸前でした。そして空腹で腹がグウと鳴っていました。

私は「ああ、メシに遅れる。大変だあ」と大声で叫び、百メートルほど離れた家まで駆け出しました。今でも、あの時の落日は時々思い出します。実に鮮明で絵画的なものでした。私はどうもこの頃から一生懸命になると、その事柄に集中し周囲のことが分からなくなる傾向がありました。

その頃のことです。私は一歳下の妹としみを背負って子守をしていました。この時代は小さな男の子でも、時に妹を背負ってよく遊んでいました。私は彼女をおぶって、家の裏にある十数段の階段を登っていました。妹が突然ぐずって、私の背中で反り返りました。「あっ」と言う間に、としみは私の背中の右側から飛び出し、三メートルほど下の地面に転がり落ちました。

幸いだったのは、落ちる途中で倉庫の壁と階段の隙間にはさまれ、地上には直接落下しませんでした。私は驚き、「大変だあ」と、祖母を大声で呼び、ふたりで妹を助け出しました。彼女は頭の一部をブリキの壁で切ったものの、大事にはいたりませんでした。しかし頭を切ったので大出血、髪は血でべっとり、流れ出る血は顔一面を赤く染めていました。多分この傷跡は未だ彼女の頭に残っていることでしょう。

朝はいつも新井漁業組合の、ほら貝の音で目覚めました。すると台所では祖母か母が、包丁でコトコトと野菜を刻む音がします。これがその日の始まりでした。しかし時には、その音を聞きながら、うとうとと眠り続けることもよくありました。すると母がやって来て、「英夫、起きなさい」と、大きな声で起こします。私が、「はーい」と、眠そうな声で返事を返します。

この声の調子で、すぐ起き上がるかどうか分かるのでしょう。うとうとしていると、また来た母に布団をがばっとはがされました。一方隣に眠っている妹としみは、母の声でいつもすぐ起き上がっていました。

わが幼少の苦い記憶

昭和十九年。牛乳一本十一銭、松竹少女歌劇団が解散、流行語「天王山」。そして疎開が始まりました。

この頃になると、食料事情は確実に日々悪くなっていきました。

それまでは漁がいいときには、隣近所に無償で魚が配給されましたが、若者が軍隊にとられ漁獲量がぐっと減ってきました。さらに毎食にはもはや銀シャリはなく米は脇役です。主役はコーリャンやヒエ、トウモロコシ、カボチャ、イモ、大根などなどで、茶椀に入っている米は数えることができるほど、ぱらぱらと少なく、美味くないので、毎日母に文句たらたらです。そばに座る温厚な祖父に「今は戦時中、文句を言わずに食べなくちゃだめだ」と、よく叱られました。

ある夏の日のことです。

何が原因か覚えていませんが、祖母にひどく叱られました。私は腹が立って台所にあった包丁を握り、振りかぶって祖母を追いかけました。私の形相の異常に気づいた祖母は、驚いて土間に逃れ悲鳴を上げました。今度はその悲鳴に驚いた母と義姉照子が私をつかまえ、土間の前の六畳の畳の上に押さえつけました。母が、「照子、灸《きゅう》をだして頂戴」と叫び、今度は祖母と母で、私をしっかりと畳に固定しました。

そして母が私の着ていた着物を剥ぎ、左腹部の下の方にでかい灸に火をつけました。私はその灸の熱さでうなり声を上げ、腹部や足をばたばたと動かしましたが、大人三人で私の体をしっかり抑えているので動けません。それでも私は身体を懸命に動かそうと暴れましたが、しかし大人たちの三重の力には歯が立ちません。それで今度は灸の熱さでワンワンと泣き叫びました。

これが最初の「体罰であるお灸」の経験です。その後三度ほど、この種の灸を母からもらいました。しかし他は何をしたのかまったく記憶にありません。

後年渡米してからのことですが、ロサンゼルスの「赤ひげ」で名高い医師、ドクター入江が私の腹部を診て、これは何ですかと訊き、灸の痕と分かると、初めて見ましたと興味深く観察していました。それほど深く今でも横腹に残っています。

昭和二十年七月三十日のことです。

例によって、朝から誰もいない岸壁（堤防）の海に出て、ひとりで青い海に入り、潜ったりして泳いでいました。周囲には誰もいません。潜ると堤防の壁の隙間に蟹や小さな魚が餌をあさっています。それを指で追い捕まえようと懸命でした。三十分ほど海に入ったり、岸にあがったりして楽しんでいました。海に入って、数回海面に顔を上げ呼吸を整えているとき、急に警戒警報が大きな音で鳴り響きました。

いつものことなので、私はゆっくりと堤防に上がりました。すると、空襲警報が鳴り響きました。この合間が急だったので驚いたのを覚えています。宇佐美の方を眺めるとグラマン戦闘機（P51）がこちらに向かって来るのが見えました。

私は懸命に百メートルほど先にある、わが家の倉庫に向かって熱い道路を無我夢中で走りました。振り返ると敵機があまりにも近くに来ていたので、操縦するパイロットの頭部が見えるようでした。「バリバリバリ」と頭が割れるような機銃掃射の音がし、私の周囲に銃弾が跳ね飛びました。

私は「わあ」と叫び、必死にわが家の倉庫の屋根の下に飛び込みました。幸い周囲に降り注いだ銃弾は、私には当たりませんでした。これが乳児時のジフテリア感染に続く「第二の命拾い」でした。昔から「二度あることは三度ある」といいます。わが人生は、まさにその通りでした。私は長い間そのグラマン機が逃げる子供を、狙って撃ってきたと思っていました。後年のことですが、私の末弟の光が送ってきた『伊東市の歴史』を読み、分かったことがあります。それは私が泳いでいた堤防の百メートルほど離れた岸壁に、陸軍の輸送船・暁部隊の船舶が停泊していて、敵機に向かって機関銃を発射していたのです。その時船に向かって攻撃した敵機の機銃掃射した弾丸が、私の周囲にも飛んできたのが現実のようです。もちろん事の真実はこのパイロットしか分かりませんが。

その数日後ひどい雨漏りがしたので、祖母の甥、義兄の丸山堅一が屋根に上がり、十数個の弾の痕を確認しています。実際あの時上空から見たら動いていたのは私だけです。区民は空襲警報ですので、皆が家の中に隠れじっとして動かなかったのでしょう。

夏の朝のことです。いつものように魚市場に船から上げられる魚を見に行きました。隅の方で人だかりがしており、何だろうと好奇心も手伝って覗《のぞ》いて見ると、ゴザをかぶせられたイルカが十数匹横たわっているのが見えました。周囲にいる大人たちが小さな声で何かささやいているので、よく目を凝らして見ると手足が見えます。そこに横たえられているのは、イルカではなく人間の死体でした。今度はさらに好奇心が湧きあがり、廻りこんで中を覗きました。すると兵隊さんの水ぶくれした顔がゴザの隙間から垣間見えるのです。急にひどい悪臭が鼻をつきました。

周囲にいる人たちの話を総合すると、この兵隊さんたちの死体は海に漂流していたようです。海上を漂っていて大網（定置網）にかかったのです。私はその姿が余りに無残で、悪臭がひどく吐き気がしたのでその場を離れました。しかしひどい悪臭が体中にしみ込んでいるような気がして、その日の昼飯はまったく喉を通りませんでした。

これは私が見た最初の人の死体であり、最初の戦争犠牲者でした。この頃は伊東・大島間の連絡船が、時に敵機グラマンに襲われ、新井区も激しい機銃掃射の被害を受けました。この頃のことは私の記憶の中で、時間が少々前後し定かではありませんが、深く記憶に残っています。

その数日後のある昼下がり。菩提寺、本然《ほんねん》寺の裏山の比較的平らな場所に、わが家に住む祖母の弟の石屋の本間のおじさんが、皆の避難小屋を作っていました。空襲のとき避難する仮の住まいです。その日も警戒警報がすぐ空襲警報にかわりました。飛行機の爆音が聞こえたかと思うと、次の瞬間、物凄い音、爆弾の炸裂する音に続き、地響きが大地を揺さぶりました。次の瞬間に「シュウー」と変な音がして、何かが屋根のない柱にぶつかりました。そこにいた私と妹としみは柱の隅に小さく丸まって頭を抱えていました。遠くで機銃掃射の音が響いていました。どのくらい時間が経ったか不明ですが、「英坊、ちょっと来い」と呼ぶ声に我に返って、石屋のおじさんのところへ駆けて行くと、「ほら、見てみろ。これだ」と言って、地面につき刺さった三十センチほどの爆弾の破片を指差しました。これが爆弾の破片を見た最初です。おじさんは爆発とともにブーンと音がしたので、頭を本能的に縮めたのだそうです。すると頭上をすれすれにこの真っ赤に焼け、鋭くとがった破片が落ちてきて、ブスっと地面に突き刺さったとのことでした。

「首を縮めなかったら、この破片が頭に刺さって、いちころだったな」

と言って、おじさんは苦々しく笑いました。

私は破片をしばしじっと見つめ、こわごわ指を近づけました。すると破片は未だ熱くて触れません。好奇心も手伝って鍬《くわ》で掘り起こしました。長さは四十センチほどで周囲にギザギザがあり尖った刃物のようでした。ここでもちょっとした偶然が石屋のおじさんの命を救いました。どうも人生というのは、ほんのちょっとしたことでまったく変わるようです。この時も子供心に偶然の不思議さをちょっぴり感じました。

それから爆弾が落ちると、翌朝きまってこの変てこな破片を探して歩きました。どうしてか、お墓の周囲でよく見つけました。私は避難小屋から家に帰ると、すぐこれらの破片を一週間ほどかけ丁寧に砥石で研ぎ、変わった短刀を作りました。これはまだ実家の土台の隙間に眠っていることでしょう。私が誰にも見つけられない場所にこっそりと隠しましたので。

この魚市場周辺を狙った爆撃ですが、一トン爆弾だと聞きました。昭和二十年八月十五日の終戦まで、魚市場やその周辺に十数発落とされました。陸軍の輸送船が港に停泊していないときにも爆弾が投下されていました。これは多分魚市場など知らない若いグラマンの海兵隊員が、魚市場をなにかの工場と思い爆撃したのでしょう。しかし幸いなことに、ほとんどが魚市場の周囲の浜辺に落とされ不発でした。長い間故郷を留守していましたので分かりませんが、これらは多分不発弾として、まだ海底に埋まっていることでしょう。

そして終戦

最初私はこの伊東への空襲は昭和十九年かと思っていました。しかし書物を読んでみると昭和二十年でした。米軍がマリアナに空軍基地を築き、日本全域を射程内におき、昭和十九年十一月、最初にB29が中島飛行機武蔵製作所（東京郊外）を爆撃しました。そして二十年三月十日には東京下町の大空襲があり、二時間余で十数万人の生命がこの空襲で失われました。さらに爆弾と焼夷弾による殺戮《さつりく》は、終戦までのあとの数カ月をふくめると、七十万余の日本国民の命を、ゴキブリを殺すように灰に変えたのです。

もちろんこの後二十年八月六日に広島、八月九日に長崎の両市に原子爆弾が炸裂し、広島では十二万以上、長崎では七万人以上の人々を死に追いやりました。これは世界史上類を見ない恐るべき大虐殺です。

伊東では数回の爆撃と機銃掃射でした。夜中の空襲になると、祖父の大きな叫び声で家族が一斉に飛び起きました。皆が急いで身支度を整え頭巾をかぶり、大慌てで下の防空壕か、菩提寺の本然寺に向かって一目散に逃げました。そして竹藪の中の仮屋に隠れました。そんな生活の中での昭和二十年の夏は、幼い子供の私には「長い長い避難生活」と感じられました。

その厳しい太平洋戦争が昭和二十年八月十五日に終わりました。

あの日、天皇陛下の「お言葉」は家族揃って拝聴しました。しかし幼い私にはまったく意味不明でした。しかし「もうこれからは空襲はない」と、母から聞いて大喜びしたのを覚えています。


その頃の物価は豆腐二十銭、流行歌は「りんごの歌」。青空市場が各地の焼け跡で開かれました。


秋になると父親が無事帰って来ました。また、兵役にとられていた若い衆も、徐々に郷里新井に帰って来ました。そしてその頃から、急に食卓に並ぶ魚の数が増えました。昔からのことですが、漁獲がよいと無償で近所に魚が配られます。夏はトビウオ、アジ、カワハギ、秋には、イワシ、アジ、サバ、サンマとイカです。冬にはブリ、金目鯛、イカなどで、春はカツオ、メバル、サヨリ、サワラと、いつもの伊東沖の豊富な魚種が市場に出回りました。

わが家の家業は、春はカツオの本節、宗田節《そうだぶし》とサバ節を製造するのが主な仕事でした。カツオ節は鮮度抜群のカツオが主な原料です。このシーズン中は家の中は、早朝から人の足音で大変やかましく、臨時雇いの若い衆や、近所のおばさんなど、二十数人が下の倉庫兼工場で働いていました。そして私は小学六年頃となると、父にやれと言われ、皆の間に入り手伝いを始めました。といってももちろん包丁の握り方からの出発でした。

例えば、初春のカツオ漁のシーズン中を例にとりますと、日曜日は父の指示のもと、朝から晩までカツオの血潮で臭う、くさい衣服を着ての奮闘です。そして連日食卓に「カツオ、カツオ、カツオ」が上がります。刺身、甘辛煮、うしお汁、カツオの心臓の干物（めぼう）などです。私は自由に裏山で仲間たちといつも通りに、遊べないのでうんざりでした。

私の裏山登りは夏を除いて、一年中といってもいいでしょう。いつも近所の子供たちと一緒です。鈴木匡人《まさひと》君はいちの弟分でした。裏山は五十メートルほどの滑りやすい赤土の崖で、ところどころに樹木が生えています。その太目の木の上に二、三人が座れる巣を作り、雨の日以外は学校から帰ると、いつも仲間たちとその巣に座り、べちゃべちゃと話していました。そして時には足を滑らせ、下まで転がって落ちることもありました。

その崖の上には測候所がありました。展望がよく目の前に太平洋が広がり、快晴の日には富士のお山がクッキリと望めます。そこには手入れのよくいきとどいた芝生があり、五、六人でこっそりと入り込み相撲をとりました。時に職員に見つかり大声で怒鳴られ、追い出されたこともたびたびでしたが、皆何とも思わず、また翌日は再び芝生に入り込んでいました。芝生がきれいに切り揃えているのが気持ちよく、子供たちには魅力的な空間でした。

この測候所のすぐ近くに、わが家の野菜と茶畑があり、ここに朝夕祖母と照子義姉、時に母も加わって、家族のお茶や野菜を作っていました。私も時々手伝い、泥んこになって鍬で土地を耕しました。畑は海面から百メートルほどの高台です。ここから眺める、大海原とその遠方の富士山、そして山の端に落ちてゆく落日、これらは実にきれいな風景でした。

わが家はこの畑があるため、幸いにも戦時中も野菜不足になることはありませんでした。この頃漁業やその関連業務をする家庭は、必ず近くに畑を持っていました。これは先人の知恵なのでしょう。というのは漁獲はその日の天気に左右されることが大です。漁のない時は畑で栽培する野菜を食べ、空腹を満たすことができました。

夏の日々は目の前に広がる海原で泳ぎ、近所の先輩、後輩たちと伝馬舟《てんま》を漕いで遊び回りました。そして裏山で遊ぶ以外は、秋は魚釣り、冬は鳥かごを竹ひごで作り、独楽《こま》を回し、凧《たこ》を揚げ、チャンバラをし、メンコを打ち、春は春でウグイスやメジロを追い、野と山で時間を過ごしました。そしてちょっとしたことで、子供同士よく喧嘩をしました。といっても仲間内ではなく他の地域の子供たちとでした。

小学校六年の頃かと思います。ピストン堀口の試合の実況をラジオで聞いてボクシングに興味をもちました。手にグローブをはめれば殴り合っても痛くない。これはいい手だ。真似しようと仲間たちと話し合いました。ところがなんせグローブが見つかりません。似たものを懸命に探しました。そしてついに見つけました。それは剣道用の籠手《こて》です。これを使い仲間たちとでたらめに殴りあいました。その頃は、もちろんテレビはない時代です。ボクシングというものを、ラジオで聞いてはいますが見ていません。それでどんな風にやるのかまったく分かりませんでした。この剣道で使う籠手は竹刀から拳を守るものです。ボクシングのグローブに比べると硬いので、ストレートに鼻に当たると、痛いのなんの、鼻血は出るし、時に目からは涙がぼろぼろと流れました。痛いけれど楽しい思い出です。

この頃から祖父に懸命に柔術を習い始めました。腕や股を少し強く押さえられると痛いので閉口します。そして祖父から強打すると死に至る個所を、頭の頂上から金的（睾丸）まで教えられました。そして喧嘩のときはこの五カ所を強く打撲してはならないと、きつく教えられました。

これも渡米してからのことですが、ハリウッド柔道道場で護身術を教えてほしいという要望が強くありましたので、この個所についても説明し指導しました。しかし、ロサンゼルスでは日本と違って必要なときは、この個所を「強く打て」ということになります。打たないとたちまちナイフで刺されるか、拳銃で撃たれます。

ロサンゼルスはヒスパニック系の密入国者が多くいます。メキシコ系が大部分ですが、不法入国者は五十万人とも百万人ともいわれています。彼らはナイフを使うのが大変巧みです。縦横にすばやく動かし、刺すよりも切り刻んで、相手の弱まるのを待って刺します。我々から見るといわば中国流です。私も深夜の駐車場で、数回ヒスパニックの若者たちに襲われました。

小学校の後半、中学の頃は私の「はみ出し根性」というか、「いたずら好きな性格」が、徐々に表に出てきた時期でした。

これは朝の通学途中でのことです。毎朝友人の斎藤太郎君とふたり、学校まで二十分ほど、とことこ歩いていくのですが、いつの頃からか途中で道草をするのが習慣となりました。それは寺の裏山の崖っぷちでターザンごっこをするからです。この道は学校へは近道ですが、けもの道のように細く昼でも薄暗い。この一カ所に大樹が生えており、これにツタがびっしり茂っています。

二人は交互にこのツタに摑まり、空中に浮かび崖の外に身体を飛び出します。このスリルが楽しく、ふたりでこの遊びを十回ほどやって、泥のついた手を払って学校に向かいました。

そんなある朝、私がいつものようにスーッと崖のふちから空中に躍り出ました。薄暗いところから、急に明るい空間に躍り出ていい気分です。足の下は数十メートルの空間です。またスーッと崖っぷちにもどって、着地すべく手をツタから離しました。ところがどうした弾みか、あっと言う間に崖のふちから転がり落ちました。崖のふちのほんの少し手前で手をツタから離してしまったのです。一瞬「こりゃ、もうダメだ」と思いました。頭を下にづるづると崖下に落ちながら、摑まるものがないかと両手で懸命に探ります。ところが幸いなことに、木の小枝が辛うじて手のひらに摑まり事なきを得ました。一瞬のことですが、転がり落ちて行く私を見ていた斎藤君は、さぞ驚いたことでしょう。その崖の下は墓場でした。もし転げ落ちていたら、その時は一巻の終わりでした。

これもその頃のことです。斎藤君の父親は釣りが大好きで、伝馬舟を持っていました。斎藤君の弟のひとりに泳ぎを教えるため、この舟に斎藤君と彼の弟たちを乗せて沖に出ました。適当なところで、嫌がる弟を舟の上から、ふたりで頭と足をもって海面に放り投げました。そしてどのように浮き上がってくるか、海面をじっとみつめていました。ところがいつまでたっても、彼は海面に浮き上がってきません。

今度は斎藤君と私が慌てる番です。我々は急いで海中に飛び込みました。すると海中で彼が懸命に手足を動かしているのが目に入ります。もがいてももがいても、彼の身体は一向に浮き上がりません。「こりゃ、まずい」と、ふたりで抱きかかえて、舟の上に引っ張り上げました。あまり海水を飲んでいなかったので、咳を二、三回しただけで、彼はもとに戻りました。

本当に子供というのは、時に無茶なことをするものです。しかしその頃はこれは普通のことで異常なことではありません。やる方もやられる方も、これは一種の若者のレッスンと本能的に知っていました。そして海辺の子供たちは、これらの厳しい試練を日常的に行い、それからいろいろなことを学び健やかに成長します。

夏は海辺での遊びといいましたが、夏休みには新井の堤防、その先の灯台に褌ひとつで、出掛けるのが昼からの日課でした。そこには近所の先輩、後輩たちが伝馬舟を漕ぎ自由に遊んでいるのでこの仲間に加わりました。そして私も時々、この伝馬舟を懸命に漕ぎました。時には波立つ海原を「えんやこら、さっさ。えんやこら、さっさ」と移動し、六、七人で港内を漕ぎ回りました。

これは後年のことです。友人の俳優夏八木勲君と通った新宿区若松町の「合気道本部道場」で、この伝馬舟を漕ぐ動作が、合気道の準備運動に取り入れられているので、どうしてかなと疑問を抱いていました。後日、合気道の創始者・植芝盛平《うえしばもりへい》師が和歌山県田辺市の出身、つまり海辺の育ちと知り、それでこの動作が準備運動に使われていることを納得しました。

小学校では、休み時間になると、皆が待っていたとばかりに騎馬戦か馬乗りです。始業のベルが鳴っても、時には気がつかずよく立たされました。先生が教室に入ってきても、まだ懸命にやっているのですから仕方ありません。私はあの頃からクラス一の腕白坊主だったのでしょう。私は鉄棒に興味をもち、新しい技に挑戦していました。校庭の隅にある鉄棒にひとりぶら下がって、身体を大きく振っていました。それは何としても誰もができない新しい大技、大車輪に懸命に挑んでいました。そして少しできるようになったので、この技を体得しようと懸命でした。そのうち皆に披露して驚かしてやろうと考えていました。全身は汗びっしょりでした。ところがこれを学校の杉本先生に見つかってしまいました。先生が大声で近づいてきて、砂場の外に立たされました。

直立不動の姿勢をとるや、片方の頬をいやというほど平手打ちで叩かれました。彼は柔道をやっていたのでしょう。左手で叩くと同時に、右足で鋭い足払いをかけてきました。見事に私の小さな身体は空中で横に一直線となりドスンと音を立てて地面に落ちました。叩かれた頬も痛かったが、地面に打ち付けた横腹も痛い。それで、ああもう始業のベルが鳴ったんだと、はじめて気づき、「すみません」と弱々しく頭を下げました。

今考えると、生徒をこんな風に乱暴に殴るのは、間違いなく校内暴力です。しかし叩かれた本人は「乱暴なセン公だなあ。でもオレが悪かったから仕方ねえか」とあっさり諦めました。

後年分かったのですが、明治十二年の教育令で、教師の生徒に対する体罰を禁止しています。そして後の昭和二十二年の学校教育法では、具体的に「殴る、蹴る」の過激な体罰を全面的に禁止しています。しかし子供には少しは体罰が必要です。さもないと子供は教訓を得ることができません。実際、あの頃の先生はいささか乱暴でしたが、生徒に愛情をもっていたように思えます。あの時も先生は強い右手を使わず、左手で私の頬を張りました。もっとも足払いの方は右足でしかできなかったのかもしれませんが。

では、最近の先生はどうでしょうか。現在でも欧米の有名私立校は、それは厳しいようです。聞くところでは、体罰に鞭を使ったり、校庭を何周も走らせたりします。校庭の草取りは当たり前です。その点最近の日本の学校は厳しさがないに等しい。新聞やテレビで見ますと、先生が生徒や父兄に遠慮している。これでは将来、いやそれほど遠くないうちに、間違いなく日本の教育は荒廃するでしょう。

子供は厳しい体罰を受け、はじめて規則違反を理解します。人間も動物の仲間です。犬も飼い主が厳しく教育しないと成犬になって手におえません。子供も同様で、もしその罰が肉体的苦痛でなければ、何回でも同じ過ちを繰り返すでしょう。それが子供というものです。もちろん、昔のようにあまり極端に走るのはいただけませんが。

あの日は、先生に叩かれ頬がだいぶ腫《は》れ上がりました。

家に帰って早速キンカンや赤チンをべたべた塗りたくり、知らん顔してテーブルに着きました。両親はまた喧嘩でもしたなと思ったのでしょう。何とも言いませんでした。本人は説明しなくてもよいので大助かり。父は喧嘩するのはなんとも言いませんでした。しかし殴られて泣いて家に帰ってくると、ものすごい声で怒鳴られました。

「泣いて帰ってくるやつがあるか。すぐ行って殴り返してこい」

と、言うのが父親のセリフで、決して家に入れてくれませんでした。また夕食にもあまり遅くなると夕食はお預けです。ですから帰るのが少し遅くなると、一生懸命に家路を駆けました。それがあの頃の父親の息子にたいする教育でした。

わが家の「居候」

私の育った環境は、新井区に住む隣近所の子供とは多少違ったものがありました。それは私の家の中に東京出身者が、終戦後四人いたことです。ひとりは義兄丸山堅一、彼は満州東京開拓団の「ひとりの生き残り」でした。他の三人は祖母の弟の本間のおじとおば、そして息子の正ちゃん。皆は東京の下町からの疎開者でした。B29の爆撃と焼夷弾で家が焼かれて、わが家の「居候」でした。

本間のおじの息子の正ちゃんは、あの頃二十歳前後で、背中から腕にかけて見事な刺青をしていました。いつも懐に短刀を忍ばせていました。そして彼はよく短刀の使い方を私に教えてくれました。普通の喧嘩のときは、刃が深く入らないように刃に手ぬぐいを巻いて使うとか、相手の太ももを刺し、腹部は決して狙わないとか。自衛のため相手を刺しかつ倒すためには、必ず片手の手のひらで、短刀の柄を握った手をしっかりと押さえ、刺すのではなく、身体ごと相手にぶつかることなどです。

ある日のこと、私が学校から帰り、例によってかばんを三畳の部屋に放り出し、裏山に向かおうとして、何気なく奥の八畳を見ました。すると正ちゃんが、座敷の隅に正座し右手に日本刀を持っていました。そして大刀をじっと見入っている姿が普通ではありませんでした。私は驚いて、

「正兄ちゃん、どうしたん」

と、奥に向かって声をかけました。すると、

「おお、けえったか。いやな、これからちょっと用事があってな」

と微笑し顔をこっちに向け、もうふだんのなんともない顔をしています。私は彼が握る大刀を指さし、

「でも、刀はどうするんだい」

と、怪訝《けげん》な顔で訊きました。彼はまた普通の顔で、

「まあ、使うことはねえと思うが、一応用心にな」

と、言って刀を振り上げ、バシッと空気をきりました。私はその素早さに感心し、

「すげーえ。よく切れそうだ。じゃ、オレ、山に行ってくる」

と言って、その場を離れ裏山に向かって駆け出しました。

その二日後のこと、あれから後の正ちゃんの行動を、堅一兄ちゃんから聞くことができました。

あのとき彼は新井区仲町の漁師仲間から呼び出しを受け、その場所に行くところだったそうです。

正ちゃんは漁師町である新井の街を、雪駄《せった》を履き角帯を締めて、肩をゆすって闊歩《かっぽ》しているのですから、何かと目立ち、因縁をつけられます。

堅兄ちゃんは後見人として、また相手が変なまねをしたら、助太刀しようとついて行ったそうです。堅兄ちゃんは剣道に長けていました。

人のいないがらんとした魚市場にふたりが入って行くと、六人ほどの漁師連中が待っていました。正ちゃんは、着流しの背中に白鞘の太刀を背負っています。喧嘩には自信のある荒くれ漁師たちもさぞ驚いたことでしょう。突然、佐々木小次郎のような格好で、相手がやって来たのですから。

彼がゆっくり近づいて行くと、相手は後ずさりをしました。そして、ひとりが
「おお、おめえ。おめえは、どこのもんだ」と訊きました。

彼が構えもせずゆっくりと相手に近づき、正面から相手を見据えて、

「久保田だよ。仲町の山久に世話になってるもんだ」と言うと、相手はまったく予期しない返事に驚いて、

「えー、そうか。もうええよ」と、兄貴分がそっぽを向き、皆に去れと顎をしゃくったそうです。

その頃も祖父は新井の区長をやっていたのでしょう。彼らは正ちゃんが祖父の身内と分かったことや、また白鞘の太刀を背負った男と喧嘩したくなかったこともあって引いたのだろう、というのが義兄堅ちゃんの意見です。

後で考えると、この事件は単によそ者が大きな顔をして、街を歩いていたと言うことのほかに、色町での鞘当てもあったようです。正ちゃん、堅ちゃんはお互い従兄弟同士です。ふたりとも伯母である祖母を頼って、東京より伊東に来ていました。ふたりとも二十歳前後、意気盛んな年頃

です。

正ちゃんの剣道の腕は訊きませんでしたが、堅ちゃんは前述しましたように、満州からの引揚者の生き残りで剣道は有段者でした。このふたりの兄ちゃんに連れられて、私はよく芸者の置屋か彼女たちの寝泊りするところに行きました。

ふたりが馴染みの芸者と話している間、私には他の芸者衆が飴をくれ遊んでくれました。それは家の前に小川がさらさらと流れているしゃれた家でした。ここの芸者にとっては若い漁師たちもお客です。多分ここの芸者をめぐって小競り合いもあったのでしょう。想像するだけで愉快な話です。

ここで新井の漁師についてもう少しふれます。彼らは早朝から真冬寒風の吹きすさぶなか、上半身真っ裸で手石岩《ていしいわ》の近くに定置網を引きます。そして昔からの威勢のよい蛮声を張り上げて網を引き揚げます。それは実に勇壮で一見の価値ありというものでした。

そして陸にあがって、いつもの玖須美にある共同の温泉風呂に行くと、彼らの分厚い胸は潮と網でただれて肌が荒れています。そして彼らの前を隠すやり方に特徴がありました。それは親指と中指で睾丸を器用につまみ、その輪の間にサオを隠します。これを風呂場で見れば「奴はアレエ（新井）の漁師」とすぐ分かりました。

私はこの漁場に数回、近所の弟分鈴木亘人君と一緒に、大網の船に乗り出かけました。そして近所で見かける逞しい胸倉のおじさんたちの蛮声を聞き、また網にかかった三十種類ほどの大型、中型、小型の魚類を目にし、大いに気分が高揚したのを覚えています。

義兄の丸山堅一は、東京・尾山台の出身で、前にも少しふれましたが、戦時中は開拓団で満州に行っていました。終戦後は満州で、匪賊《ひぞく》と荒野で戦い独り生き延び帰国しました。一緒にいた母親と姉ふたり、そして幼い弟は青酸カリをのみ満州の原野で自殺しました。その頃のことですが、読売新聞であったか「東京出身者で一人の生き残り」と記事になりました。

満州での逃避行の時のことですが、彼がピストルの使い方をこんな風に言っていました。それはゲイリー・クーパー主演の西部劇を一緒に映画館で観たあとのことです。

義兄は満州ではピストル二丁を常に使っていました。しかしあそこではハリウッドの西部劇のように、二丁をバンバンと撃っているわけにはいかない。二丁撃ち終わったら、新しく弾を詰めるのに時間がかかる。その間に相手が近づいて来たら撃たれてしまう。それで片膝を立て座って撃つが、膝うらにもう一丁のピストルをはさみ、相手を撃ちながら膝うらのピストルに弾丸を詰める。これに慣れないと敵にたいして、連続してピストルを撃つことができない

丸山堅一と著者の次弟軍治（左）

と。これが最初はロシア軍隊、後は中国人との戦いでのピストルの撃ち方だったとか。これを聞いてなるほど、いろんな撃ち方があるんだなあと、子供心に感心したのを思い出します。

またこの義兄は寒さや、飢餓で死んだ日本人の死体を見つけ、馬車で運び、川に捨てることもよくやっていたと聞きました。中年の女性で精神的におかしくなり、真っ裸で凍てつく路上に飛び出して、死ぬものも多数いたとか。また、これらとは逆に、ロシア軍の戦車にひかれた母の脇にしがみついていて、死を逃れた女の子もいたと聞きました。


終戦後、二年ほどしたある夏の日のことです。学校からの帰り、玖須美区にある祖父の家を訪ねました。そこには義兄の正ちゃんひとりがいました。私は喉が渇いたので、蛇口をひねりコップで一杯を呑んだときです。

「英坊、一寸手伝ってくれや」

と、いつもの口調で正ちゃんが言うので、

「いいよ。何するの」

と、怪訝に思って聞くと、

「いやなあ、そろそろこれを削って、一巻の終わりにしようと思ってな」

と言って、着ている浴衣の右腕をぐっとあげました。そして、うっすらと煙の立つ臭い液を皿に乗せて、私に差し出しました。

私は皿を受け取り、その臭い匂いに驚き、

「何、この臭い液は」

と、真面目な顔で訊きました。

「これはなあ、硫酸だよ」と言って、今度は大きく笑いました。

それからが大変でした。私は彼の腕にかかる袖を持ち上げると、彼は水で薄めた硫酸液を、刺青の上に筆で静かになぞり始めました。さぞ熱かったのでしょう。液を塗ると顔が真っ赤になり、その都度歯をぐっと食いしばって耐えました。皮膚が焦げて白い煙とともに、特有な匂いが部屋に立ち込めました。

そしてどのくらいかかったか忘れましたが、皮膚は火傷し多少引きつって仕上がりました。彼はこれを機に「過去」を清算したかったのでしょう。そうでなければあんな苦痛を耐えられるものではありません。こんな風に、アクの強い個性的な義兄たちに囲まれ生活をしていましたので、私は彼らの影響を大いに受け、多少まわりの子供たちとは違っていました。少々生意気で未知のものへの好奇心が異常に旺盛でした。


伊東には、その頃戦時中からの各地の疎開組が多くいました。付き合いはありませんが、加賀前田家の前田君や東條家のお孫さんたちもいました。私は東京からの疎開っ子のひとり、足立龍太郎君と親しくなり、彼の家にはよく出かけました。そしてふたりでキャッチボールをしていると、近くの松田利彦君がこれに加わります。そして三人で球を投げ合い、知らぬ間に夕食になることがよくありました。すると近くに住む祖母がいつも私を迎えにきました。

その彼が伊東から東京に引き上げてから、初めての夏休みのことです。彼から便りが来て「東京に遊びに来ないか」と誘ってきたので「待ってました」と、両親に許可を得て嬉々《きき》として出かけました。私が物心ついて、はじめて東京の地を踏んだのは、この大森の彼の家を訪ねての長旅でした。

あの時は龍太郎君の家に一週間ほど厄介になりました。庭が広くきれいな家でした。ふたりで近所をぶらぶら歩き、また大森海岸で彼の妹珠ちゃんと三人で遊びました。彼方まで広がる海や、海草の生えた海岸は伊東と変わりません。しかし「ここが東京か」と、何か新鮮な印象でした。

この東京に発つ前の日の朝のことです。私が正ちゃんに、

「正ちゃん、オレ明日電車で大森の友達のところへ行くんだが、何か注意することあるかな」

と、訊いたところ、すでに誰かに聞いていたのでしょう。

「そうか。オメエ、用心のためこれ持って行け。しかし抜いても決して相手の腹は刺すなよ！」

と強く言われ、白鞘のきれいな短刀を渡されました。

そんなに東京ってところは危ないところなのかなと、その一瞬思いましたが、これを首にお守りのように吊って、伊東駅より東京行の電車に乗りました。これが私の生まれて初めての独り旅でした。

足立龍太郎君の家では、毎朝この短刀をかばんに入れたり、首から脇の下にそっと吊ったり、隠すのにひと苦労でした。もちろん彼の家の周囲も近くを歩く若者たちも平和そのもの、短刀はまったく不要でした。

足立龍太郎君の家から帰ってきた夏のことです。新井灯台の近くの海で泳いでいて、アレエ（新井）の年上の連中にバカにされました。それは、東京で新しい言葉「僕」を覚えたので、帰ってからも時々使いました。すると近所のある先輩が「なんだ、そのボク、ボクてのは。木ぼっくりのボクか」、とからかわれました。

その頃のことですから、私が疎開組と付き合っているのが、土地の、特に新井の悪童たちには面白くなかったのでしょう。

家業の手伝い

これもその頃のことです。

そろそろ男の子が異性を、それとなく意識する年頃です。女生徒、特にションジョ（可愛）らしい子を見ると、なにかまぶしかった記憶があります。それで通学時そんな女生徒が歩いていると、その近くは歩きませんでした。硬派を自認する私には女生徒はなにかと煙ったかったのです。

ある日のことです。男女生徒共同でグループを作っての課外授業がありました。テーマは何であったか覚えていません。すでに硬派を自認する私は、クラスの女生徒と一緒にぺちゃくちゃ、ぺちゃくちゃ、何だか分からぬことをしゃべるのは大嫌いでした。それで私が帰り支度しているの

を見て、女生徒のひとりが、「久保田君、あなたの意見は」と、訊いてきました。私が彼女に向かって怒った顔をして、

「オレの意見は大網にブリが一匹へえったてことだ」

と、何の意味のないことを言い捨て、さっさと帰宅し裏山に向かいました。

ブリとは大型魚の鰤のことですが、伊東・手石岩沖のブリ漁は国内では大変有名でした。そして東京水産大学の先生が、よくこの魚場でのブリの記事を新聞に書いていました。

翌朝は一番に受け持ちの先生に呼び出され、「オセッキョ」をくらいました。バケツを持ったかどうか忘れましたが、長い間廊下に立たされました。しかしこれで女生徒と一緒にしゃべったりする必要がないと思うと満足でした。先生の意図は男子生徒と女子生徒がともに仲良くひとつのテーマで話し合う、これにあったようですが、自分にはまったく理解の外でした。

この頃になると、朝早くから父に叩き起こされました。

そして長男として、家業の手伝いをさせられました。嫌で嫌で仕方なかったのですが、これは父の命令ですから逃げるわけにはいきません。まずは、魚の腹を開き、はらわたを手早く抜くことから始めました。

アジやサバなどの小魚はすぐできるようになりましたが、肝心なのはカツオです。これは魚体が大きいので一気にさばくのが難しい。三枚に下ろすのに時間がかかってしまいます。

そばで見ていると、若い衆は三枚に下ろすのが十秒とかかりません。慣れた若い衆になると八

秒ぐらいだったでしょう。まるで神業です。俎板に乗せたかと思うともう裏返しています。次は両手を添えひとなぎ、それで終わりでした。

カツオといえばこの中骨のうしお汁、これは中骨だけを塩味で煮た汁です。これが抜群に美味かった。思っただけでよだれが口に溢れます。そのうち土佐にでも行き腹一杯、カツオを堪能したいと思います。その頃の父の他の命令は、はじめは自分の体重二倍の重さの物を持って歩けということでした。これはもちろんまったく不可能でした。

しかし数カ月して体重と同じ重さの物を、肩に乗せ運ぶようにはなりましたが、それがその頃の限界でした。後年このことを考えると、父は極端なことを言い、本当は自分の体重と同じ重さのもの、これを担がせるのが目的だったのかと思います。

そしてカツオやイカの塩辛のシーズンとなると、早朝から大きな樽に漬けこまれた塩辛を、長い棒を使ってかき回し撹拌します。これが私の仕事です。下のものを上に、上のものを下に均等にかき混ぜ、空気を混ぜることによって塩をならし、そして発酵を促し製品の安定性を図るものです。

滞米二十三年の後、帰国して思うのですが、干物も塩辛も昔の味がしません。製法も異なりますが、まず塩分が薄く変な甘みがあります。特に塩辛類はひどいものです。そのため本来の味が引き出せず似て非なるものです。残念なことです。あとひと塩入れたら、もっと美味い干物や塩辛ができるのですが。

昔から食べ物の味は、この「塩梅《あんばい》」が一番大切です。そのためにこの分野に詳しい職人が必要です。日本では最近は「塩分過多、塩分過多」と塩分摂取の過剰を問題にしますが、それは個人の塩分摂取の問題です。日々運動をして汗をかく人たちには、一般人よりぐっと塩分摂取が必要です。

それなのに最近の食品製造会社は薄塩にこだわるあまり、美味くない商品を市場に出していきます。食品の味が悪ければ、味にうるさい消費者は一度しか買いません。これは米国でいやというほど経験しました。その点欧米諸国の商品は現在でも意外と塩辛い。今でも昔からの「食文化の伝統」を忠実に守っています。

塩辛は何十樽もこねると、早朝から体中が塩辛臭く「むっと」むかつきます。衣服にべっとりと汁が飛ぶのか悪臭が染み付きます。これが終わると、次は市内各所に削り節の配達です。塩辛は工場の中での作業ですから、同級生には見られません。ところが配達はまったく別の話です。市内のいろいろなところを回りますから、通学中の知った顔によく出会いました。

自転車にリヤカーを引き坂道になると、なかなか動かないので、うんうんと言いながらペダルを懸命に踏みます。いや、恥ずかしいのなんの。時にションジョ(可愛)らしい同期の女生徒と、目が合うと戸惑いし、ペダルを踏む足が調子を崩し、さらに自転車はうまく進みませんでした。

これはそんなある朝のことです。

早朝から何十ケースかの荷物を梱包し、その何ケースかを伊豆大島送りのため、東海汽船の船着き場まで運び多少疲れていました。忘れもしない国語の時間でした。授業中疲れが出たのか、つい居眠りをしてしまいました。十数分いい気持ちでスウスウとやっていたのでしょう。それを島田先生が気づいた様子でした。それで隣に座っている女生徒が、彼女の好意で私を起こそうとして、私の肩を指でつつきました。島田先生はこれを見て、微笑しながら静かな声で、

「起こさなくていいのよ。久保田君は朝早くから、お父さんの手伝いをして、疲れているのだから」

と言い、何ともないように授業を続けました。後で私はこれを聞いて、恥ずかしいやら嬉しいやら。

この島田先生は母の先生でもあり、わが家のこともよく知っていたのでしょう。あの頃は四十五歳前後だったでしょうか。大変やさしい美人の先生でした。ご尊父は伊東で長い歴史をもつ神社の宮司でした。

ここまで書いてくると、わたしが大変健康優良児のように思えるかもしれません。実際はそれとは別で、幼い頃のジフテリアの影響かどうか分かりませんが、すぐ扁桃腺を痛める子供でした。すると高熱がでて一日か二日は床に就きました。するといつも摩訶不思議な夢にうなされました。何か海辺の近くで横たわっていて、耳に波の音が静かにザワザワする感じでした。そして私は訳の分からぬことを小さな声で叫びました。いつも私を世話する祖母、母、照子義姉と新潟から来ていた女中の文ちゃんは大変だったことでしょう。

前述しましたように、私の小、中学時代は戦中戦後の混乱期です。そして私は海や野原で遊ぶのが大好きでした。

第二章　中学、高校、浪人、大学時代

伊東中学校

昭和二十六年。この年は第一回ＮＨＫ紅白歌合戦、理髪代は百二円。流行語は「エントツ」。

中学校前半は小学校時代と同様で、私は帰宅しても予習も復習もやりませんでした。しかし中学二年の後半になると母の意見に従い、多少授業に身を入れて聞くようにしました。また中学三年になると裏山の崖での、近所の仲間たちとの遊びは卒業しました。

中学校では放課後は野球をやり、帰宅して夕食を摂ると町道場で柔道をやり、日曜日の朝は二階の八畳間で祖父に柔術を習いました。そして時には剣道のグローブをはめ、仲間と殴り合いの実践をしました。しかしもう喧嘩は仕掛けられないかぎり、決してこちらからはしませんでした。

中学二年の頃、水泳は大いに得意でした。何となれば、目の前は相模湾、晴れた日には大海原と富士山が目の前にあります。そして嵐の日には二階から港を見ていると、波しぶきが飛んでいるのが望めました。そして斜め三軒向こうの太田家の兄ちゃんが当時、日本大学水泳部で活躍していて、古橋広之進、橋爪四郎、と並ぶ、初期の「日大三羽カラス」でした。

冬季には古橋、橋爪と太田の兄ちゃんが、伊東の温泉プールに来て練習をしていました。そして時には、かれらに自由形の早い泳ぎ方を、少しですが教えてもらいました。ほかに、その後高校の全日本高校水泳大会で優勝する二年か、三年歳上の数人が泳いでいましたが、私と同期の生徒は見たこともありませんでした。私は自信満々でした。

しかしある日のことです。全校水泳大会が宇佐美の田んぼの中にある、東京大学のプールで催されました。このメドレーの試合で松原の生徒に、ワンストロークの差で負けてしまいました。実際はツウストロークの差であったとか。というのは、彼は一歩遅く水面に飛び込んだと言っていましたのでそれが正しいのでしょう。私は世の中には早い奴がいるものだと感心しました。

その彼が、後で親友となる稲七こと、稲木政利君です。普段は屋号の「稲七」で呼んでいます。彼の祖父の名は稲木七衛門で、これが屋号の源とか。後年、彼から聞いて知ったのですが、彼は、私が岸壁で泳いでいたとき、夏の空を三回旋回し故郷に別れを告げ、戦死した特攻隊員だった、近所の山田の兄ちゃんに水泳を教えてもらったとのことでした。

同期で親しい土屋正君は頭が大層よく優秀でした。彼は大柄で面構えも悪くありません。彼を兄貴分に浅田、前田両君と四人で、日曜日になると浅田君の父親の所有する駅前のビルで遊びました。また晴れた日には、この四人で伊東駅の裏側にある浅田家の裏山に行きました。そして何をしたかよく覚えていませんが、多分ミカン畑でミカンでもたらふく食べ、意味もない雑談で時を過ごしたのでしょう。そしてこの仲間たちはみな水泳が得意でした。

前田君とはこんなことがありました。ある日の夕方のことです。彼と自転車に乗って温泉プールに向かっていました。私が猪戸《しど》通りを自転車をこぎ、彼は後部席に乗っていました。その前を着飾ったふたりの芸者が白い襟を抜いて、形のよい腰を振って歩いていました。すると彼がなにを思ったかパチンコを取り出しぐっと引き絞り、ひとりの芸者の揺れ動く尻を狙い撃ちました。球は椿のつぼみです。「きゃあ」と叫び、芸者が後ろを振り返りました。次の瞬間我々はふたりの芸者の横を、スピードを上げて走り抜けていきました。

ところが、芸者のひとりが彼の顔を見覚えていました。というのは彼の家は伊東温泉旅館の中でも、名高い「猪戸館」です。ここは芸者衆がよく出入りしていましたので、生意気盛りの彼の顔は知られていたのでしょう。その晩、彼は帰宅すると、母親から隅の部屋に呼ばれこっぴどく叱られたそうです。

また、いつものように日曜日の昼過ぎになると、温水プールに出かけました。ここはもちろん有料です。そのころ私はインク消しを使い、いろいろなものを消す方法を覚えました。それでこれを使い、プールの入場券のスタンプを消しごまかそうとしましたが、すぐ見つかって、そこの支配人に大目玉を食らいました。

怖い顔の支配人に、厳しい眼差しで睨まれ、

「お前が次にやったら、警察に引き渡す」

と言われ、私は赤面し、頭をぺこぺこ下げ謝りました。

実際子供というものは予想外のことをやるものです。そして大人にひどく叱られて、初めて「人

生のレッスン」を受けるものです。

この時代になると、小学校時代から祖父に教えてもらった柔術は人気がなく、全国の道場から姿を消しました。戦後は加納治五郎師の努力が実り、講道館柔道一色となりました。その中でも後の講道館三船久蔵十段、その名前は有名でした。

私は中学二年頃には、柔道ではもう一、二年年上の先輩たちには負けませんでした。小内刈り、大内刈りで相手を崩し、すかさず入る背負い投げが得意でした。私は小柄でしたが動きが早かったので、大きな相手と組むのが好きでした。それは図体の大きい相手は、概して動きが鈍く、この連続技を掛けやすかったのです。反面小柄で動きの速い相手は大の苦手でした。

これは夏の晩のことです。原先生が指導する玖須美道場で数人と組み、乱取りをしていました。その晩は同級生の高橋直美君の他に、三軒西隣りの佐々木家の兄ちゃんが、道場に見学に来ていました。

その兄ちゃんは東京の大学で、柔道部の主将として活躍していました。練習が終わったとき、彼が私に声をかけてきました。話を聞くと奨学金を出すので、わが大学の高等部に入学しないか、という嬉しい誘いでした。大学名を訊いて見ると「〇〇院」と言います。

その晩帰宅し、浮き浮きした気分で義兄堅一に、

「佐々木の兄ちゃんが、学習院の高等科に来ないかと言ってるけど、どう思うかね。学校が奨学金を出すってよ」

と、言ったところ、義兄は目をぎょろっと光らせ、

「学習院だと、バッカ野郎。ありゃ、宮さんの子弟の行く学校だ。お前が入る学校じゃねえ」

と、真面目な顔でひどく怒られました。

私も宮さんの子弟の行く、そんな高校にはまったく興味が無かったので、佐々木の兄ちゃんにはその翌日だったか、お誘いを断りました。しかし東京という言葉の響きが大変心地良かったので、ちょっと後ろ髪を引かれる思いでした。

この話には後日談があります。

それは二〇〇一年、米国より帰国し、親友で俳優の夏八木勲君が鎌倉に住んでいたので、そこに土地を買い、ロサンゼルスで住んでいた家と同じ設計で家を建て、たまプラーザより移り住みました。

大船の松竹撮影所のあった場所の近くに「鎌倉三越」があり、紳士物売り場で数回買い物をしているうちに、ふたりの女店員と立ち話をするようになりました。そのひとりの女店員が、何かを話している折に、

「夏休みになると、よく伊東の海に、そして新井の親戚に泊まりました」

と、彼女は懐かしそうに言いました。

「おや、新井ですか。新井のどこの家に泊まったの。私も新井出身なので、大体の家は知っています」

と、応えると、彼女は意外な展開に、少し驚きながら、

「佐々木さんのところです。私の姉が結婚した方です」

私はその時は川奈に佐々木という名前の友達がいましたが、新井区ではその名前はどうしても思い出しませんでした。その晩茅ヶ崎に住む妹、としみに電話し訊いてみました。そしてすぐ分かったのですが、三軒隣りに佐々木家があり、その昔、佐々木家の兄ちゃんが私を柔道部に誘ったことをやっと思い出しました。

佐々木家は西町で私の家は仲町です。両家の距離は近かったのですが、あまり家族ぐるみの付き合いはありませんでした。それですぐ思い出せなかったのです。もちろんそればかりではなく、私の年齢も大いに関係していたことでしょう。

その後急にその頃の記憶が鮮明になりました。中学時代か、高校時代か、夏休みになると時々都会風の女性と、その妹らしい女の子の姿を佐々木家の前で見かけました。その時見た妹が、三越で働く彼女だったのです。また佐々木の兄ちゃんの大学は「学習院」ではなく「国学院」でした。その頃「何とか院」という名のつく大学で、私が知っていたのは「学習院」だけでした。それでてっきり学習院と勘違いしたのでした。


戻ります。わが家にあった竹で編んだうなぎ捕獲用の道具、これを新井では「モジリ」と呼んでいます。夏の夕方、六個ほど伝馬舟を漕いでこれを近間の海に沈め、翌朝弟分の鈴木匡人君とふたりで引き上げます。毎回、十四ほどのうなぎが入っていました。いつもふたりで大喜びし、お互いに分け合っていました。

この頃は、まだ日本全国は食料不足の時代でした。わが家も例外ではありません。うなぎを持って帰ると、母に大層喜ばれました。ただ私はうなぎを裂くことはできません。父もうなぎを裂くのは苦手だったのでしょう。それでいつでも近所に住む、遠縁の山崎のおじさんに頼みました。おじさんはうなぎを裂くのに抜群の腕を持っていました。そしてそのお礼にうなぎを二匹ほどを渡したのを懐かしく思い出します

ある朝のことです。うなぎがまったくモジリに入っていません。さらに、不思議なことに、カゴの中に残っているはずの、イワシ、アジ、サバを切った餌も消えています。ふたりでこれはおかしい、と疑いました。「これは誰かが来て、俺たちより早くこれらのカゴを揚げている」。これがふたりの結論でした。

それで翌朝は、少し早めに起き、魚市場の前から、モジリを投げ入れた海面、現場を見張っていました。すると、近所の酒呑みで赤鼻の爺さんがひとり、小舟を漕いできて私たちのモジリを海底から引き上げ、なかのうなぎを盗んでいるのです。ふたりとも腹が立って「あの爺さんを新井神社にでも呼び出し、ふたりで殴ってやるか」と、計画しました。しかしふたりでいろいろ話し合った末、その頃新井区の区長をやっていた、私の祖父の迷惑になっては面倒だと諦めました。そしてうなぎ捕りも止めてしまいました。

この頃私は、南洋一郎《みなみよういちろう》をはじめ冒険小説を多読していました。そしていまだ知らないいろいろな世界に強く憧れていました。あるとき気がつくと、読み終えた本がいっぱいになったので、近所の後輩たちを相手に「貸本屋」をはじめました。これが私の最初の小さな商売でした。しかし

結果的には大失敗。お金は一部しか回収できず、貸した本は戻ってきませんでした。この時初めてお金を儲けること、商売の難しさを痛感したことでした。

私は、可愛くて頭脳明晰で活発な女の子に憧れる傾向がありました。簡単にいえば「自分にないもの」に憧れたのでしょう。といっても時代が時代です。私は硬派、一種のバンカラを自認していましたので、女の子と話すことはまったくありませんでした。そしてこれは大学時代まで続きました。

男の仲間たちはほとんど、野球を通じて親しくなった友達です。

柔道の町道場では同期の生徒は誰もいません。この頃我々の仲間で一番人気があったのは、何といっても野球でした。それは終戦後、連合国軍の「武道禁止令」が出て、学校での剣道、柔道の部活動が禁止されていたからでしょうか。そして戦争末期から停止状態だった野球が復活し盛んになりました。

野球といえば、中学一年の頃か、祖父がイルカの皮を使ってグローブを作ってくれました。まだ皆が布で作ったグローブをはめて野球をやっていた頃のことです。二〇〇一年の帰国後のことですが、友人とメールなどで昔の話をしていると、その頃私が皮のグローブをもっていたので、大変羨ましかったと言っていました。

私はピッチャーで、キャッチャーとして球を受けるのが上手い加藤利一君を得て、放課後はよく練習しました。そしてクラス対抗戦ではいつも上位でした。私はコントロールはよくなく、球もあまりスピードはなかったのですが、どうしてかあまり打たれませんでした。多少変化球を投げるのが得意だったのでしょう。

わが家では中学も三年になるといわば一人前です。毎日ではありませんが、仕事の手伝いも本格的となり、学校から帰ると父の指示に従って、その右腕の斎藤博氏の下で、削り節の機械の前に立ち、時に座ったりして「イワシ、サバ、宗田節」を削りました。そして出来上がった削り節を袋詰めしました。

父はいつものことですが、口うるさく私に「ああやれ、こうやれ」と指示します。その父の文句のひとつですが、私が適当に原料（イワシやサバ節）を、ぽいと機械の口に放り投げるので、それではうまく削れないというのです。正しいやり方は原料魚のしっぽの方から、削り口に静かに入れることだと。

十分、二十分とそのようにやりますが、神経を使うのが面倒になって、またぽいと乱暴に投げ入れます。するとそれを遠くから見た父が、大きな声で怒鳴ります。確かに乱暴に投げ入れると、削られて出てくる削り節の形が崩れ、削り粉が多くなります。しかしそのうち慣れてくると、私は本を読みながら適当に、父の希望に沿った仕事ができるようになりました。そして父が近くにいないときは、時に居眠りしながら作業を続けました。

父がよく私に言っていた言葉があります。それは毛利元就《もとなり》の残した「三本の矢」という言葉です。我々も毛利家と同様、男兄弟は三人です。それは一本の矢は折れやすいが、三本の束になると折れないというものです。要は、「兄弟三人、いつも協力し力を合わせて、家業を発展させてくれ」という父の願いでした。この言葉は時々脳裏に浮かびました。しかし人生はいろいろな要素が絡み合い、残念ながら実現することはありませんでした。

わが家の下の土地には、昔から倉庫とカツオ節を燻製《くんせい》にする窯《かま》がありました。父からは自分の体重の重さのもの、例えば俵や箱詰めのイワシ、サバ、宗田節の原料を担いで、よろけずに歩けと日々厳しく指示され練習させられました。今考えれば、父は父で長男を厳しく指導し、一日も早く仕事に慣れさせるべく努力していたのでしょう。「親の心子知らず」の常で、私はただただ「親父は厳しすぎる。何とか親父の目の届かないところに逃げたい」と、日夜思い悩みました。

わが家の従業員のひとりに気の回らない若者がいました。よく父に頬や頭をこずかれ、時に工場の隅でぼろぼろ涙を流していました。私はこの風景を見るにつけ「将来は親父と一緒に仕事をするのは嫌だ」と日々悩み苦しみました。その後、従業員のひとりとして従兄弟の清さんが加わりました。彼は片目を怪我か何かで失明していました。しかし彫の深い顔立ちでなかなかのハンサムでしたので現代風「丹下左膳《たんげさぜん》」のような感じがして、かっこいいなと思ってました。彼が来る前に彼の兄も働いていましたが、期間も数カ月と短く、またほとんど話さなかったので思い出はありません。清さんは頭もよく回り、また身体もよく動いたのでしょう。父が彼に向かって怒っている姿は、一度も見たことはありません。

一方、時々工場の隅や井戸端で泣いている、例の若者の姿を遠くから眺めていると、一日も早くこの仕事環境から逃れたいと真剣に考えました。これにもうひとつ私の考えを押す風景が加わりました。それは毎朝二階から眺める風景でした。

それはふたりの先輩たちです。ひとりは鈴木すー坊、ほかのひとりは鈴木たて坊です。大柄なふたりが颯爽と伊東駅に毎朝仲良く並んで楽しそうに話しながら歩いて行きます。そして電車に乗り沼津市内にある沼津東高と沼津商業高校に通っていました。晴れた日にはふたりの彼方には、富士のお山がくっきりと望めました。

静岡県立韮山高校

昭和二十七年。静岡県立韮山《にらやま》高校に入学しました。

この頃の映画観覧料は百二十円、ラジオ放送では「君の名は」、流行語は「見てみてみ、聞いてみてみ」。

昔のことですが、祖父は塩漬けのブリや他の魚を馬車に乗せ、韮山や修善寺に運び販売したと聞きました。韮山は古くから伊豆の国府の所在地です。その昔を訪ねれば源頼朝旗揚げの地です。

平安末期、頼朝が流された、かの蛭ヶ小島《ひるがこじま》は目と鼻の距離です。北条家の菩提寺もあり、時代が下って江戸時代末期、江川太郎左衛門が、わが国で最初に大砲を製造した反射炉と、パン工場もあります。また勝海舟を艦長として、太平洋を横断した蒸気船「威臨丸《かんりんまる》」の機関長肥田浜五郎は、伊豆八幡野村（現伊東市）に生まれ、太郎左衛門の韮山塾で学んでいます。いうなれば、肥田浜五郎は同郷の先輩にあたります。さらに、柔道では加納治五郎の一番弟子、富田師範（作家富田常雄の父）も伊豆出身、師範が開いた講道館分所もここに設立されました。

私はその頃は歴史に何の関心もありません。ただただ「伊東を離れたい」の一心で、この県立韮山高校を選択しました。私は入学して知ったのですが、静岡県東部では優秀な進学校です。それればかりでなく、私が入学する二年前、昭和二十五年春には韮山高校が甲子園初出場で初優勝の快挙をなしています。進学校では珍しいケースだとか。生徒は文化系、体育系を含め、皆よく学びかつ頑張り屋の若者が多くいました。そして私は伊東中学とはまったく違った教育環境に驚きの連続でした。このためいろいろな意味で大変興味深く、また厳しい高校生活の三年間となりました。

中学では英語は選択でした。それでほとんど英語の勉強はしていません。私の心の中はオレたちをやっつけた、あの毛唐の言葉を誰が習うか、習う必要はないと考えていました。もし外国語を習うなら、それは三国同盟国、ドイツ語かイタリア語だと勝手に決め、英語は選択しませんでした。ところが、韮山高校では英語の成績で、授業のクラス分けをするというのです（先般、四十七年振りに同窓会に出席し、このことに言及したところ、いや英語ではなく全体の成績で授業のクラス分けをしたとのこと)。いずれにせよ、私は一番下のクラスからのスタートでした。

それまで喧嘩を含め、運動で負けるのは大嫌いでした。しかし勉強で負けるのは頭も良くないし、怠け者ですから仕方ないとあきらめていました。伊東から一緒に入学した森田、白倉両君は私より上のクラスです。しかし成績順でクラス分けというように明白に差別されるとなると腹が立ちます。

それで私が最初に取り組んだのは、通学時間が長いのを利用し、立ちん坊の車内で英単語を暗記することでした。しかし「ローマは一日してならず」の喩え通り、なかなか英語の知識が増えません。これは当然です。勉学とは縁のない生活を小、中学と長い間続けてきましたので、にわかによい結果を期待するのは、無理というものです。二年間は苦痛の連続でした。この間は「こんなことなら、伊東を離れるのじゃなかった」と、後悔の日々が続きました。

伊東から熱海、そして熱海から東海道線に乗り換えるあたりから、「願わくは、この電車がどこにも停車せず、どこまでも走り続け、永遠に止まらなければいいがなあ」と夢想しました。今でいう登校拒否の前兆でしょうか。それでも三島で乗り換え駿豆《すんず》鉄道で韮山まで通学しました。しかし面白いもので、生活や環境が一変すると、若い頃からの短気で、喧嘩早い性格は少しずつ変化してきました。

高校二年の後半に、念願の一番上のクラスにたどり着きました。しかし、睡眠時間を削り、ない頭を振り絞り、無理にガリ勉をしたので、案の定体調を崩しました。最初は修学旅行で京都に旅したとき、風邪にかかり、その後この風邪をこじらせ腎臓をやられました。さらに、原因不明の偏頭痛に悩まされました。この頭痛は、サラリーマンになってからも、時に心身が疲労すると何の前触れもなく突然やってきました。

七月の暑い日のことでした。伊東駅からいつものように歩きながらの帰宅途中でした。松川にかかる大川橋をゆっくりと渡り切ったときのことです。急に頭がぼんやりとし、物が二重に見え、ある部分は欠けて見えます。さらに後頭部、左下に強烈な偏頭痛がし、頭の後ろ半分が割れるように痛み、我慢できません。それで駅とわが家との途中にある祖父の家に転がり込みました。私の顔が異常だったのでしょう。驚いた祖母がすぐ布団を敷いてくれ、私はその上にぐったりと横になりました。後日近くの医師に診てもらいましたが、病名は不明でした。しかしおかしなことに頭痛が消えると、ふだんとまったく変わりません。ただ腎臓が弱くなったせいなのか、身体が痩せ長い時間椅子に座っていると、右足がひどくだるくなった記憶があります。

高校三年になると、どこの大学を目標に置くかが問題となりました。私は一橋大学商学部を選びました。それは大手商社に入社すると、海外に出るチャンスが大だと考えた結果です。三井、三菱、丸紅などの大手商社に就職すれば、祖父も親父も私が家業を継がないことを、許してくれる可能性があると考えた結果です。そしてこの目標に向かって再び懸命に机に向かいました。

夏休みには、祖父が檀家総代をしている菩提寺の本然寺の一室を借り、そこで受験勉強をしました。もっとも暑い昼過ぎには、港の先のいつもの灯台のある堤防に出かけ、そこで思う存分泳ぎました。また時には白い砂の広がる稲七海水浴場に行き、そこで親しい友だち、稲葉厚、小川修の両君と一緒に泳ぎ、受験勉強でかたまった頭を、紺碧の海でゆっくり冷やしました。

今考えると、何もあんな風にガリ勉をせず、何か他に好きなことでもしていたら、高校生活三年間をさらに楽しくまた豊かに送れたのではないかとも思います。ただ通学時間が、待ち時間を入れると往復三、四時間かかったので、クラブ部活動など考えられませんでした。しかし時間のあるときは町道場に行き柔道で大汗を流していました。

青春時代というのは、人生の全体像が見えず常に無駄があります。それは仕方ないことです。ここで必要なのは、近くにいる祖父母や先輩、学校の教師などの優しいアドバイスです。残念なことに、私は祖父からは武道や人生について、アドバイスをもらいましたが、先輩にはまったく恵まれませんでした。ただ、そうしたなかで言えることは、短い間でしたが、高校三年の時の病気との戦いの日々から、ひとつの重要な教訓を学んだことです。

それは「人生は健康が一番」という実に素直なことです。もっともこれを本当に切実に感じたのは、遅まきながら結婚してからのことでした。

浪人時代　新星学寮

昭和三十年。世相・流行は三種の神器（テレビ、洗濯機、冷蔵庫）、流行語は「最低ね」。そして私大の平均年間授業料は二万円ほど。

私の最初の東京での浪人生活が始まりました。私が住んだ新星学寮は、本郷の東大正門の通りを少し入った場所にありました。そのため か寮の住人は東大生が大部分でした。親父がこの学生寮を運営する穂積五一先生と近しく、浪人するならこの寮に入れというので決めたものです。穂積先生はその頃社会党・国会議員のひとり、穂積七郎議員の実兄でした。先生はいつも明るくユーモア好きでしたが、時に厳しい面も垣間見えました。

ここで私は生まれて初めて、大人の料理を作る手伝いをしました。新星学寮で料理当番になったときは戸惑いました。子供のときに時に腹が減ると、自分で適当なものを作り食べましたが、これはまったくでたらめなもので正しい料理ではありません。そして料理はお袋の作るものであり、自分は食べる人と勝手に思っていました。

先輩たちに話を聞いて分かったのですが、当番はひとりではなく、ふたり一組です。最初は東大生、三浦さんと組みました。先輩がどんどん手際よく材料を切り、炒めたり煮込んだりします。私は皿を出し盛り付けが仕事です。三回目ぐらいから自分でも少しは料理ができるようになりました。しかしほとんど先輩たちが手早く料理を作りますので、私はその前に野菜などを丹念に洗い刻み、そして皿を出す、いわば洗い方に徹しました。

寮生はほとんど東大生でしたので、朝早く皆が寮を出て行きます。最初はがらんとした学寮にひとり残され、淋しく参考書を開き鉢巻をして、入試問題の学習というか、解けない問題と格闘しました。時々ですが、穂積先生がどうしているか声をかけてくれました。私はこの穂積先生の優しい配慮にどんなにか感謝したことでしょう。

この寮ではランチは出ません。その頃には週に二回ほど近くのそば屋に出かけ「かけそば」や「もりそば」を食べていました。各々十八円から二十円でした。たまにですが、近所の食堂で夕食を食べることもありました。他の日は牛乳にコッペパンでした。この頃は初めての東京生活で、近所を歩くのも何となく落ち着かず、気が進みませんでした。都会の生活や人との付き合いに慣れず、精神的に落ち着かない日々が続きました。そして、この新星学寮に住んだ一年間は、まったく身体を動かさず、いつも机に座っているので、血の循環が悪くなり、時に顔や足にむくみも出てきました。風邪を引くと、治癒したはずの鼻中隔彎曲症がぶり返し、記憶力がひどく落ちました。そんなときの穂積先生の元気なお声は救いでした。

さらなる救いは先生と一緒に、数人で近くの銭湯にでかけ、大声で話しながらジャボジャボとお湯に浸かったことや、日曜日や休日に、裏の空き地に集まり、皆で相撲をとり汗をかいたことです。これらのことはその頃の楽しい思い出のひと駒で、今でも鮮明に覚えています。ただ、秋の夕暮れ時は物悲しく、夕焼けの空を眺めてよく涙を流しました。そしてその昔祖父が東京に集金にやって来たときの話を、時々思い出していました。

新星学寮で記憶に残っている方々は、穂積先生と奥様をはじめ、田井ご兄弟、永田、千代田、三浦、大内、杉浦、田口、福本、川上、渋谷、清野、小林、大久保等の諸氏で、女性もふたりいましたが、残念ながら名前は思い出せません。若造の私は寮生とほとんど話すこともなかったので、これも仕方ないことです。皆さんそれは大変よい人たちで、少しして一緒に料理を作るのは楽しみとなりました。この寮で余り話はしませんでしたが、同年輩の小林君はライオン歯磨（一九七九年までの社名）の御曹司であったかと思います。

また、八戸市出身の大久保君ですが、学習院大学の学生で三年ほど後の昭和三十二年に、愛新《あいしん》覚羅《かくら》慧生《えいせい》さんと伊豆、天城山中で亡くなりました。世に言う「天城山心中」と呼ばれているものです。この時は父の経営する旅館「新井荘・山久」に、新星学寮の皆さんが泊まり、伊東より天城山にふたりの探索に出たと聞きました。

とくに、田井重治、直民ご兄弟とまり子さん、そして永田さんには何かとお世話になり、初めて故郷を離れた寂しさを紛らわすことができました。ここで学んだことは、「集団生活とは何か、如何に人々と協調し生活するか」ということでした。これは私の生涯の重要な命題となりました。

永田さんですが、その後鹿児島県川内《せんだい》市で、名のある陶芸家となり、東京その他の地域で個展を開いていると聞きました。また、これはいまから数年前のことです。ある晩テレビ・ニュースを観ていましたら、懐かしい新星学寮の先輩のひとりの姿が目に映りました。杉浦正健外務副大臣、（その後法務大臣）です。

渋谷区幡ヶ谷本町

昭和三十一年春。二年目の浪人生活となりました。

一橋大学商学部を目指し受験しましたが再び落ちました。新星学寮でひとり頑張りましたが、残念ながらまた失敗でした。韮山高校同期生のひとり、井沢君は現役で一橋大学商学部に受かり、森田君を通じて「入学したら剣道部に」と誘いがあったようですが、これは虚しい誘いとなりました。

この頃は日々失望、落胆し、首を垂れ、新星学寮でまた浪人生活を続けていました。五月には食事の味が分からず、また風邪を引いたのか体調不良でした。そして急に目の前に広がる、故郷伊東の大海原が恋しくなり急遽帰省しました。

そうしたある日のことです。韮高同期生の森田君と喫茶店で会い、いろいろと話していました。彼も東大経済学部を受験し失敗した仲間です。香りのよいコーヒーを口にしながら、森田君が真面目な顔で、

「久保田、二浪は分かったが、またその学寮に住むのかい」

と、訊かれました。私は受験に落ちて以来、東大生が多い学寮に、舞い戻って浪人生活を続けるのに抵抗を感じていました。それで、

「まだ決めていないけど、どうしてだい」

「オレの方は、幡ヶ谷本町に越して、稲七（稲木）と一緒に生活することになったんだ。どうだい君も来ないか」

と、誘いの言葉がありました。私はそれを聞いて、

「本当かい。それはいいな。是非そっちへ行くよ」

と、気分が滅入っていましたので、彼のこの誘いに渡りに船と乗りました。

新星学寮に帰り、数日したある日のことです。穂積先生に固くなって面会し、その旨を話し諒解を得て、新星学寮を後にしました。そして翌日には幡ヶ谷本町に引越しました。そこは新宿西口から歩いて四十分ほどの場所にありました。

この頃私は街を歩くのが大変好きになっていました。舗道を歩くごとに変わる周囲の景色を眺めるのは大変楽しみでした。故郷の伊東とはまったく異なる、都会の風景がそこにはあったのです。

さらに嬉しいことに、六畳の部屋の相棒は稲葉厚君でした。彼とは幼稚園からの友達で小学校五、六年の頃はよく一緒に遊びました。彼は大の犬好きで家庭内にはいつも柴犬を飼育していました。私が最初に子犬ポチをもらったのは彼からです。隣の部屋には稲木、森田の両君でした。反対側の隣室は新潟出身の風間兄弟で、下の部屋には愛媛出身の亀川君と、宮城出身の北湯口君が住んでいました。

この下宿の大家の人見さんは稲木君の遠縁でした。そしてこの老夫婦が作る朝食、夕食は美味

しく、その味を堪能しました。何か数年振りに食べるお袋の味のようでした。ここでは朝夕腹一杯銀シャリを食べることができました。ランチは自前のコッペパンと牛乳が定番で、二種類で二十円ほどでした。ここでの一年間の浪人生活は食生活おいては、結構、いや充分に満足しました。

同室の稲葉君は仕送りがよいのか、時々ひとりでランチを食べに外出します。私は部屋でひとりコッペパンをかじりながら、何となく羨ましく思っていました。たまにですが彼について行き、小さなラーメン屋で三十五円を払いうまいラーメンに舌鼓を打ちました。

ある晩、稲葉君が真剣な顔をして、

「英さん、明日のランチ、ラーメンを奢るから、一緒に来てくれないか」

「どうしたんだい、急に。奢ってくれるなら、もちろん一緒に行くよ」

「有難う英さん。実はな、君に提灯《ちょうちん》持ちをやってもらいたいんだ」

「何だって、厚ちゃん、誰か好きな女の子でもできたんか」

「そこのラーメン屋の女性が可愛いんで、話すきっかけを作ってほしいんだ」

「ああ、そうか。よく分かった。任せてくれ」

ということで、その晩はいつものように床に就きました。

翌日の昼頃、ふたりで坂を下ったラーメン屋に出かけました。その店には女性がひとりで働いていました。我々はカウンターに座り、ラーメンを注文しました。五分ほどでラーメンがさっと出されました。味はなかなか美味です。それで私はすぐ彼女に話しかけました。

「このラーメン、味がいいですね。値段は少し高いけど」

「そうなの。ところで、稲葉さんは何をしているの」

彼女はすでに彼の名前を知っていました。私の横に座ってじっと新聞を見ていた彼は、

「新聞を読んでいるんだよ」

と、言って顔をあげました。するとと彼女が笑いながら、

「でも、その新聞は逆さまじゃないの」

と、言いました。私は彼の新聞を眺めると、確かに彼女が言う通り、新聞は逆さま、彼は照れ臭くて新聞で自分の顔を隠していたのです。

この数日後、稲葉君から彼女と「逢引き」したと聞きました。それで私は、

「厚ちゃん、逢引きはどこへ行ったんだい」

彼は少し恥ずかしそうな表情で、

「上野の動物園で会ったんだ」

「やあ、そりゃ良かった。ライオンや象を見たんだろう。それでどうなったんだい。デートの方は、うまく行ったかい」

「いろんな動物を見物し、終わってな、英さん、……」

「どうしたんだい。それから」

稲葉君は、数秒黙っていましたが、にやっと笑い、

「別れる時にな、オレが彼女に近づいてキスをな……」

「何だって、そんな人通りの多い場所でやったんか」

「オレがな、目をつぶって唇を近づけたら、そしたら彼女がオレのほっぺたを、ぱちぃっと叩きゃあがった。それで終わりよ」

「なあんだ。そうか。そりゃ残念だったな」

これで、彼の彼女への思いは終止符を打ったようでした。


夏休みに入ると、皆でそそくさと伊東に帰郷しました。稲木君はいつも先に帰り、家業である「稲七海水浴場」を手伝っていました。稲葉君と私は、遥かなる大海原を眺め、稲七海岸の砂場で転がって、遊ぶのが大好きでした。そこにまた帰郷している小川修君が加わり、時に、小・中学校の同期生、鈴木真之君も顔を見せ、いつも楽しい海水浴となりました。この頃はすでに我々は海水パンツを穿いていました。しかし若い中学生たちはまだ皆が褌をしていました。そしてそんな風景を眺めながら、小川、稲葉君と私の三人は、稲七の浜で横になり、朝から夕方まで背中を真夏の太陽で焼いていました。その結果夏休みが終わる頃は、稲葉君と私は全身真っ黒けでした。

そして勉学の秋となりました。東京の生活にも慣れ、周囲が子供の頃からの友達ばかりなので、いたって快適でした。新星学寮の一年間とはまったく異なり、今度はあまりにも環境がよすぎて、懸命に勉強する雰囲気というか気分になれませんでした。秋が終わり冬となり、再び試験シーズンとなりました。この年もまた一橋大学商学部への受験は失敗でした。しかし明治大学商学部は幸い受かりました。

明治大学商学部

昭和三十二年。この頃のタクシー代は七十四円、世はロカビリーブーム。流行語は「カックン」でした。

この年の四月、森田君も一緒に明治大学商学部に入学しました。この大学を受験した主な理由は、森田君の兄さんが明治大学卒業ということもありました。ふたりで話し合い「また失敗したときは、明大でもいいか」と受験したのです。入学してから、もう一校、早大も受験するのだったと後悔しました。というのは、入学して、周囲の顔や態度を見るとほとんどが現役で入学した学生です。毎朝授業に出席すると、教室での居心地の悪さを感じました。二歳も下の若造たちと、一緒に同じクラスで学ぶというのは、どうしても落ち着きません。しだいに毎朝通学するのが、今迄とは違った意味で「億劫《おっくう》」になってきました。ここでも「後悔先に立たず」といったところです。

森田君は伊東から電車で通学すると言います。私は、前に述べたように父親と接する時間を少なくするため明大校舎に近い井の頭線明大前駅の近くに部屋を借り、そこに住むことに決めました。大学まで歩いて三分と、いたって便利です。ところが、その部屋は三畳で何とも狭く、帰宅すると独房にいるような感じでした。雨の日など如何にも息苦しく、半年でこの牢獄部屋をオサラバしました。

その間に数件物件を見て回り、そして井の頭線久我山駅から歩いて一分のところにある、大門さんという家の離れの六畳に決めました。一軒屋に六畳部屋が二部屋あり、台所とトイレは共同です。隣の部屋には宮崎県出身の鷲頭さんが住んでいました。彼は私より一回りほど年上でした。

ここに決めたひとつの理由は、先の幡ヶ谷本町の下宿で一緒だった四国出身の亀川清徳君、通称亀さんでした。彼はその頃は亜細亜大学に入学していました。

ある日のことです。彼と新宿の喫茶店で会って雑談していました。彼はどうしてか、皿を洗うのが好きだと言います。一方私は新星学寮での生活の後、料理を作るのが多少好きになっていました。しかし食器を洗うのは大嫌いでした。それで私は、彼の顔をしっかりと見つめ、

「料理はオレにまかせてくれ」

と言うと、今度は彼がにっこりと笑い、

「契約成立！」

と叫び、お互い手をしっかりと握り合いました。そして久我山で、ふたりの新しい生活が始まりました。

彼は性格が温厚で優しく、一緒に生活するのには大変よい相手でした。しかし連日夕飯を準備するのは私です。これは思ったより大変な仕事で驚きました。それでも一年半ほどは学校から帰

ると、まず講義の復習をして、時に好きな文学書を読み、夕方になるとふたり分の料理をせっせと作りました。そして毎晩亀さんとの雑談を楽しみました。今思うと何を毎日作ったのかまったく記憶にありません。多分連日野菜のごった煮でも作ったのでしょう。この頃肉類は少なくまた高価で、学生が買えるものではありませんでした。

ある日、近くの魚屋でくじら肉を極安で販売していました。「こりゃ、有難い!」とバケツ一杯買い、それを塩漬けにしました。この頃は我々学生には牛肉、豚肉は高価で手が届きません。それで鯨肉が安かったので大量に買ったものです。ところが、それから五日間ほど、毎晩毎晩食卓に鯨の煮込みをテーブルにのせたところ、亀さんが、

「久保田君、まだ鯨の肉は残ってるかい」

と、うんざりしたような顔で訊いてきました。

「まだ残ってるよ、亀さん。君の言いたいことは分かる。オレも食べると鯨の腐ったような臭いが鼻について、胸がむかむかする。どうする、もう捨てるか」

と訊くと、彼は小さな声で、

「うん。もうオレは食えねえ」

と、彼もその臭いが鼻につき、うんざりだということが分かりました。

それで翌日は「もったいないなあ」と思いながら、バケツに半分ほど残っている塩漬け肉を泣く泣く捨てました。まだほとんどの家庭で冷蔵庫がなかった時代の話です。後日考えると、私が振った塩の量が不足し、半分腐ってあの悪臭となったのでしょう。

あの頃、よくふたりで新宿駅東口近くのレストラン「食堂三平」に出かけました。そして三十五円のラーメンを食べながら、私が、

「こんなラーメンではなく、いつの日か好きな物を腹一杯食べたいなあ」

と言うと、亀さんもにこにこ笑いながら、

「こっちも同感、同感」

と、元気よく答えていました。彼の好みはよく覚えていませんが、私の好みはこの「食堂三平」の「牡蠣《かき》フライ」でした。値段は百三十五円。今ですと千三百五十円ほど。それだけの金額をランチに出す余裕はまったくありません。それで銀シャリを食べるときは、新宿駅西口を下がったところにある通称ションベン横丁（現思い出横丁）の「つるかめ食堂」のカウンターで食べる「野菜別」でした。これは野菜のてんぷらをどんぶりにのせず、別の皿に盛って出すものです。それで名称が「野菜別」と呼ばれていました。

どんぶりにはかなり大盛りに銀シャリがのっていました。これが私の好物でした。値段は六十五円。少し後のことですが、この「つるかめ食堂」は後年親友となる夏八木君も、私と一緒に食べたのが機となり、ここに通うことになります。

「英さん、君の住むところはいつも酒屋と質屋が近くにあるなあ」と。

これは友人たちの私の日常生活に対する一種の評でした。確かその前に住んでいた明大前の下宿にも、この二店はすぐ近くにありました。私の学生生活にはこの二店は、欠かすことのできな

いものでした。しかし初めからこの二店のある地域で、貸間を探したわけではありません。家探しの結果としてこの二店がいつも近くにあったのです。

この頃、両親から私への仕送りは、毎月七千円ほどだったと記憶します。これらは家賃、食事代、電車代、映画代、風呂代、その他で月末にはいつもゼロとなりました。

私は二十歳を過ぎたあたりから、少量ですがビールやウイスキーを、嗜むようになっていました。それで生活を少しでも豊かにするため、アルバイトを始めました。あの頃はアルバイトをしてもそれほど余裕はありません。ところが、友人たちとビールや洋酒を少し飲み過ぎたりすると、時に月末前に生活費がゼロとなりました。その時は目の前にある質屋に、背広や安時計などを質入れし生活していました。一カ月分の金利を払い、翌月それらを取り出すのが私のその頃の生活習慣でした。その意味でこの二店は生活に必要なものでした。

ただ一度だけ質入れしたものをすべて流したことがありました。

それは大学一年の頃です。友達に頼まれて大学の友人とは関係ない諸氏（山田、松沢、樋口氏）と、ジャズバンド結成のことで新宿東口近くの喫茶店で会いました。横に座るトランペット奏者でリーダーの山田君が、

「久保田君、我々のジャズはデキシーランドジャズだが、君にドラムをやってもらいたいが、どうかね」

と訊かれ、

「今まで楽器をいじった経験はないけど、ドラムはいいですね。少し夜間のドラム学校でも行っ

たら打てますかね」

と私が言うと、彼らはドラマーが必要だったのでしょう、バンジョーの樋口君が、

「君だったら、もちろんやれるよ。是非加わってほしいなあ」

彼の隣で静かに聞いていた、クラリネットの松沢君も、

「大久保駅の近くに夜間のクラスがあります。三カ月ぐらい通ったら打てるようになるでしょう。中古のドラムは御茶ノ水駅の近くの楽器屋で売っています」

とこの時の話し合いは終わりました。

次の日曜日の昼過ぎ三人と再び会うことになり、私はドラムのスティックを持参し、新宿駅から四谷の方に十五分ほど歩いた、工場の片隅に行きました。そこで私は初めてデキシーランドジャズの練習を開始しました。私は板の上に手拭を置いてそれを叩いてのリズムとりです。すると樋口君が、

「久保田君、その調子、その調子です。いいですよ」

と、言って褒めてくれました。私はこれを聞いて、調子に乗って何とかリズムをと懸命にスティックを振りました。

頃は昭和三十年代前半、石原裕次郎の歌『嵐を呼ぶ男』で「おいらはドラマー」と歌い、ドラマーに人気が集まっていました。私もこの映画を観てドラマーに憧れていました。若者は流行に弱いのが世の習いです。私も例外ではありません。

デキシーランドジャズは、二十世紀初めにニューオーリンズで発達したジャズで一九一〇年代

後半からシカゴやニューヨークで白人たちが広めたジャズです。いわゆるスタンダードジャズとは多少異なります。はじめ私はジャズはあまり興味がなかったのですが、それ以来極力ジャズを喫茶店で聴くようにしました。渋谷駅から少し坂を上がった角に、小さなジャズ喫茶があり、時間があるときはよくでかけ四、五時間聞くこともありました。

あの頃有名な南里文雄《なんりふみお》のバンドが、有楽町駅の近くの大きなステージで、時々演奏していました。私は先輩たちの演奏を目で見、耳で聴くべく、ここへも時々に足を運びました。また腕を磨くため大久保にある夜間のドラム学校に通い、多少ドラムがリズムにのるようになりました。

そして半年ほど後のこと、天然温泉・平和島の演舞場で最初の演奏会をしました。ここの広いステージに立って演奏をし、聴衆から一杯拍手をもらい、大変気分が高揚しました。バンド演奏はほかのアルバイトより収入がいいと分かり、これはイケるかなと思っていた矢先のことです。神田の小さなナイトクラブで、演奏をいつものメンバー、トランペット、クラリネット、バンジョーとドラムでしました。演奏も無事終わり、ひと段落したときのこと、経営者なのでしょう、中年の男が出て来て、

「演奏は悪くないがドラムの音がうるさ過ぎる。次はもういらない」

と、翌日からの演奏を冷たく断られたのです。

私は、これを機にドラマーを辞めることにしました。ドラムのレッスンに通っているとき、私は音楽への感覚が鈍いことを知ったからです。しかしほんの少しの間でしたが、今までのアルバイトとは異なる経験をして、大変楽しかったのを思い出します。そして神田で買った中古のドラ

ムはもういらないので、これらを初めて「質流し」しました。買った値段の二割ほどでしたが、実にもったいない話で断腸の思いでした。

友人の稲葉君も北大でハワイアンバンドを主催していました。暖かい伊豆半島から、凍てつく北の大地で、生活するようになったのですから、暖かい土地への憧れは理解できます。その環境が彼をハワイアン贔屓《びいき》へと導いたのでしょう。そのバンド名は「稲葉厚とブラジャー・コルセット」というものでしたが、最初この名前を聞いたときは、私はこのブラジャー・コルセットという意味が分からず、稲葉君の説明を聞きやっと理解しました。

彼はこのバンドを通じて常夏の国ハワイへの夢を強くもったようです。後年、彼はハワイ大学に留学しました。人生というのは常に強い意志をもち、これを実現すべく日々生活することにより、間違いなく「人生の夢」は実現するものです。これは私の親友たちが皆実証しています。

大学二年の夏休み、高校・大学同期の森田君と一緒に、故郷、伊東市の図書館の二階で、彼は「ラテン音楽」、私は「ジャズ」について、市民の方々を前に解説をしました。今では何をテーマにしゃべったか記憶にありませんが、多分スタンダードジャズの歴史だと思います。メモ用紙も持たずに、よくもまあ一時間も長々とよくしゃべったものです。若さの無謀というものでしょう。でも聴衆の皆さんには興味深く聞いていただきました。

狩野川台風、昭和三十三年九月

灯油一缶（十八リットル）五百六十三円、テレビは「月光仮面」、流行語は「イカす」。


亀さんとふたり、ラジオで台風二十二号のニュースを聞いていました。少し前に台風十一号が静岡に上陸し関東地方を縦断しました。この暴風雨のため都内の旧中川の防波堤が決壊し、都内亀戸などの下町で、二万戸が床下浸水の被害を受けたことは新聞で読んで知っていました。

九月二十二日には、神奈川県に上陸した台風二十二号が、関東地方に猛威をふるい、東北地方に向かって北上していきました。伊豆地方では記録的に豪雨となり、狩野川《かのがわ》が決壊し流域で大きな被害が出て、通信も交通も寸断されていました。これを知った亀さんが、

「英さん、君の田舎もやられているんじゃないか、連絡してみたらどうだい」

と言います。私も心配になって、

「そうだな。じゃ、大家さんの電話を借りてかけてくる」

と、言ってすぐ大家の大門家に行き、電話を借りダイヤルしましたが不通です。今度は本当に心配になり、部屋に戻ると彼に、

「亀さん、心配だ。これから伊東に行ってみる」

と言うと、彼も心配そうな顔をして、

「英さん、今は東海道も不通らしい。横浜までは走っているようだが」

「そうか、東海道も不通か。じゃあ、横浜まで行って待つことにする」

と言って、私は何も持たず久我山を後にしました。私が横浜駅まで行くと、幸い東海道線はすでに動いていました。それで熱海までは行くことができました。

ところが、熱海駅では待っても待っても電車は動きません。私は「よーし、線路を歩いて伊東まで行こう」と決心しました。そして少し晴れ間の出てきた電車路をとことこ歩き、五時間ほどかけてやっと宇佐美駅の近くまで行きました。

歩きながら、途中上下の電車が同時に走って来たら逃げ道がない。大変だなあーと内心びくびくし、時々耳を線路に当て、鉄道線路に響く電車音に耳を澄ましました。幸い最後まで電車の姿を見ることはありませんでした。宇佐美駅を少し過ぎたあたりから、遠くの海岸線を眺めました。すると父が経営を始めた温泉旅館「新井荘・山久」の場所の辺りで、白い煙が立ち上がっていました。「こりゃ、駄目かな」と一瞬思いました。

海岸沿いに道路があるので、鉄道線路を下り海岸線を足早に歩きました。そして稲七の浜の近くまで来ると、「新井荘・山久」はいつものようにしっかりと、いつもの場所に建っていました。私は胸を撫で下ろしました。

これは後で分かったことですが、あの台風で水かさが増し松川(別称大川)、唐人川《とうじんかわ》を流れ下って来た大量の廃材が、河口で海水とぶつかり、その一部が土地の低い旅館の庭に流れ着いたそうです。これを父たちが燃やしていた煙でした。

この台風が吹き荒れたときのことです。唐人川の流れと海水がぶつかり合い、唐人川より川水が溢れ、父の旅館の玄関に迫って来て、仲居や女中さん四人で、玄関のガラスのドアが押し寄せる水の圧力で、弓なりになるのを防いでいました。これを心配顔で見ていた末弟の光が、見ていられず女中さんたちに加わりドアを五人で懸命に押さえ続けました。ところが、しだいに川の水量が増え続け、水圧がますます強くなり、玄関ドアが弓なりに曲がってきました。そしてドアの隙間から水が玄関に少しずつ流れ込んできたそうです。

末弟の光は流れ込む水の流れが、どんどん増えてくるのを見て、今度は恐怖で涙をボロボロ流しながら、それでも懸命にドアを押え続けたと聞きました。光をふくめ皆の必死の努力のお蔭で、無事玄関ドアのガラスは破損することはありませんでした。これは末弟が十一歳頃の話

昭和33年頃の家族集合写真。後列左より、小学生の末弟光、著者、次弟軍治、妹としみ、節子。前列左より母、父、祖父、祖母、姪

です。後にこの台風二十二号は「狩野川台風」と呼ばれました。それは伊豆の狩野川が二十八カ所で決壊し、流域で予想を超えた被害を出したためです。上流の湯ヶ島では豪雨のため、随所で濁流が溢れ出しました。そして橋や千戸以上の家屋が流され、一帯は水に浸かり、住民の半数が亡くなった集落も出たようです。

わが故郷伊東でも約七千戸が浸水や倒壊し死亡者もでました。

一方、東京の成城地域では、川の氾濫で孤立した住民を救助するため、近所に住む俳優三船敏郎が自家用ボートを出し、救出作業をしたと伝えられています。私はこのときは数日間、父親の手伝いをして廃材の始末も終え、ひと安心して東京に戻り、その晩は亀川君とビールを呑み、被害の報告をしました。

その頃私は井の頭線久我山駅から、明大前駅の校舎にできるかぎり一時間目から出席していました。ところが、どうしてもほとんどの授業に馴染めません。前にも述べましたが、一番の理由はほとんどの学生が二歳ほど年下です。それは大部分の生徒が現役で入学し私は二浪していたからです。クラスの生徒が若造というか小僧に見え、どうしても付き合うこともできません。その上、大部分の教授が事務的と思えるような教授法をとっていたので、大部分の授業が味気なく、それを聞いているとつい眠気が出てくるのでした。

そんな授業の中でも、私は海外に出るには英語が必要であることは十分分かっていました。それで英語の授業だけは必ず出席し、熱心に先生の授業を聴いていました。

大学二年も終わりに近づいた頃のことです。私は日々の授業に馴染めず、英語の時間以外では欠席が多くなりました。そしてこのままこの調子で欠席を続けていくと進級に必要な単位がとれません。そのため今度は浪人時代とは違った悩みが、日々の生活の中に押し寄せて来ました。この苦悩を少しでも解消しようと、禅寺で座禅をしたり、井之頭公園の近くの拳法道場に通ったりしていました。

座禅会で一番長く座ったのは一週間続ける早朝の「暁天座禅」でした。それは東京の下町のお寺での座禅会でした。私はそれまで参加した座禅会では片足で組む半跏趺坐《はんかふざ》しかできません。その会場では同年輩の若者たちが静かに両足で組む結跏趺坐《けっかふざ》をしています。それを見た私は、そこで懸命に努力を続け、二日目からは結跏趺坐もできるようになりました。「努力すればできる」と、自分なりに納得したものです。

しかし和尚に「頭の中を無に」と、役者のセリフの如く何回も言われましたがこれは不可能でした。ただ静かに座していると、確かに気分的にはぐっと落ち着きます。そして変な思いは脳裏のなかで消失し、自分の現状を知ることができました。その意味では「青春時代の座禅」参加は捨てたものではありません。

またこの日々の悩みを多少解決してくれたのは、その頃本屋で目にした「ハードボイルド」小説でした。国内の作家や米国の作家、ダシール・ハメットやハードリー・チェイスなどの小説を毎日のように読み続けました。

クラスで初めて親しくなった同級生の中村和康君と珍しくふたりで喫茶店に入りました。いろいろ雑談しているときのことです。私の脳裏にあることが浮かびました。

「中村君、オレね、大学を中退し、どこか英会話学校に入学しようと思うけど、君はどう思うかね。君の意見を聞きたいな」

と、少し真面目な顔で言うと、彼は私の顔をじっと見ながら、真剣な眼差しで、

「久保田君、オレはその選択には反対だ。昔と異なり、最近世間には大学卒業者の数が増えはじめている。会社は中退者をまったく評価しない。それを覚悟しての結論なら、何とも言えないが」

と、いつもとは違った顔で、私の目をしっかりと見つめてきました。

「そうだな、君の言うことはよく分かる」

と、私は静かに笑って答えました。

この時、私は彼の見解をもっともなことと理解していました。しかし私の性格上、何か決めると一直線、まっしぐらに進むのが私の特徴です。これはどうも生涯変わらない傾向です。それはこの歳になって種々の経験を積み、物事を客観的に見ることができるようになっても変わりません。これはどうも生涯変わらない性格のひとつのようです。

第三章　日米会話学院と稲七海岸

日米会話学院

昭和三十四年、皇太子と美智子妃がご成婚されました。この頃はＹシャツのクリーニング代は三十二円、流行歌は「黒い花びら」、流行語は「カミナリ族」。そして国民年金制度が発足しました。

私は明大商学部で二年間を過ごしました。この間に分かったことですが、英語の授業を除いて、他の学科はまったく興味が湧きません。商学部ですから三年目からは経済学なども授業に組み込まれます。しかし英語の授業でも会話はほとんどありません。これではこれらの授業を後二年続けたところで、海外との仕事に活用できるだろうかと疑念が、日々心の片隅で交叉しました。幼少からの夢である太平洋を渡り、米国社会とそこで生活する人々を見るチャンスが来るだろうかと。

冬の日のことです。ひとりぶらぶらと新宿御苑内を散策していました。明大に入学し少し時間があると、ここへ来て移り行く景色を眺めながら、頭のなかを整理した場所です。この数カ月間、貿易関係の実用書を読みました。そして「国際貿易の決済は信用状でする」ということを知りました。さらに、貿易会社に入社し海外との取引を行うにはすぐ使える「実用英語」が必須です。それで新聞、雑誌などで都内の優秀な英会話学校を懸命に探し、数日後にたどり着いたのが日米会話学院でした。

明治大学を中退し、この年に一流の教授陣をそろえていることで名高い、日米会話学院に入学しました。学校は四谷駅から五分ほどの距離にありました。その教授陣で今でもよく覚えているのは、板橋並治院長はじめ、ミセス板橋、ミズ中村やクラーク、フォックスの諸先生です。また六十代の日系米人とその娘さんも教えていました。これらの先生方は英(米)語教育に大変熱心で、情熱をもって英語教育に取り組んでいました。板橋院長は昭和九(一九三四)年に「日米学生会議」を発足させ、戦後はこの会話学院創設、普及に努め二代目学院長として、生涯を日米親善に貢献した方です。

ここは一般の生徒の他に、官庁、銀行や商社からの委託生もかなりの数いました。私のクラスは三十名ほどでした。大学生や銀行、官庁からの委託生ですが、女性の多くは、短大卒業生が主でした。しかし中には東京女子大生、御茶ノ水女子大生も交じっていました。また少数ですが大学進学を目指す若者もいました。同級生の若者たち特に女学生たちは、概して英語の発音は正確で、また話すのも上手でした。そんな中で私の発音は最低からのスタートです。そして怠け者で臆病者の私は、いつも目立たないように、一番後ろの席に座りできるだけ小さくなっていました。それが私の最初の頃のクラスでの学習の習慣でした。

二、三カ月して痛感したことは私の英語は発音が悪く、米人教授には通用しないということでした。昔習った、高校時代のクラス担当で、英語の先生であった三須先生を思い出しました。先生は、地元出身で早大英文科卒、背が高く鋭い面立ちをし、かつ教育熱心な方でした。英語の朗読が上手く、発音もそれはきれいで聞き惚れるほどでした。しかし、高校時代の私は読み書きで手一杯、発音の練習までやる余裕はありませんでした。

日米会話学院の授業ではよくミセス板橋にお叱りをいただきました。それは「R」の発音が上手くできなかったからです。唇を尖らせても、例えばライス（米）を発音すると、どうしても舌が上あごに触れてしまい、「L」の音になってしまいます。私は外国語というのは発音だけでも、難しいものだと痛感しました。毎朝鏡を見ては唇を尖らせて、舌が上に接触しないよう練習し、かなりたってから多少「R」の発音ができるようになりました。

ある日、クラスを見わたしていたところ、一番前の席に上背があり、整った顔立ちで、鋭い眼差しをした若者がいるのに気づきました。次の日も同じ席に座って、先生の顔を凝視し真剣に授業を聞き入っています。それから私は彼に注意を払い、じっと観察をしていました。私は彼の英語にたいする熱意に「熱心な若者がいるものだなあ」と、ひどく感心したからです。それほど印象が強かったのです。

それから数日して、何かの弾みで彼と話すようになりました。これが後年親友となる俳優の夏八木勲君との最初の出会いでした。変わった姓だと私が訊くと、山梨県の勝沼地方にある姓で、祖父が勝沼より東京の千住に来て、酒屋を開業したということでした。勝沼は明治元年三月、甲陽鎮撫隊（新撰組）の近藤勇たちが戦い敗れた場所です。一方最近は葡萄酒の産地で名が通っています。

ところで、彼の発音ですが英語が上手いわりには、私と同様に「ヒ」と「シ」の使い分けが不得意でした。彼は「江戸っ子」なので当然ですが、私は「伊豆っ子」です。しかしどうしてかこの発音が大変苦手で上手くできませんでした。

三カ月も過ぎると、クラスの男性たち、稲葉、大野、四宮、石井の諸君とは、休み時間にすこし会話をするようになりました。彼らは早大など都内の大学生でした。そしてその会話の輪にすぐ加わるのはいつも岡村嬢でした。六歳ほど年下でしたが、何かと積極的で皆をまとめるのが得意でした。

私はまた彼女を通じて荻野、小山、などの諸嬢

日米会話学院時代。後列左、夏八木勲、ひとりおいて著者

と、休み時間に会話をするようになりました。私は子供のころより硬派を自認していましたので、女学生と話すのは大の苦手でした。しかし半年もするとこれは卒業しました。そしてときに、同じクラスの仲間たちと数人で、近郊を日帰り旅行するようになりました。言いだしっぺはいつも岡村嬢でした。彼女が言いだすと、男たちは喜んで、

「それはいい、それはいい」と答え、簡単に決まりました。

時代も時代ですが、私を含め男たちはあまり女性と話す機会がなく、一緒に何かするのは大きな楽しみだったのでしょう。これらを鮮明に覚えています。

日帰り旅行はいつも日曜日の朝出発しました。なかでも思い出すのは、入学して二年目の夏のことかと思います。皆で房総半島の海岸に出掛けました。誰が我々の乗る車を運転したのか、多分四宮君だと思います。ほかの車は稲葉君だったでしょう。参加したのは、運転手を買って出た稲葉、四宮、石井諸君と女性は岡村、荻野、佐藤、大倉、糸井、宮崎の諸嬢でしたか。今では詳しいことは不明ですが、それは私にとっては楽しい青春のひと駒でした。

目指す房総海岸に着くと、曇り空でしたが、青い海原が遥か彼方に広がっています。皆が水着に着かえて、嬉々として海に入りました。私も誰かの後を追い、海に入りました。ところが、泳ぐことは得意な私でしたが驚いたことがあります。それは海中の潮の流れが伊東の海とまったく異なります。それでもたいしたことはあるまいと、私は先に沖に向かって泳ぎ始めました。すると何か身体が潮の流れに必要以上に沖にもっていかれる感じです。私は「これはヤバイ」とすぐ引き返し、あまり沖に向かっては泳ぎませんでした。皆もその流れを感じたのか、誰もあまり沖

には出ませんでした。

後日分かったのですが、その数日前から天候が悪く離岸流の流れが強く、その場所で二日ほど前、人が沖に流され死亡したとか。このとき初めて、場所が変わると、海の性格も異なることが分かり驚きました。これはたいへん良い教訓となりました。それからは、外国の海岸でも泳ぎましたが、いつも潮の流れを見て、いや、感じて十分注意をしました。

次に、親しくなった仲間たちと出かけたのは鎌倉でした。

その前にも奥多摩にクラス全員で、ミセス板橋を先頭にでかけ、楽しい時間を過ごしましたが、この鎌倉旅行は仲間のひとり、小林嬢の家の別荘と記憶します。鎌倉というのは、その頃作家の小林秀雄はじめ、名のある文人たちが住んでいました。それで若者たちの憧れの場所でもありました。小林嬢の家の別荘の階段を数段上がり、玄関から中に入ると、ゆったりとした日本間の先に、広くきれいな庭が広がっていました。その横には池もありました。そこで我々七、八人は、子供のように飛びまわって、楽しい時間を過ごしました。私にとっては大変印象的な和風の別荘でした。

先日のことです。鎌倉に移り住み植物園の近くを歩いているとき、「小林」姓の表札を見つけました。階段が数段あり、なにか記憶の中の小林家の別荘の玄関に似ていたので、この家かなと思った次第ですがまだ確認はできていません。

ある日のことです。仲間数人で岡村嬢の実家を訪ねました。それは千代田区三番町であったか、それは古風豊かなお屋敷でした。我々は玄関から彼女に招き入れられ午後の紅茶を飲み楽しい時

間を過ごしました。私は広い廊下を歩いているとき、ある部屋に玩具類がたくさん置かれているのを見つけ、

「岡村さん、お宅は何の仕事をしているのですか」

と、真面目な顔で訊いたところ、

「うちは玩具やでーす」

と大きく笑って、彼女らしい返事が返ってきました。

あとで荻野さんであったか、そのことについて言及したところ「そのブランドは大変有名です」とのことでした。もちろんそのころの私は、いかに有名なブランドであっても、玩具のことなど知っているはずはありません。その数年後のことですが、三越、伊勢丹などに買い物に行って、玩具コーナーを通り過ぎると、彼女のところのブランド品が並んでいるのを見つけ、「ああ、これが彼女のとこのブランドか」と納得したことです。

そして今でもたまに思い出すのですが、奥多摩川の上流にクラスの皆で出かけたときのことです。まったく会ったこともない若く背の高い若者がひとり参加していました。岡村嬢に訊いたところ、隣のクラスからの参加者で、安住君という名前だと分かりました。彼とは日米会話学院時代はまったく話したことはありません。後年のことですが、ロサンゼルスより帰国し家のリフォームも終わり、ひと段落したある晩のことです。その彼から電話が入りました。訊くと彼は会話学院の同窓会の名簿をつくっているとのことでした。丹念にひとりひとりに電話で確認をとり、名簿づくりをしている様子を知り、さぞたいへんなことだと頭が下がりました。あれから四十数年

がたっているのですから。その後、彼は皆をまとめ、同窓会を主催しています。彼の熱意と努力に感謝の思い大といったところです。

私の高校時代には、クラスに在籍する女学生は全部で五人ほどでした。そしてそのうちのひとり、狩野君に興味をもちました。彼女はションジョらしい女学生でした。とくに印象的だったのは彼女の眼尻です。それが平安時代の女性のように少し紅色がかっていました。これも後年のことですが、同期生数人が拙宅にやって来たことがありました。そのとき同期生の山本博子君に彼女の目尻のことを訊いたところ、記憶にないとのことでした。韮山高校は女学生の化粧に厳しかったので、それは化粧ではなく、自然なのでしょうとの返事が返ってきました。これを聞いて私はいささか驚きました。すると奈良、平安時代の絵画によく描かれている、あの目尻の紅色は化粧ではなかったことを理解しました。

実際のところ、高校時代はどの女学生ともまったく話したことはありません。時代も時代ですが、私は自らを硬派と自認していましたので、極力避けたのも事実です。その後、明大時代にはクラスにふたりか三人の女学生はいたかと思います。ところが入学した日米会話学院では、クラスは女学生の方が多いので驚きました。ここで初めてクラスの女学生と話す機会をもちました。そこで分かったことは、女学生と何か話すと男性同士の会話と異なり、気分が明るくなることです。それは今まで味わったことのないじつに「新鮮な印象」でした。そしてこれが青春というものかと理解した次第です。

その頃のことですが、大好きな歌がありました。与謝野鉄幹作「人を恋うる歌」です。

妻をめとらば才たけて　みめ美わしく情けある
友を選ばば書を読みて　六分の侠気四分の熱
（略）
ああ　われダンテの奇才なく　バイロン、ハイネの熱なきも
石を抱きて野にうたう　芭蕉のさびをよろこばず

この歌の中で「六分の侠気、四分の熱」という言葉が好きでした。たぶんこれは刺青をしていた義兄正ちゃんの影響でしょう。しかしこの言葉は今でも生きています。一般的に多少侠気をもたない男は、男性としての魅力に欠けることはたしかです。もっとも今の時代を生きる若者たちには、少々分かりにくいことでしょうが。

この頃はひとりで街を歩いていると、知らぬ間にこの歌を口ずさんでいました。その頃は東京という都会の生活にも慣れ、親しい友と好きな女の子の愛情がほしかったのでしょう。言い換えれば都会の孤独が身にしみだしていたのです。

会話学院に戻ります。一緒に旅行した諸君のほかに、岡野、小泉、那波の諸氏のことはよく覚えています。岡野氏はその頃東京大学の講師だったと思います。

ある日のことです。私は初めて岡野氏とふたり、喫茶店でコーヒーを飲みながら、岡野さんに
「岡野さん、世の中に神はいるのでしょうか」
と、とんちんかんな質問をしました。というのは、この頃禅宗に興味を持ち、暁天座禅に一週間ほど参加しました。「仏とは何ぞや」「神とは何ぞや」と、疑念が時々頭をよぎり、この疑念が脳裏を占めることがあったのです。言い換えれば、それらは実生活から離れた青春の悩みのひとつだったのでしょう。このときは氏も答えに困っていました。氏がクリスチャンでしたら、答えは簡単だったのでしょうが。

次は、私が質問されたケースです。高崎市出身の小泉君ですが、ある休み時間のことです。

「久保田君、剣道四段はどうしたらとれるのですか」

と、真面目な顔で訊いてきました。私は急な質問に困って、

「剣道はやってないので、それは分からないね」

と、笑って答えました。


後で考えると、彼は私に自分の剣道の腕を、それとなく伝えたかったのか、それとも、彼は私の柔道と禅寺通いを聞き知って、私から何かヒントをえたかったのかもしれないとも思いました。これは後年のことですが、ロサンゼルスの剣道場で偶然彼の後輩たちに会い、その数人と竹刀を振り合うことになります。それはまた後で語ることにしましょう。

生涯の親友のひとり、那波君とは最初どの時点で気が合ったのか不明ですが、この頃彼は常に「摩訶不思議な現象」に興味をもっていました。別の言葉で言えば「超自然な出来事」です。もち

ろん宗教を含めてのあらゆる分野であったと記憶します。私もこの頃はどうしてか、現実離れした出来事に興味をもっていました。たぶんこれがふたりの共通点だったのでしょう。私は生活費が限られていましたので、時々とはいかず、たまに喫茶店でコーヒーを飲みながら、人生や将来の生き方などいろいろ語りました。この頃コーヒーはたいへん高価で、地方からの学生たちには贅沢で、ごくたまにジャズやクラシックを聴くために立ち寄るところでした。

私が、この学院に入学し、一年が経過した頃でした。必修授業に「日本国憲法」がありました。これは板橋院長自身が、流暢な英語で講義するものでした。私は三回ほど授業に出席しました。ところが、聞いたこともない難解な英語が出てきます。また、この新しく制定された日本国憲法は、戦後のGHQの影響が大と聞いていました。私は子供のとき、敵機に機銃掃射を受けたひとりです。中学時代にハリウッド映画を観て以来、米国への憧れは強くありましたが、私の心の底には「ルーズベルトの首をとれ、ヤンキー野郎」という戦中観念が強く残っていました。これらが理由で、以来この院長の「日本国憲法」の講義には欠席するようになりました。

ところが、ある日のことです。院長から呼び出しを受けました。「何だろうな」と思い院長室に行くと、院長が椅子に座り私を待っていました。席に着くと、院長が、

「久保田君、君は私の講義に出ていないが、理由は」

と、微笑しながら静かに訊いてきました。

「私は一種の戦中派です。GHQと関係の深いものは嫌いです。それで院長には申し訳ありませ

んが、講義には欠席させていただきました」

と胸を張って答えました。すると院長は、再び静かに、

「そうでしたか、では話はこれまでにしましょう」

と、何もなかったように微笑し、板橋院長との会話は終わりました。

後年のことですが、院長に対する私の説明をよく考えると、実はあれは自分の言い訳だったような気がしないではありません。難しい単語、文章に嫌気がさして、あのような発言になった可能性も大です。また当時は、これから自分が仕事をする上で、日本国憲法は必要なものでもないと思っていました。しかし後年、実際は日常生活の中に日本憲法の知識がないと、より良く社会を理解できない事柄が時々出てきました。それで「もう少し院長の講義を聴いておくべきだった」と、今では反省しています。

水魚の交わり

ある日のこと、夏八木君の姉さんが私を訪ね日米会話学院にやって来ました。彼女とは面識がありました。私は数回夏八木君の千住の家で、彼女の手料理をご馳走になっており、いつもその晩は泊めて頂きました。一度は彼と彼の妹と三人で、上野公園に出かけ、動物園に行ったりして、

三人で大いに楽しんだこともありました。

「どうしましたか、夏八木君になにかあったのですか」

と、私はいぶかりました。すると真剣な顔をして彼女が、

「勲がいつの間にか、家出してしまったのです」

と、急に心配顔に変わりました。私は驚いて、

「えっ家出ですか、本当ですか、信じられません」

「久保田さん、あなた、勲が今どこにいるか、ご存じありませんか」

と、彼女はますます深刻な顔になりました。私は、彼がこの数日欠席しているのは気づいていましたが、何か用事があってのことだろうと簡単に考えていましたので、彼が今どこにいるのかは知りません。彼女の困惑した顔を見て、今度は私も心配になり、心配顔をしている彼女に、

「彼から何か連絡あったら、すぐご連絡しましょう」

と約束し、日米会話学院の玄関で別れました。

彼の姉さんは淋しそうに首をたれ、肩を落として帰って行きました。

私はその後ろ姿を眺めながら、数日前のことを思い出しました。彼と珍しく喫茶店に入り、値段の高いコーヒーを飲みながら、いろいろと雑談していたときのことです。彼が急に何か思いつめた顔をして、

「私はおばあさんっ子だから、祖母が死ぬのは見たくない。その前に家を出る」

と言うものでした。

私は突然の、あまりにとっぴな話を耳にしたので、少々驚きました。

「まあ、それもいいでしょう」

と、笑いながら答えました。そのとき私の脳裏に一瞬、一歳で死んだ私の弟次郎の臨終の場が浮かびました。人には異なった環境と考え方があると思い、同感しました。

後日知ったのですが、彼は祖母の臨終には立ち会っていました。彼が家出したのは、その後のことでした。彼は好きな祖母との永久の別れや、その記憶の残る空間にいることに堪えられなかったのでしょう。


それから数日したある晩の午後十時頃のことでした。亀川さんが引越し一人住まいをしていた私の下宿のドアを誰かがノックしました。私は「誰だろう、こんな遅く。ああ、また稲七が飲み代でも借りに来たのか」と、ドアを勢いよく開けました。

するとそこに、夏八木君が渋い笑顔で立っていました。それも日本酒の一升瓶を抱えて。私はやっと姿を見せてくれたかと、大喜びで六畳の部屋に招き入れました。

それにしても一升瓶を持ってくるとは大変な驚きでした。いつも親からの仕送りで、細々と生活している私にとっては、一升瓶の酒は夢のまた夢でした。

「英さん、ご無沙汰しました！」

と、彼は例の渋い声で挨拶し、ドカッとわが六畳間に腰を落としました。

それからふたりで時のたつのを忘れ、飲み、話をしました。その話で分かったことは、彼は現在、横浜のアメリカ人宅でハウスボーイをし、その家に住んでいるとのことでした。彼の目標は「外交官になって海外に出ることであり、また外国航路船の船長」でした。「海外渡航志願」という意味では、彼の目的と私の目的は同じで、その意味でも我々お互い、肌が合うことがよく分かりました。

一升瓶の酒もほとんどなくなり、空も明るくなってきて、ふっと気がついたら朝五時になっていました。急に夏八木君が、

「英さん、私はぼちぼち帰ります」

と、にっこり笑って立ち上がりました。酒でふらつく様子はありません。私はまだ薄暗い外を眺め、

「まだ電車は走ってないよ」

「英さん、アッシにゃ足があります」

と言って、自分の頑丈そうな太ももを、ぽんと叩きました。

「ここからだったら、新宿まで青梅街道を歩きます。なんてこたあありません」

と言って、いつものように肩を怒らせて去って行きました。

彼は日本酒を六合ほど飲んでいました。それなのにまったく顔に現れません。一方、私は一合ほどで顔が真っ赤になっていました。やはり彼は東京千住の酒屋の二男坊、肝臓にアルコールを分解する強い遺伝子があったのでしょう。

翌日、私は早速彼の姉さんに電話し、彼の現状を伝えました。それから数日して、彼がまた現

れました。わが家の六畳間に、例によってドカッと座り、

「英さん、ボーイを辞めてきました！」

「ええ、どうしたの」

と、私は怪訝に思って訊くと、彼は笑いながら、

「あの仕事は単純すぎて、自分には向きません」

「では、その米国人のご主人に、何と言ってグッバイしたの」

と、訊くと彼はいつもの真面目な顔をして、

「人生は航海と同じです。港から港に理想を求めて旅立ちます。とカッコいい言葉を残して去ってきました」

と言ってさらに続けて、

「でも、ミセスに泣かれたのには、本当に弱りました」

と、珍しく淋しげに苦笑していました。

それから数カ月したある日、彼がまた訪ねて来ました。しかしその時は、私は深く眠りこんでいたので、彼が来たのに気づきませんでした。目が覚めると、私の枕元にメモがあり、そのメモには次の詩が書かれていました。

われの前に　美しいであろう眠りと
たわむれている男　横たわりてあり

その面に　一点のくもり無く
そのからだ　波ひとつ無し
海面に横たわるが如し
われ　笑みて　去る

それ以来、彼との仲はさらに親密となり、古い言葉でいえば「水魚の交わりをなす」の関係となりました。少しして、彼は慶大仏文科に合格し、目標の外交官への道を一歩進みはじめました。

その頃のことですが、私は漢詩に興味をもち『唐詩選』を、夜は遅くまで朗読し、楽しんでいました。気に入ったものは、筆で和紙に書き写し壁に貼り、朝夕これらを眺めながら朗読し、漢詩のもつ心地良い響きと、その作者の心情や風景の深い描写を味わっていました。

また柔道をふくめ日本の武道も見直していました。それは鈴木大拙著『禅と日本文化』と、新《に》渡《と》戸《べ》稲造《いなぞう》著『武士道』を読んでからです。江戸時代の武士たちは「心身のバランス」をよく考えていました。そして武士たちの、その形而上的な哲学に深い感銘を受けました。

大学の柔道部の連中のバンカラは、一種のファッションです。時に目の前で、高下駄でガラガラと歩く姿を目撃するとうんざりしました。本を読む前は、大学では柔道部に入部しようかと思ったときもありましたが、一旦柔道部に入部すると、先輩たちからあのようなバンカラな姿を強要させられるかもしれないと考え、やめました。

柔道は武道の一種です。剣道のもつ礼儀正しさはありませんが、柔道にも残っているよいところを探そうと決めました。そして時々久我山の下宿より水道橋の講道館に足を運び、先輩たちの柔道を観察しました。そこでは時に、若者を指導する小柄な三船久蔵十段の姿が大変印象深く残っています。

私は、講道館では、そのオフィスで働く若者や、道場で動き回っている若者たち、そして指導者たちを厳しい眼で眺めました。大変残念なことですが、その頃の指導者たちにはすでに伝統的な武道のもつ、その礼儀正しさをほとんど見つけることはできませんでした。柔道の先輩たちは乱暴な言葉で若者たちを指

日米会話学院時代。丹沢にて、夏八木勲と著者

導していました。この辺は剣道の方が武士道の指導者としては常に一枚上でした。

前述の二冊の本は、欧米で東洋の神秘な国、日本を理解しようとする若者に絶大な影響を与えたといいます。これまでの欧米の思想にはない、想像し難い高度でユニークな道徳を説いています。この思想に感銘を受け、日本留学を目指した若者も多数いたようです。後年、私がハリウッド道場で出会った弁護士ディーン・ミラーもそのひとりでした。

ここで思い出すのは、大分昔の話ですが英国ウインブルドンのテニス大会でのことです。日本の選手が相手に球を打ち返そうとしたとき、相手選手がなにかにつまずいたのかバランスを崩しました。そのときのことです。普通の選手でしたら、いや現代の選手でしたら間違いなく、このときとばかりと強く球を打ち返すのが一般的です。ところが彼は、相手の陥った苦しい立場に配慮し、「優しい球」を彼の近くに打ち返しました。この思いがけない行為を目にした大観衆は、興奮し立ち上がってこの「日本からのサムライ」に絶賛を送ったそうです。その場にいた欧米人は日本人による一種の「ジェントルマンシップ」を、予想外の場所であるテニス試合で観て大いに感激したものです。

最近はオリンピック大会はじめ野球大会など、日本人の参加する国際試合が盛んになりました。そして「サムライ……」という言葉がひとり歩きしています。長い月日を海外で過ごした者には、何か日本的な「漫画」の世界が繰り広げられているような気がしてなりません。例えスポーツでもただ勝てばいいというものではありません。ときには相手に対する優しい心配りが必要です。

伊東の海岸、稲七の浜

私が明治大学通っている頃、父が家業の水産加工の他に、温泉旅館経営を始めました。そして私は夏休みには、この唐人川沿いの温泉旅館「新井荘・山久」に、泊まるのが楽しみのひとつとなりました。その旅館は海岸際に立ち、大潮の時は二階から竿で餌を投げるとアジが釣れました。目の前に広がる相模湾、正面に初島、右手に手石岩が望めます。

その昔、伊豆は船大工の誕生の地で、古代船「軽野《からの》(枯野)」といわれる三十メートル、約百トンの巨大な伊豆手船《いずてぶね》も造船しています。この巨船は伊豆から難波まで回航され、宮廷の務めについたと『日本書紀』に記されています。

この新井荘・山久の玄関の正面に唐人川、その先に松川が静かに流れています。江戸時代初期に、徳川家康の命で英国人ウィリアム・アダムス(日本名三浦按針《あんじん》)が、この唐人川の流れを活用し、最初の太平洋横断船サン・ブエナ・ベントゥーラ号を造りました。

伊東市では毎年八月十日はこの「按針祭」を毎年やっています。私の記憶では、この按針祭に参加した横須賀のアメリカ海兵隊が、そのひと時の休憩場所として、新井荘・山久の玄関とその一部を使っていました。この旅館の玄関の前、五、六メートルの場所に、この三浦按針碑が立っていました。しかし今は少し離れた場所に移されたといいます。私はどこに移されたのか最近まったく知りませんでした。

ところが、一昨年（平成二十四年）の秋のことです。久し振りに日本水産本社の笹尾取締役を訪ねて、受付の女性と話しているときのことです。偶然、旧知の中国工場の責任者、日向氏が私の横を通りかかり、久し振りの再会を喜び合いました。そして本社ビルの下の喫茶店でコーヒーを飲み二時間ほど、ロサンゼルスや中国でのよもやま話に花を咲かせました。

数日後、我々は伊東へ行き、駅から街を散策し、喫茶店を経営する妹の節子の店に立ち寄った後、ふたりでゆったりと大川橋を過ぎ、新井魚市場に向かっていたときのことです。松川沿いで偶然この按針碑を見つけたのです。本当に嬉しく、かつ懐かしかったのを思い出します。


私は東京での浪人、大学、日米学院時代には、夏休みには必ず帰郷しました。このシーズンには目の前に広がる、青い大海原で思う存分泳ぎました。そして稲七の浜辺で熱い砂に横たわり、山際に落ちる真っ赤な夕日を眺めないことには、心が落ち着かなかったのです。

晩はよく稲葉君宅（旧玖須美郵便局）の離れに集まりました。彼のお母さんが料理が上手く、いつも我々を温かく迎えてくれます。この離れでの最初の集まりは、高校を卒業したその夏のことです。我々は十八歳になっていました。この離れに集って、私は生まれて初めてビールを味わい、日本酒をほんの一寸口にしました。そして皆で少しハイになって大いに盛り上がりました。この晩には斉藤太郎、鈴木十郎の両君も加わりました。

近くに稲七の浜がありました。親友・稲木君の祖父の名は稲木七衛門。この名前より屋号ができたとか。明治時代のことですが、伊豆ではその名も名高い「博徒」の親分でした。

大学の夏休みになると、この稲七の浜に親友たちが集まりました。北海道から北大生の稲葉厚、東京から東大生の小川修の両君が来て、我々は皆でヨットを海原に浮かべ楽しみました。このヨットは、小川君が東京大学ボート部より入手したものです。

ヨットといえば、日米会話学院である日のことです。まったく想像もしない、こんな場面が教室内でありました。若い米国人の先生が、

「夏休みは主に何をして過ごしましたか」

と、私に向かって質問しました。それで私が、

「友達たちとヨットを走らせ、大海原を西から東へ、そして北から南にと走らせせました。そして時に若い女性たちもヨットに乗せました」

高校を卒業した夏の宴会。稲葉厚宅の離れにて、左から稲葉厚、著者、鈴木十郎、小川修、斉藤太郎

と言ったところ、その若い先生が笑いながら、

「君の言う、そのヨットはどのくらいの長さですか」

と、訊いてきました。それで私は、

「その舟は四、五メートルです」

と、答えると彼は、

「それはヨットではありません。セイルボートです。ヨットというのは、エンジンが付いた、それよりもずっと大きな船をいいます」

と説明され、私は大変驚きました。

稲葉、小川君たちと私は、雨降りでなければ朝からセイルボートを海浜に浮かべ、その上から青い海面に飛び込みました。そして風が吹くときには、少し沖に出て帆を一杯に張って海原を走りました。この爽快感は他では味わえないものです。この楽しい三人の遊びに、少しして仲間になった夏八木君が加わりました。私の末弟の光は中学生でした。そして私と一緒に伊東に来た夏八木君の顔を見ると、小躍りして喜んでいました。夏八木君は、子供に優しくまた面倒見がいいのです。彼の肩車に乗ってはしゃぎまわり、それは楽しそうでした。そして彼と相撲をとり嬉々として遊んでいました。

我々四人にたまに稲葉君の妹や、その他の友達が加わり楽しさは倍となりました。こうして夏休みには朝から晩まで、稲七の浜を中心に青い大海原で遊び、雨の時以外は、いつも全身に日光を浴びていました。その結果、休みも終わりの頃となると、皆の全身は真っ黒けでした。一方稲

木君は朝から晩まで家業を手伝っているので、顔や腕はいつも誰にも負けない黒さでした。

後年稲木君から聞いた話です。稲木君は成蹊大学・水泳部に四年間属していました。彼の大学時代は学業より水泳が主で、朝からプールに入り、授業にはあまり出席しなかったようです。しかし出席率が悪いと卒業できません。それを知っている後輩のひとり、あの頃有名な女優、谷洋子の妹君がゼミの時には、彼に代わって男声で「はーい」と返事をしていたとか。それで幸い卒業できたと彼は嬉しそうに話していました。女優・谷洋子はハリウッド映画にも出演した、あの頃では珍らしい女優でした。

後年のことですが、稲木君が「その頃のお礼」をと谷洋子の妹君の消息を探したところ、彼女は日本航空のローマ支店に勤務していたようですが、その後残念なことに彼女は他界されたとのことだったそうです。

正面向き左より著者、一人おいて従妹佐藤（現・高橋）典子、稲葉厚、妹としみ

夕方になると、夏八木君と私は温泉旅館「新井荘・山久」に帰り、ゆっくりと塩分の強い温泉風呂に浸かり、母の作る美味い夕食を食べました。そしてテレビはなかった時代なので、ラジオでも聞いて寝たのでしょう。この辺の記憶はまったくありません。覚えているのは、八十畳ほどの大広間の中央に布団を二枚敷き、ふたりでゆったりと眠ったことです。朝から夕方まで稲七の浜で遊んだ後なので、ふたりとも布団に入るや否や、ことんと眠りにつきました。

そんなわけで夏休みの大部分の日々は、青い海とセイルボートと仲間たちとの会話で過ぎました。今思うと、それは実に青春の充実した時間と空間でした。

その後、私は就職してからも夏には時に伊東に帰りました。しかしあの頃は有給休暇もありませ

稲七の浜にて。セイルボートに乗る、夏八木勲（左）、小川修（右）

んし、土曜日は休みではなく半ドンでした。土曜に帰省しても、すぐ翌日の夕方は東京に帰らなくてはなりません。次第にサラリーマン時代には、足が伊東に向かなくなったのは確かです。

一方、夏八木君は文学座、次に俳優座養成所に入っていました。夏休みになると、俳優座十五期生の仲間たちと稲七の浜に出掛け、夏の良き日を存分に楽しんだようです。紺碧の海と白い砂浜、そこに横たわり晴れた日には、海原の向こうに富士のお山が望めます。しかし稲七の親父さんは、彼らの汚れたボロボロのパンツを眺め、うんざりしたような顔で、

「政利、あの汚らしい連中、何とかならぬか」

と、時に彼に文句を言っていたようです。彼は、時々仕事を手伝ってくれる彼らのことも思い、

「分かった、分かった」と、短気な親父さんの気を静めたとのことでした。俳優座の仲間は都会風の一種のファッショナブルな恰好をしていたのでしょう。しかし忙しく浜で働く、明治生まれの彼の親父さんには理解の外だったのでしょう。

後に、夏八木君の俳優座同期生は〔花の十五期生」と呼ばれ、前田吟、地井武男、小野武彦、高橋長英、原田芳雄、林隆三、村井国夫、竜崎勝、浜畑賢吉、秋野太作、赤座美代子、栗原小巻、太地喜和子等がいました。この内の六人と夏八木君で「どりいみい7」という名のグループを作り、ひと頃活躍したと聞きました。

彼が文学座の養成所に入り、私が経堂に住んでいた頃の話ですが、私にとって妹のような久保田典子が、東京家政大に入学していました。彼女は私の祖父の弟、終蔵の娘です。彼女は活発で

なかなかの美人でした。

　ある日のこと、経堂の下宿の大家松原さんに私宛の電話が入り、呼び出されると彼女からです。

「伊東に帰りたいけど、東京駅にどう行っていいか分からないの。誰かいないかしら、連れてってくれる人」

「そうだなあ、君の今いるところは板橋か。そうそう、そっちの近くに夏八木君がいる。彼に頼もう。彼は千住っ子だから電車の乗り方もよく分かっているだろう」

　と、彼女に返事しました。そして、その日のうちに夏八木君の自宅に連絡をとり、

「実はね、夏八木君、久保田薬局の典子が伊東に帰るのに電車の乗り方が分らないと言ってる。それで東京駅まで彼女を送ってもらえないかね。次の土曜日だけど」

「英さん、いいですよ、その日は空いています」

　と、簡単に引き受けてくれました。それで私はその件は一件落着と、すっかり忘れていました。

次の土曜日の翌朝、珍しくお袋から電話が入り、大家の松原さん宅の玄関に行って、受話器をとると、

「英夫、その後元気にやってるかい。ところでね、昨晩夏八木君さんが来て、うちに泊まっていったので、彼にテーブルを持って行ってもらうようにしたよ。あの大きなテーブルがあれば、八人は座れるので、お前も助かるだろう」

「夏八木君が、伊東にいる？　どうしたんだろうなあ。彼は典子を板橋から東京駅まで案内することになっていたんだが」

「それはねえ。昨日典ちゃんと伊東まで来て、遅くなったので薬屋のおばさんが、彼を新井荘山久で泊めて欲しいと電話があったのよ」

「ああ、そう言うことですか。でも、あのでかいテーブル、夏八木君持てるかなあ」

「大丈夫よ。彼は力が強いし、本人も大丈夫と言っている」

「そお。そりゃよかった。じゃ、楽しみに待っています」

と、お袋との短い会話は終わりました。

その日の午後のことです。彼が大きなテーブルを持って、わが家に現れ、理由を聞いて分かりました。彼は典子と板橋から電車に乗ったのですが、会話に夢中になり、気がついたときには伊東だったと言って笑っていました。そして久保田薬局でまたいろいろと話しているうちに、熱海行きの最終電車がなくなり、新井荘・山久に泊まることになったのだと。

無料で泊まったので、彼が私の母に「何か私に持って行くものはないでしょうか」と、提案したのだそうです。今もこのテーブルはわが家のガレージに眠っています。それにしても、よくもまあ、あれだけ大きなものを、駅の改札を通り電車の中に運んだものだと、テーブルを眺めるたびに感心しています。

第四章　久我山から経堂へ、そしてたまプラーザ

彼女との出会い

ここで数年あと戻りします。亀川清徳君は一年ほどして久我山の下宿から出て行き、私はひとりぽっちとなりました。この頃はすでに一人で自活する自信はありましたが、母の希望もあり、妹のとしみがこの下宿に移り、一緒に生活することになりました。それまで彼女は池尻にある東京栄養食糧専門学校の学生寮に住んでいました。私としては彼女が一緒に住むと料理をしてくれるので大助かりでした。母は私の手料理は栄養が偏ると思って、妹との生活を望んだのでしょう。考えればそれは母の私に対する優しい配慮だったのですが、まったく気づきませんでした。

その頃すでに私は日米会話学院を修了し、多少英会話もできるようになっていたので、どこか貿易会社に就職しようと考え、新聞の求人欄を見て日々を送っていました。

当時日米貿易上でひどい事件がありました。それは日本の会社から米国向けに輸出した小型ラジオです。米国税関がこの梱包を開いて見ると、中にあったのはラジオではなく石炭ガラでした。「石炭ガラ事件」と新聞、ラジオで報道されました。これは明らかな貿易上の詐欺事件です。今では考えられない事件ですが、この頃の日本は貧しく、悪質な業者も多数いたのでしょう。

私は亀川君が下宿を出て行ったので、何となく日々が淋しくなり代々木上原にある彼の下宿を時々訪ねました。

ある晩、腹が減ったので亀川君の下宿の台所でいつものように、私が晩飯の準備をはじめました。そのとき隣の部屋に住む女性が、共同の台所に現れ、私は彼女と挨拶を交わし、ほんの少しの間会話をしました。そこで私は自称硬派の柄にもなく、その下宿で会った女性に「FALL IN LOVE」してしまったのです。私にとって彼女は、『人を恋うる歌』の言葉通り「才長けて、見目美《うるわ》しく、情けある」日本女性の典型のように思えたのです。人の縁というのはひょんなことから生まれるものです。それから彼女と、時々新宿や渋谷周辺の喫茶店でコーヒーを飲みデートを重ねました。

彼女は根っからの文学好き。生まれ育ちは函館市。そこの遺愛女子高校時代は新聞部に属しいろいろと活動していたそうです。彼女は大学進学を希望しましたが、あるとき親しい友達に頼まれ、一緒に「第一生命」を受験したところ、見事に合格し、これも社会勉強と第一生命の経理部に就職しました（ここでの親友は原美伊子嬢でした）。

その後、彼女は望んでいた文学の勉強がしたくなり退社。御茶ノ水駅の近くにあった文化学院に入学し、東京での生活を始めました。

私は彼女を稲木、夏八木の両君に紹介したいと思い、最初は稲木君、次に夏八木君に彼女を紹介しました。この稲木、夏八木両君が住んでいたのは、井の頭公園駅から歩いて五分ほどのところで、ふたりは各々二階の部屋で生活していました。狭い廊下を隔てての生活です。稲木君は少し余計にビールを呑んだときなど、その二階の部屋から下の屋根に向かって、ジャージャーと小便をするのが彼の習慣でした。

この頃の私の駄句をひとつ

春雨か　いや稲七ぞ　井之頭

ある時、誰も居ない稲木君の部屋に入ると、机の上に置かれたメモに、

降る雨に　いつか小春が　忍びよる

と、ありました。彼はこの頃すでに俳句心を持っていました。

この下宿は井之頭線がすぐ横を走っています。稲木君の部屋はその反対側にあるので、電車の音はあまり聞こえませんが、夏八木君の方は目の前に井之頭線が走っています。それで朝夕、電車の音に慣れ

吉祥寺の同じアパートに住んでいた夏八木勲（右）と稲木政利

ないと住むのが大変な部屋で、私はよくあのうるさい部屋で、眠れるものだと感心した記憶があります。

夏八木君とは短期間でしたが、一緒に吉祥寺にある柔道道場に通いました。そして時間のあるときは、その繁華街にある喫茶店に行き、ふたりでいろいろと人生について語り合いました。ふたりの共通の話題は、いつの日か「海外に出て仕事をする」ことでした。

昭和三十六年七月、ある晴れた日、友人たちに我々の婚約を発表しました。その頃、私は就職しており、皆はすでに彼女と親しくしていました。彼女の名は長野不二子(以下Fと表記)。厳父は長野角蔵、福岡県豊前市出身。函館商業高校の漢文教師の傍ら、函館税関と函館警察署の剣道師範を戦前から続け、終戦時はポツダム少佐でした。

杭州湾上陸、南京攻略では一家言を持っていました。久留米の陸軍十八師団に入隊し、七年ほど大陸の前線を歩き、水筒を五個ほど変えたといっていました。戦っている間に弾丸が水筒を貫通したのだそうです。また前歯を一本失っていました。これは大声で叫んだとき、敵の銃弾が横に走り前歯を飛ばしたとか。ご存じの方もいらしゃるでしょうが、この久留米十八師団は日本の最強の部隊でした。それで、久留米市民は「日本で一番喧嘩が強い」といわれていました。

義父はあまり戦時中のことは話しませんでした。ただひとつ、笑いながら我々の前で話したことがあります。杭州湾上陸の数週間前、新しく部隊編成が終わり、その師団の式典でのことでした。整然と並ぶ部隊からひとりの若い男が、つかつかと部隊長である義父に近づきました。後ろに参列者として並ぶ義母たちは、若者のその姿を見て驚愕したそうです。というのは、その若者は後ろに隠した右手に抜き身の短刀を持っていたのです。義父は瞬時に状況を理解し、近づいて来たその若者と胸を合わせ、「分かった。連れて行こう」と、ひと言彼に向かって言ったとか。すると若者は感激し涙を流し、その場は収まったといいます。

数週間後、その若者は杭州湾上陸の戦闘で、敵弾に当たり亡くなりました。その若者は博多の博徒の子分でした。部隊編成のとき、最初は上陸部隊から外されていたので、隊長を刺して自分も死ぬ覚悟だったとのこと。後日のことですが、その若者の属する博徒の親分から、義父は大変感謝されたと言っていました。

現代では想像するのも難しいことですが、国のためには若者たちが自分の命を喜んで投げ出す、そんな時代だったのです。国に対する忠義心が国中に溢れていた時代だったのでしょう。その部隊には『花と龍』の作家、火野葦平《あしへい》が部下のひとりとしていました。しかし彼は従軍記者であったため、常に部隊の兵隊としてはひとりの欠員でした。

また義父の祖先は北九州小倉の南東、戦国時代にあった長野城々主と姻戚で、長野家ではいつの時代にも剣の達人をひとり産出したとの言い伝えがあるそうです。

彼女の親戚・縁者といえば、俳優高倉健氏の兄嫁とは従姉妹同士、そして健さんの実兄は健さんより「よい男」とは、福岡市に住む彼女の従兄弟長野広充君の話です。

結婚式

時代は昭和三十六年。この頃の理髪料は二百五円ほど、流行歌は「君恋し」、流行語は「およびでない」。

結婚式はふたりで相談し、生意気にも「人前結婚」としました。私は両親に話し、最終的には父母を説き伏せました。

我々は仲人とは違いますが、「結婚式の証人」として日米会話学院の板橋院長にお願いしようと思っていました。院長は後年の宮沢喜一首相とも親しく、大変優しい方なので最適と考えたのです。ただひとつ問題がありました。それは院長が英語で講義する「日本国憲法」は、日米会話学院卒業の必修科目でしたが、私はこの講義には三回出たきりで後は欠席していたことです。

前述したように、院長に授業に出ない理由を訊かれた、院長室での面談のときの私の印象が悪かったので、断られるかなと思いましたが、その時はその時と決心し、その旨手紙を書きました。するとすぐ院長から返事がきて、「喜んで了承」と快く引き受けていただきました。

結婚式は十月四日で、式場は彼女の要望を聞き、あの頃人気のあった御茶ノ水の「山の上ホテル」でした。

この結婚式の当日、私は、夏八木、稲葉両君や他の友人たちと新宿駅で落ち合い、伊勢丹百貨店に立ち寄り、珍しい「サンドイッチ」を皆で味わっていたため遅刻しました。司会役の小川修君は新郎の到着が遅いので大層心配したようです。しかし遅刻といっても十分ほどでしたから、まあひと安心でした。

このとき夏八木君は珍しく背広を着ていました。初めて見る彼の背広姿で、背の高い彼によく似合っていました。

「夏八木君、背広はどうしたんだい」

と、私が訊くと、彼は珍しくにこっと笑って、

「兄からの借り物です。英さん、これは生まれて初めての背広姿ですよ」

と、大層嬉しそうでした。皆がいろいろと気を遣ってくれているのだと、私は心から感謝し、感激しました。

結婚式には、曽祖父の実家の土屋家からおひと

著者の結婚式。後列左より3人目、夏八木勲。昭和36年

り、他は祖母と両親、薬局と山保のおばたちと義姉照子、縁者のおふたりの方と妹たち、さらに私の友人たちが加わりました。最初祖父も参列すると言っていましたが、膝が痛み電車の乗り降りが難しいとのことで、土壇場で不参加でした。私が勤務する江川電機研究所からは上司の西本氏が参加しました。

彼女の方は、すでに函館市内で知人や縁者、さらに厳父の教え子たちと盛大に「出立ち祝い」をしており、結婚式に参列したのは九州から本家の長野民雄氏、親友原美伊子嬢と友人前田君。そして彼女のご両親でした。長野民雄氏は九州から、原美伊子嬢と前田君は北海道からと、遠路はるばるの参列でした。

その日は幸い晴天に恵まれ、両親や親戚、友人たちに囲まれ賑やかな挙式となりました。我々の結婚式は順調に進行し、披露宴となりました。

総勢二十数人と少数ですが、皆さんが適切で面

左より、ミセス板橋、板橋院長、F（不二子）、著者。ロサンゼルスの「鮨元」にて。昭和58年

白いスピーチをし、いやが上にも盛り上がりました。板橋院長は私の隣で微笑しながら、親友たちのスピーチを静かに聞いていました。写真撮影は夏八木君が担当しました。

賑やかな披露宴を終え、私は板橋院長に丁寧に礼を言い、我々は式場からハイヤーで横浜グランドホテルに向かいました。途中車の中で彼女が、

「英さん、今晩は美味しい料理を食べたいわね」と云い、私はこの一言に驚きました。その頃私は何でもいい、腹一杯食べるのが幸せでした。そして彼女の「美食好み」の傾向は生涯変わりませんでした。

私は横浜グランドホテルのフロントデスクの前に立ち、チェックインするため、カバンのポケットを開け予約券を探しました。するとどこにいったのか、予約券が見つかりません。このホテルの予約券を失くしては困ると思い、夏八木君か稲葉君に預かってもらったままで、車に乗る前に予約券を受け取るのを忘れてしまったのです。すると突然玄関の方から、

「英さん、英さん、や〜い」

と、誰かがホテルの玄関口で、走りながら大声で叫んでいます。

私は驚いて振り返ると、夏八木、稲葉両君が手を振って、大笑いしながらホテルに駆け込んできました。我々の車が去った後、ふたりが予約券を渡すのを忘れたのに気づいたのです。それで急遽ふたりは直ぐ電車に乗って、我々を追いかけて来たのでした。

私としては、まさに大助かりでした。が、です。当初の計画「初夜はふたりでゆっくりと、秋の夜空の星々を眺める」ことはできませんでした。というのは、我々をホテル地下のバーで待つ

ふたりが加わり、我々四人は遅くまでいつものようにダベリ、飲んだからです。

翌朝は早い朝飯を摂り、電車に乗り箱根のホテル小涌園に向かいました。二泊三日のそれは楽しい新婚旅行でした。

新婚生活、世田谷区経堂

我々の新婚生活は経堂のアパートの六畳間から始まりました。そこは小田急線の経堂駅から、七分ほど歩いた住宅街の一角にありました。大家は松原広吉さん、優しいご夫婦でした。小さな半畳ほどのキッチンがついていましたが、トイレは共同でした。そして映画館と銭湯、ラーメン屋がごく近くにありました。この前の通りを少し行くと、東京農大があります。

この頃、私はすでに江川電機研究所の貿易部に勤め、新人サラリーマンとしての第一歩を進めていました。私はどんな会社でもいいので、東京で就職し金銭的に両親から独立することを先ず考えていました。そしてできるかぎり、貿易業務の経験を重ねるというのが目標でした。しかし現実は厳しいものでした。

というのは、私の収入が少ない上に、夏八木君をはじめ友人たちがよくわが家に集まってきたので、わが家はエンゲル係数が大変高い生活でした。そのため時には、第一生命時代に貯えた彼女の貯金も少々使うこともありました。

それから数カ月たった、ある日曜日のこと、夏八木君と私は吉祥寺のいつもの喫茶店にいました。ふたりでジャズを聴きながら、いろいろと話していたとき、私の脳裏に前の晩彼女と話していたことが浮かびました。

「夏八木君、君はこのところ慶応大学の講義には、あまり出席していないようだが、私と同じで大学の授業に興味は感じないかい」

と、それとなく訊きました。すると彼は下を向いて何か考えているようでした。

「私も、君と同じで二歳も歳下の、若造たちと一緒に学ぶのは抵抗があった。しかし私と違って君の将来の目標は外交官です。あれは国家の、それも選ばれた人たちの仕事です。大学でよく学ばないとなかなか採用されないでしょう。どうかね、彼女も君は俳優に向いていると言っているが。私もそっちの道を選択するのも、ひとつの方法じゃないかな」

と、私は彼の顔を見ながら、彼の率直な意見を訊きました。彼は話題が急に、まったく予想もしない方向に展開したので、

「英さん、私は俳優なんかになれませんよ」

と、彼は例の渋い声で苦笑し、大変困惑していました。

「いや、君だったら間違いなく、いや必ず、いい俳優になれるよ。私が保証する」

と、私は断言し、この場はそれで終わりました。

一昨年（二〇一二年）暮れのことです。彼がテレビの「徹子の部屋」に出演していました。その

ときの黒柳徹子との会話で知ったのですが、当時、あれから少しして、うちのFが文学座に行き「受験の申請書」をとってきて、彼に渡したのだそうです。そういえばその頃の話ですが、

「夏八木さんに会うのにはどこに行ったら、いいかしら」

と、彼女が台所で働きながら訊いてきたことがありました。

「どうしたんだい、急に」

「英さんね、来週妹が早稲田と青山の受験で、函館から上京するので、夏八木さんに案内してもらいたいの」

と、珍しく真剣な口調で言います。

「そうだったなあ。最近は新宿西口のつるかめ食堂で食べると言っていたから、あそこに行けば会えるかも知れない」

と、あの時彼女に答えたことを記憶しています。

函館から予定通り、彼女の妹晃子が大学受験のために上京しました。そして都内の地理に詳しく、また自由時間のある夏八木君が、早稲田大学と青山学院への案内役を買ってでました。そして彼女が受験をしている間に、彼もまた文学座俳優養成所に願書を出し、その後面接もしたとか。一方義妹は無事早大文学部に受かり入学しました。

これはその後彼から聞いた話です。夏八木君の文学座の研修生試験の面接時のことです。審査員のひとりに、

「君は役者ではだれが好きですか」

と、訊かれ、
「私の好きな役者は俳優三船敏郎です」
と、胸を張って元気に答えたそうです。訊いた審査員は彼の回答に驚き苦笑したそうです。質問は映画俳優ではなく、舞台役者の名前を訊いたのです。ところが、この頃彼は映画はよく観ていましたが、新劇の役者や歌舞伎役者のことはほとんど無知だったのでこの回答となったと苦笑いしていました。

義妹の晃子は早稲田大学に入学し、東京での新生活の第一歩を、私と同様、東大前の「新星学寮」で迎えました。そして夏八木君も幸い文学座養成所に合格し、俳優としての第一歩を歩みはじめました。

我々の新婚生活は、新婚とは名ばかりで友人や縁者たちが入れ替わり立ち替わり現れ、この六畳の畳は知人たちの体温で温《ぬく》もっていました。よく顔を出したのが、日米会話学院の同期生ふたり、夏八木と那波の両君でした。そして大洋漁業（現マルハニチロ）に就職した稲葉君と後に東大工学部教授となる小川君も時にやって来ました。毎週、毎週、友人たちが次から次にやって来ました。Fはさぞかし大変だったでしょう。ただ彼女は私と同世代ですので、私の仲間たちの話題に彼女自身がすっと入って、率直な彼女の意見を披露していました。そして私より彼女の考え方がユニークなので、皆が私よりも彼女との会話を楽しんだようです。

そのようなわけで新婚当時から、「千客万来」の感があり、それはそれは賑やかな時間と空間でした。後年、彼女に訊くとふだんはふたりで食べる米の量は月に十五キロほどですが、この頃は毎月四十キロ炊いていたとか。

ある晩、稲葉、小川、夏八木、加藤（後の俳優・江守徹）の諸君で、トランプをやり、ビールを呑み、誰ひとり時間の経つのに気がつきませんでした。誰かが急に大きな声で、

「ありゃ、もうこんな時間だ。もう最終電車がない」

「こりゃ、驚いた。まあ、仕方ない。今日のところはここで泊まらせてもらうか」

私も驚きましたが、電車がなければどうしようもありません。この晩は狭い六畳の部屋に布団を三組敷き、皆が横になることとなりました。私は隅っこで横になり、そして彼女が何とか横になれる、小さなスペースを開け、酔っていたので知らぬ間に眠ってしまいました。

そして翌朝のことです。稲葉君の大きな声で目を開けました。一番早く目覚めた稲葉君が、狭いキッチンで本を読んでいる彼女を見て、

「不二子さん、一睡もしていないのでしょう。そんなところにいるより、押し入れでも入って、あそこで横になったらよかったのに」

彼は彼女に同情して、この発言になったようですが、

「人の気も知らないで！」

と、彼女は珍しく皆が帰った後、ひどく怒っていました。私にとっては初めて見る彼女の怒った顔でした。

これもまたある晩、小川、夏八木、加藤の諸君と、いつものようにうちの六畳でビールを呑み、

またいつものように雑談していたときのことです。

小川君であったか、

「稲葉厚ちゃん、もう寮に帰っている頃でしょう。一寸訪ねてみましょうか」

と、提案しました。すると夏八木君が、

「それはいいですね。行ってみましょう」

と、いうことになり、十五分ほど離れた、彼の住む大洋漁業の寮まで皆で歩きました。多分時間も遅かったのでしょう。玄関はすでにロックされ、入ることはできません。公衆電話も近くにはない時代です。彼の部屋の下で皆が大声で彼の名を呼びました。しかし何の反応もありません。これを繰り返している間に、ある考えが浮かびました。それで私が、

「よおし、私があの樋《とい》をよじ登って、彼の部屋のドアを叩いてみるよ」

と言い、ビルに近づきました。皆が心配するなか、私は直径十センチほどの筒に手をかけ、彼の住む五階のベランダまで、何の苦労もなくよじ登りました。下を見ると、私に次いで夏八木君も登って来ました。

稲葉君の部屋の中を見ると、彼は静かに読書していました。私が部屋の窓を叩くと、彼はびっくりして彼の大きな目玉を見開いていました。そしてその晩も再び遅くまで彼の部屋でダベることとなりました。

この稲葉君ですが、その後、大洋漁業を休職し、ハワイ大学に留学しました。そして二年後帰国しましたが、帰国時はふたりでした。可愛い奥さん、佳子さんとホノルルの海岸で出会い、意

気投合しホノルルで挙式しての凱旋でした。その後アメリカ大使館商務部で働き、退職時まで勤務することになります。その間に日米間の経済発展に貢献したと、時のカーター大統領から感謝のメダルを授かりました。これは我々仲間内での一種の誇りとなっています。

ある日のことです。うちのFとふたりで中野駅近くにある夏八木君のアパートに行った時のことです。我々はそこにいた前田吟氏を紹介されました。これは俳優座養成所時代の話です。ビールを呑みながら、いろいろ話した後のこと、彼が真剣な顔つきで、

「いつの日か、忙しい忙しいと言う日が来ればいいですなあ。これが私の生涯の夢ですよ」

と、大きく笑いながら言っていたのが印象的でした。

その頃彼のニックネームは「ドカ」でした。ドカというのは「土方《どかた》」のことです。彼は生活費を稼ぐため、日々肉体労働をしていました。そしてその後年のことですが、皆さんご存じのように、彼は「フーテンの寅さん」シリーズに出演し、多忙、多忙となり、彼の俳優としての生涯の夢は、十分に実現したことと確信します。

この頃、夏八木君は同期生に「パパ、パパ」と呼ばれていました。これはその頃人気のあった作家ヘミングウェイが、このニックネームで呼ばれており、これを皆が取り入れたものです。というのは、夏八木君は同期生の中で一番年上でした。彼は日米会話学院の後、日仏学院にも入学し、その後慶応大学に二年在籍した後、文学座研究所を経て俳優座養成所に入っています。俳優座養成所の十五期生の大部分が高卒だったのでしょう。

またある晩のことです。夏八木君がやって来て、

「英さん、今晩は泊めて下さい」

と、真面目な顔で言って六畳の座敷にどかんと座りました。突然のことなので、彼にその訳を訊くと、

「実は、今晩は同期のものに下宿を貸しました」

と、珍しく苦笑いしています。少し訊いて分かったのですが、その頃彼のアパートは俳優座同期生の一部の若者の、デートの場所になっていたようです。彼の人柄の優しさを同期の数人が、それは上手く利用していたのでしょう。

夏八木君は、私が二度目に勤務した旧丸ビルの斎藤省三商店に退社時にも顔を出しました。私としては職場が厳しかったので、ふたりで電車に乗り、いろいろと話しながら帰宅するのは楽しみのひとつでした。ある夏のことですが、会社の慰安旅行について来て、房総半島の海岸でふたりで思う存分泳いだこともありました。あの頃の会社は寛大でこんなことも許していたのです。

この頃はすでに、夏八木君は私だけでなく彼女にとっても「心を開き語り合える友」でした。そしてそんな日々が続いたある日曜日のことです。

私は玄関から庭に出て、新鮮な空気を吸っていました。奥から出てきた大家の松原さんの奥さんが、挨拶を交わした後、

「久保田さんは、どちらのお兄さんですか」

と、笑いながら突然訊いてきました。これを聞いた私は、この質問の意味が分からず、

「何のことですか」

と、頭を掻きながら不審顔で訊き返しました。時々、仲良く三人で夕餉《ゆうげ》を摂り、そのまま夏八木君がわが家に泊まることがよくありました。そのときは朝は私が先に家を出て会社に出勤します。それで大家さんはてっきり夏八木君と彼女が結婚し、私はどちらかの兄さんと、早合点したのでした。

うちのFの親友、原美伊子さんと夏八木君が、どこかで会ってコーヒーでも飲んだときのことかと思います。原さんが微笑しながら、

「夏八木さん、久保田さんのところに行くのはいいけれど、あまり頻繁に行かないほうがいいわよ」

と、いつもの調子で彼に優しく言ったそうです。彼女なりに我々の「新婚生活」に、配慮してのことでしょう。そのときの彼の答えがふるっています。

「原さん、何を言ってるんですか。それじゃ、昼間独りでいる不二子さんが可哀相じゃないですか！」

と、例の鋭い眼差しで、怒ったような顔で彼女を一喝したそうです。これを聞いて、道産子美人の原さん「開いた口が塞がらなかった」と。

この原さんですが、数年して同じく函館出身で、NHK勤務の米田稔氏と結婚しました。そして米田氏は定年まで、長い間NHKのディレクターとして勤務しました。聞く所によると米田氏はNHK三大酒豪のひとりだったそうです。

この経堂の六畳間とキッチンですが、この頃は新人サラリーマンが住む標準的な住まいで結構満足していました。ところが、義姉照子によると、私の母は「あんな小さな部屋で、新婚生活を始めるなんて何て不憫！」と、涙を流していたとか。母は母なりに我々のことを心配していたのでしょう。

思い出すのは結婚する少し前のことです。母が妹としみを通じてこんなことを言ってきました。住んでいた久我山の近くで「七十坪ほどの土地を買ってやるから、そこに家を建てなさい」と。

一方、私は「できるかぎり実家の世話にならない」と強く心に決めていました。それは金銭的に世話になると、今度は両親の言うことを聞かなくてはなりません。若造の傲慢さで、私は「常に両親から自立し、自己の独立を保つ」こと。これがその頃の私の信条でした。

母の気持ちを知るや知らずや、若いふたりは元気潑剌、毎日を楽しく生活していました。しかし給料は安いのに、友人たちは入れ替わり立ち替わり現れます。そして各々が楽しい話題を語り、食事を共に楽しんでいました。それで私はこの環境を継続するために、美味いネタ（魚類）を、時に実家からいただくことにしました。それでよく日曜日には伊東に帰り、母からアジ、サバ、サンマの干物、島（大島、新島、三宅）のクサヤ、サバ節、宗田節、時に高価なカツオ節などの食品類をもらい、伊東線の電車に乗りました。

夏八木君の次によく顔を出してくれたのが、日米会話学院の同期生、那波君でした。彼は古代インド哲学に凝り、その分野でいろいろな知識をもっていました。その頃電話は大家にあるのみです。それで私が一番困ったことのひとつが、友人たちが何の連絡もなく急に玄関のドアを叩くことでした。皆さんも経験あるかと思いますが、時には誰にも会わず独りで静かにいたい時もあります。もちろんうちのFは例外ですが。

そんなある晩のこと、誰かがドアをノックしたので、顔を出すとそこに那波君が立っていました。そのとき私は何らかの理由で精神的に落ち込んでいて、誰とも会いたくない心境でした。それで何を言ったか覚えていませんが、何か激しい言葉を彼に向かって吐きだしました。その言葉に彼はショック受けたのでしょう。部屋には入らずすぐ立ち去りました。そしてそれからずっと彼は姿を見せませんでした。私としては手紙を書くのも照れくさいし、「どうしたものか」と悩んでいる間に、時は流れていきました。多忙なサラリーマンの時の流れは早いものです。その後何かの機会で再び会うことになりましたが。

一方、彼とは実に楽しい思い出が多々あります。それは彼の下宿を私が初めて訪ねたときのことです。そこの台所で彼に大層美味い餃子の作り方を教えてもらいました。餃子といえば初めて上京したときのことです。中華レストランの看板で「餃子」という文字を見たとき、何でサメの子を売っているのかなと、いぶかった記憶があります。遠くから見たので文字を「鮫子」と間違えていたのでした。

私は那波君の料理法を真似て、自分で餃子を作ってみました。そしてそれを独り食べると、今まで食べたものとはまったく異なった味で、大層美味かった記憶があります。そのときの彼のメインの具は豚肉ではなく、鮮度のよいハマグリでした。それでひと味、いや、ふた味違って美味だったのでよく覚えています。私にはこれも良い味を知る教訓となりました。

その後、彼は故郷の兵庫県相生市に帰り、詩吟界に入り「那波鳳翔」の名でレコードを出し、後年には陶芸家として現在も活躍しています。思い出すのは大阪万博の折、Fと相生市まで足を延ばし彼の家に一泊したことです。

その晩は彼の奥さんも加わり、四人で盃を傾けながら、彼の得意の「カンツォーネ」を傾聴しました。それは悠々として力強い歌声で、我らふたりは大いに感激した記憶があります。彼は時に全国の百貨店で個展を開き、動き回っていたようです。著作も数冊あり、これらをロサンゼルスまで郵送してくれました。そのときは本当に友の有難さを感じたことです。

我々が結婚してから二年ほどして、皆も日々の仕事で多忙になりました。その結果、夏八木君を除いてわが家に足を向けなくなりました。そんなある日のこと、うちのFが経堂の商店街でいつもの米屋のおばさんと目が合いました。すると彼女が心配そうな顔で、

「久保田さん、どうかされましたか。ご家族の方に何かあったのですか」

と、質問されたそうです。米屋のおばさんは急に買う米の量が激減したので、どなたかが亡くなられたのじゃないかと、ご夫婦で話し合っていたとか。本当に長い間かなりの白米を皆で消費していた勘定になります。

我々は二年ほど六畳に住みましたが如何にも狭い。それで二階の六畳と四畳半の二間の部屋に移り住みました。もちろんこの部屋にも友人たちがやって来ましたが、人生おかしなものです。今度は五、六人はゆったり座れるテーブルと空間がありました。しかしこの二間に移ったとたん、友

人たちの来る人数や回数がぐっと減りました。

この二間に初めて来たのは故郷の伊東で稲葉君の近所に住み、彼と一緒に沼津東高に通った福山弘一君でした。彼は横浜国立大学建築科を卒業し、その後鹿島建設に就職しました。そのときはすでに結婚し花嫁と一緒でした。この晩は四人で久し振りに、いつものようにビールとツマミで盛り上がりました。

そんななか例外は夏八木君でした。彼は文学座の研修生を終えたのですが、仕事も来ないので、次は俳優座養成所へ入学し卒業しブラブラしていました。芝居は限られた役者たちの舞台ですし、時代はまだ家庭向けのテレビドラマなどは盛んで

那波鳳翔作陶展会場にて。左、那波鳳翔、右、夏八木勲

はありません。それで依然として仕事は回ってきません。仕方なく彼は千住の実家に帰り、生活費などの金銭を確保していたようです。私はこれを彼より聞き知っていましたので、彼の将来を少々心配していました。ところが、うちのFはわが家に来た彼に、こんなことを言っていました。「夏八木さん、少し時間がかかるけど、近いうち必ず仕事が入って来るので、心配することはありません。あなたは間違いなく将来、個性派俳優になります」

と、いつもの笑みを浮かべ、彼の将来をすでに見抜いていました。

たまプラーザへ

昭和四十三年、灯油一缶（十八リットル）三百六十五円、テレビではアニメ「巨人の星」が人気で、流行語は「指圧の心、母心」。

この頃私は新宿駅の近く、東海設備機材に勤務していました。ある朝のことです。Fが新聞を読んでいて、

「英さん、公団が東横線にある新しい駅で、分譲住宅を公募すると出ています。いい場所のようなので一度応募してみようかしら」

と、真面目な顔で切り出しました。

「公団は結構だが入れるかなあ。公団住宅の抽選の倍率は高く、競争が激しいらしいよ」

するとと、彼女が笑いながら、

「私はくじに強いんです。応募してみますよ」

と言って、若い頃何かに当たった経験談を話し、くじ運が強いことを強調していました。

「よおし、君に自信があるようなら、トライして頂戴！」

と言って出社し、そのことはもうすぐに忘れました。というのは競争も何十倍で、当たるのはほとんど不可能です。

それから少ししたある日の昼過ぎのことです。会社に珍しく彼女から電話が入りました。この頃会社では何か問題がない限り、私的な電話は禁じられていました。受話器を取ると彼女の声で、

「英さん、当たったわよ！」

と、たまプラーザの公団の抽選に当たったとの通知でした。それを聞いて私は驚愕し、電話口でふたりで大喜びした記憶があります。

私はその日すぐ父にその旨を手紙に書き、不足分の住宅購入の頭金をお願いしました。すると父から「分かった。用意しよう！」との返事がありました。我々はふたりして大喜びしました。その晩は私が作るマティーニとキリンビールでの乾杯となりました。

それから数日して、頭金を振り込むことになって問題が発生しました。それは父から「金は出せない」とのにべもない返事です。後日想像したのですが、最初父は金を出そうと思っていたの

でしょう。そしてこの件を母に話し、母が祖父に話したのです。すると祖父は私が家に戻らなくなると猛反対し、お袋も同調したことが推測されます。というのは、母は以前と違い、その頃既に胃潰瘍で病弱になっていました。そして母は私が東京で家を買い定着したら、伊東に帰って来る確率がぐっと減ると推測したのです。それで父は急遽金を出すのを止めたのです。その晩は、私は「どうするか」をいろいろ考え朝まで眠れませんでした。

私は知らなかったのですが、翌朝、彼女は函館の実家の母親に電話し、ご両親にその金額を貸していただくようお願いしたようです。すると二、三日して速達で送金され、ふたりして封筒を前に感謝、感激、大喜びした記憶があります。そして数日して彼女が分譲住宅への手続きを終了しました。

この数カ月後のことですが、この話を聞いた上司の新木部長が、

「久保田君、君の奥さんはくじ運が強いのは聞いているが、すまないが次の団地に申し込みたいので、手続きをやってもらえないかな」

と、依頼されました。それで帰宅して、その旨彼女に話すと彼女は微笑し、

「いいわよ！　新木さんなら手伝うわ！」

と、元気のよい返事が返ってきました。後日のある晩のことです。新木部長から電話があり、

「久保田君、有難う。団地当選したよ！　驚いたなあ」

そして翌朝のことです。会社のデスクに座りにこにこしている新木部長の喜んだ顔を拝見しました。部長から、女の子がふたりか三人いて、借家が狭くなり困っていたところだっただけに、大

助かりだったと感謝されました。

わが家の引っ越しの日がやって来ました。この頃は末弟の光が築地で魚取引のＡＢＣを学んでいました。父の希望で将来家業を継ぐための修業です。光に電話で引っ越しの旨を伝えると、

「兄貴、次の日曜日に小型トラックを運転して、引っ越しを手伝うよ」

と、喜んで手を貸すと言います。

「それは有難い！　仕事が終わったら来てくれや」

と、彼に言い受話器を置きました。

その日は手伝いに来た稲木君と一緒に経堂の貸間で弟光を待ちました。彼は予定通り夕方顔を出し、我々三人で家財をトラックに積み、二間を綺麗に掃除し、経堂に「グッバイ！」と大きな声で言い、この下宿を後にしました。光は黙って懸命に知らない街を抜け、車の運転に神経を集中しています。私は稲木君と適当に雑談しながら、時々地図を眺め、

「光、次は左、左、いや違う右だ、右だ」

と、指示を出していました。すると光が、

「兄貴、左、左いや右だと、すぐ変更されると運転する方は困ってしまう」

隣に座る稲木君が、

「英さん、右、左と言うな。方向を間違っては光が運転できない。ハシ、チャワンと言ったほうがいい。それだと君は間違わないだろう」

と、大きく笑いながら提案しました。確かに子供の頃は「ハシ、チャワン」で右、左を言ったものです。それで、

「よし、光、次からはハシ、チャワンでいく。その方が間違いない」

と、彼の言葉に同意しました。

「次はハシ、ハシその次はチャワン」を続けました。そしてかれこれ二時間近くを走った頃です。車を運転する光が、

「兄貴、おかしいな。もうかなり走っているのに多摩川にぶち当たらない。経堂から多摩川までは三十分ぐらいで来るはずだがなあ」

「そうか。そりゃ、おかしいな」

外は街灯が点在し、そろそろあちこちでネオンが輝き始めています。何だか見たような街並みが目の前に広がってきました。

「ありゃ、見たことのあるところだな、どこだっけかなあ」

と、言って走っていると、駅が見え始めました。なんと二時間以上走って、元の経堂駅に戻ってしまったのです。光はカンカンに怒るし、隣に座る稲木君は、

「英さん、また舞い戻ってきたとは、英さんらしいよ」

と言って、彼は痩せた腹を抱えて大笑い。

「光、申し訳ない。地図はおれじゃなく、政ちゃんに見てもらう。すまないが、あと一度運転してくれ」

と弟に辞を低くして頼み、再び目的地である「たまプラーザ」に向かいました。次は、迷わず予定通り一時間半ほどで、目的の団地に到着しました。

月明かりの中、トラックより荷を降ろし、光には礼を言い、すぐ築地に帰ってもらいました。それから稲木君とふたりで五階のわが家まで、よっさよっさと荷物を運び上げました。そこでは、うちのFがすでに義弟と一緒に、部屋を掃除しいろいろなものを整理していました。ひと段落したところで、四人で近くのそば屋「はなむら」に行き、美味しいそばを食べました。

翌朝から、我々は今までと全く違う三DKの新居で、新しい生活が始まりました。ここには風呂もついていましたし、また五階なので風通しも抜群でした。見晴らしもよく、ベランダから眺める景色は今まで目にしたこともないものでした。さらに、自宅からたまプラーザ駅まで三分ほどで行けるのも理想的です。そして両親からの贈り物で、最初の小型冷蔵庫が置かれ、自費で洗濯機も購入しました。しかしテレビは預金が底をつき購入は不可能でした。

その数年後のことですが、俳優高橋長英氏が夏八木君と一緒に来て、五階の窓から周囲を眺め「将来これくらいの家に住みたいなあ」と言っていたのが印象的でした。

経堂の狭い空間から移り、それはまさに夢のような日々が始まりました。今ではこのたまプラーザ地域は、人気のスポットになっているようです。駅前には東急百貨店、イトーヨーカ堂もあり、賑やかな通りで人が溢れています。しかし我々が移った四十数年前はガランとした場所に、近代的な公団の建物があるだけでした。駅の近くに酒屋、八百屋、魚屋とそば屋がかたまってある、それは淋しい街でした。

第五章　会社遍歴

学生アルバイト

昭和三十六年、私は長男ですから、いずれ郷里に帰り家業を継ぐことになる。その前に何としても太平洋を渡り、海の向こうにあるもの、どんな人間がいて、どんな生活をしているのか、この眼で確認したいと強く願っていました。

これは戦時中に幸いにも命拾いをした人間のひとりとして、幼少からの願いでした。そしてさらにいろいろな会社の組織の内部も経験し、そこで多くの人に会い、よい人間関係を構築し、将来の自分の仕事、家業の発展の基礎を作りたいと考えていました。そして晩年はこれらの経験をベースに多少でも社会貢献をしたいと。

これまでの社会経験といえば学生アルバイトでした。学生時代に新宿は歌舞伎町の歌声酒場「カチューシャ」と、恵比寿のビール会社、そして百貨店の配送と夏休みの伊東のレストランバー「天龍」でした。

歌声酒場ではどうしたわけか、看板持ちをやらされ、歌舞伎町界隈を看板を持ってぶらぶら歩きました。いうならばサンドイッチマンです。二回目のアルバイトは恵比寿のビール会社でした。朝から夕刻までベルトコンベアーに乗って運ばれてくるビール瓶の箱詰めです。チャップリンの映画『モダン・タイムス』そのものです。八時間に三回ほど休憩がありましたが、これはあまりにもキツイ仕事なので四週間で辞めました。三回目は東急デパートの配送です。そしてもうひとつ。大学の夏休みに伊東駅前のレストランバー「天龍」で、夜はバーテンダーとして勤めました。そこでは多少夜の世界を垣間見ることができました。驚いたのは、たまにうちの父が客のひとりとしてバーカウンターに座り、私の仕事ぶりを観察していたことです。

江川電機研究所

最初に就職した会社は、新宿区にある江川電機研究所でした。どなたかの紹介でこの会社の貿易部に入社しました。

この部は主にテレビを東南アジア向けに輸出していました。当時としては大変珍しかったかと思います。しかし輸出業務はまったく暇で、それで半年ほどして国内の営業を手助けすることになりました。そこで札幌出身の大石君、池袋出身の堤君と一緒に小型トラックに乗り、東京近郊の取引先をくまなく回りました。それなりに新鮮な経験でしたが、少し慣れてくると、場所と商品は違えども子供の頃やってきた仕事と同じです。見も知らない取引先の担当者に会って、いろいろと話すのは興味ありますが、海外の事情を知るため貿易部に就職したのに、国内営業では自分の夢の助けになりません。それでこの会社は一年ほどであっさり辞めました。

サラリーマン生活、そしてそこでの種々の経験を通じて、会社の決定は自分ができると分かり、大層嬉しくなりました。これを機に私は仕事の環境が厳しいのは構いませんが、将来につながらないと思うと、勝手に会社を辞めることになります。

今と違いその頃は「一度入社すると、そこは一生の職場」、というのが一般的常識でそれが社会通念でした。その意味では一般社会のサラリーマンとはまったく異なる行動でした。しかし結果的は実に意外なことですが、私にとっては正しい選択でした。

株式会社齋藤省三商店

昭和三十七年。清酒は一升五百円、入浴料大人十九円。この頃の流行歌は、「いつでも夢を」でした。

昭和三十七年に入社したこの会社は旧丸ビルの六階にありました。会社の主な業務は空調関係でした。そして私はその外国部に入社しました。齋藤社長は福岡県出身。すでにご高齢でしたが大変ワンマンで結構面白い方でした。毎朝市川市の豪邸から自家用車でのご出勤、八時頃にはすでに大きな机にでんと座っていました。この机は社員全員が見渡せる位置にありました。ここで親しくなった石井君は、その正面十五メートルほど先の机に座っていました。私が座る外国部は齋藤社長のすぐ左袖にありました。

部長は島津哲也氏。細身で目がぎょろっとして、早口で大声で部下を怒鳴る傾向の方でした。軍隊で大きく口を開けるのを学んだのでしょう。よく怒鳴られました。それは主に英語のコレポン（商業通信文）の動詞の使い方が間違っている。文章がなっていない。この二点です。

この外国部の主な仕事は、カメラ用グリース（オイル）をドイツより輸入し、ペンタックスで名の通っている、旭光学商事に納入することでした。私の扱う輸出商品は、医師の使う注射針、避妊用コンドームとキャンデー棒が主なアイテムでした。キャンデー棒というのはアイスキャンデーの中心に刺さったあの薄い木製の薄い板のことです。

この職場で私は初めて国産の注射針やコンドームが、世界に類のないほど精度が高いことを知りました。最近はさらに高度な注射針が世界市場に出荷されているようなので大層安心していま す。それほど当時から日本の職人芸、その腕は世界に冠たるものでした。キャンデー棒は、その頃は大阪の業者が作っており、こんな棒切れが欧米諸国に輸出されているという事実にも驚きました。ただこの商品はこの十年ほど後には、欧米市場向けはタイ産の製品が日本産に代わったようです。

時は昭和三十九年。豆腐五円、映画観覧料は百八十六円。流行語は「俺についてこい」。

この一年前にケネディ大統領が暗殺されました。東京では銀座にみゆき族が出現し社会を騒がせていました。このみゆき族というのは、春頃からハイティーンの男女の大勢が、みゆき通りに集まった現象です。その服装の特徴は女性はロングスカートに大きな紙袋や麻袋を手にし、男性はバミューダショーツが定番でした。

仕事も少しずつ慣れてきた頃のことです。朝日新聞紙上で「次期オリンピック東京大会、通訳募集」の広告を見ました。私はこれは外国人を知るよい機会と、うちのFの同意を得て応募しました。数日後のこと、嬉しいことに合格通知がわが家に到着しました。勤務地は代々木選手村でした。私は会社に辞表を出しきっぱりと退職しました。

代々木オリンピック選手村

九月、代々木オリンピック選手村で通訳として勤めることになりました。短い期間でしたが、世界の一流選手を目の前にして、大層興味深い経験でした。

私は、子供の頃から運動で負けるのは嫌いでしたが、スポーツ選手になろうと思ったことは一度もありませんし、考えたこともありません。さらに私の性格として運動部に入ると、その運動にのめり込み、ほかのことが目に入らなくなる傾向が大でした。ひと言でいうと、直ぐ「運動バカ」になる可能性が大いにあったのです。私は自分のこの弱みを中学三年の頃から知っていました。それで大学では柔道部には入らず、柔道は町道場と警察道場を使わせていただくこととしていました。

東京より帰郷した明大時代のある夏の日のこと、お茶を飲みながら、祖父と柔術や柔道について話していました。祖父が私の顔をじっと見て、

「お前が柔道家になるなら高段者を目指すのもいいだろう。しかしお前は家に帰るのだから、近間の道場に通い技を磨く方がいい。重要なことは段位を取ることではなく、武道を通じて心身をしっかりと鍛えることだ」

と言いました。祖父の、この「武道を通じて心身を鍛えること」という言葉は、私の生涯を通じて心に残った言葉です。

選手村の中を動き回る人々をよく観察すると、男女とも身体がごついわりにほとんどの選手が礼儀正しく、歩き方もその動作も荒々しいところが少しもなく「日本の運動選手と違うなあ」と強く感じていました。これはひとつの驚きでした。そしてここで初めて欧米人のいう「マナー」という言葉の意味を理解しました。

私たちはこの選手村では主に東欧諸国からの選手たちと毎朝顔を合わせ挨拶し、必要な時は手助けをしました。しかし実際はほとんどオリンピック村の中では、如何なる問題も発生しませんでした。それで我々は連日ベンチに座り、村の中を歩き回る選手を静かに眺めていました。

この頃は日本の国民の大部分は貧しく、とくに若者たちのランチは「コッペパンに牛乳」というのが一般的でした。

そんな貧しい現実の中、私はオリンピック村で腹いっぱい銀シャリや牛肉類を詰め込みました。この村では我々はいくら食べても飲んでも無料でした。お陰でオリンピックが終わったときは七キロほど体重が増加し、六十五キロになっていました。それまで体重は六十キロを超えたことはまったくありませんでした。

米国産コカ・コーラも初めて口にしました。「こんな薬臭く、まずいものを米国人はよくがぶがぶと飲むものだ」と、そのときは思ったものです。この感想は生涯まったく変わりませんが、後に長い米国生活で、喉が渇くと少しは口にできるようになりました。しかしいまだ「うまい」と思ったことはありません。

私にとってここの選手村の食堂で出会い、嬉

代々木のオリンピック選手村にて。左より著者、市川敬三。昭和39年

しかったのはバヤリース・ブランドのオレンジジュースでした。この頃は日本製のオレンジジュースは、街で見たことも聞いたこともありませんでした。それをこの村ではいくら飲んでもよかったのです。しかしグラス三杯ほど飲むと、もう腹がたちまちパンパンになりあまり飲めませんでした。それで時に、これらのジュース類を家に持ち帰り、うちのFに大喜びされました。それほどこの頃は日本全体が貧しく、それがこの時代の厳しい日本の現実でした。

選手村の隣のグループには後に長島監督のミセスになる女性もいました。その頃も目立った美人でした。その選手村で暇なときに親しく語り、一緒に行動したのが市川敬三君です。細身の割に男っぽいところも多々ある人でした。その頃彼は東京外語大学ドイツ語科の学生で、英語の発音も上手く、こういう若い人もいるのだといたく感心したものです。

彼はその後大学を卒業し、大手商社の丸紅飯田（現丸紅）に入社し、本社勤務の後、ヨーロッパなど各国の支店を歩いたようです。私が米国から帰国する五年ほど前、東京の本社オフィスでお会いしたことがあります。それは実に三十数年振りでした。しかし前方から歩いて来る姿を見てすぐ彼と分かりました。彼は歳相応に貫禄がついていましたが、若い頃と外見はほとんど変わらず、大層懐かしく嬉しかったのを思い出します。

東京オリンピックも終了し、再び、どなたかの紹介で新橋にある日研商事に就職しました。ここで営業部の社員のひとりとして勤め、葉タバコの輸入・販売に関わりました。

そうこうしている一年半ほどが経過した、ある日のことです。井上営業課長に急に呼ばれまし

た。課長が真面目顔で、

「久保田君、君は輸出入業務をやりたいと言っていたが、私の母校、東海大の関連会社でひとり、社員を求めている。興味あるかい。あれば君を推薦するよ」

「井上課長、そうですか。それは有難いです。ひとつお願いします」

と答え、その日は一日、久し振りに浮き浮きした気分となりました。と、いうのはこの会社は葉タバコを取り扱っていますが、その輸入業務はまったくしていません。この頃葉タバコ業界は関係の役所と深くつながっていました。そしていろいろな意味で不透明な業界でした。また不透明な業界といえば、台湾バナナ業界も大変特殊でした。あれではバナナの値段も高くなること間違いなしと思ったことです。

そして数日後のこと、新宿駅の近くにある東海大学の関連会社に出向き、そこで新木部長と会い面接の後、その場で採用されました。

東海設備機材株式会社

四十一年夏この頃、アンパン一つ十七円、新三種の神器は「カラーテレビ、車、クーラー」で、流行語は「ダヨーン」。

この後二年余の短期間でしたが、東海大の関連会社、東海設備機材に勤めることになりました。この会社は新宿駅東口から二十五メートルほどの角、その高層ビルの中にありました。ここでは営業課長待遇でした。仕事は新しい輸出商品で利益につながるものの企画をと、新木部長から命じられました。

私はこの会社で初めて自主的に輸出できそうな商品を選び、ジェトロ（日本貿易振興会、現独立行政法人日本貿易振興機構）を訪ねながら、その企画の実現に取り組みました。その結果、日本の高性能な工作機械がこれから輸出に向くと判断しました。そして次に、その輸出先探しに、再びジェトロなどを歩き、連日取り組みました。そして三カ月ほどして数機種の工作機械のオファーをするとすぐ海外から注文が入りました。そして予定通り信用状も先方から入手でき、何の問題もなくこれらの工作機械を輸出できました。

主な輸出先は米国でしたが、南アフリカにも一機輸出できました。そこで私はもう少し大型で値段も高く、精度の良いものをと探した結果、大阪のメーカーで性能のよいフライス盤を製造している会社がありました。そしてその製品をカリフォルニア州の工作機械輸入商にオファーしたところ、たちまち注文が入り、新木部長も私もびっくりし、大変嬉しかったのを思い出します。

ところが問題が発生しました。鳥取にあるその工場に連絡をとったところ、担当者が「納期が間に合わない」と言うのです。私の方はすでに信用状を受け取っていますので、納期の遅延は許されません。営業部長を電話口に呼び出しいろいろと話してもらちがあきません。

その前日の夕方、新木部長に、

「納期通りに出せるまで説得し、ＯＫを取るまでは帰りません」

と、鳥取砂丘の近くにあるそのメーカーの工場の製造部長に会いに出張することにしました。東京からの電車の中では、製造部長をうまく説得できるか不安が心を占め、読書どころではありませんでした。しかし、もし、先方が工場の門を開けてくれないときは門前で座ろうと心に固く決めると、気分が一新し、初めて見る日本海の風景も楽しめるようになりました。驚いたのは日本海沿岸の多くの場所で、墓場が耕された畑の端にあることでした。太平洋側では今まで見たこともない風景でした。

鳥取駅に着くと、中年の男性が近寄って来て、

「久保田さんですか」

と、真剣な顔で声をかけられました。

「そうです」

と、多少緊張して答えると、

「私は製造部長の山本です」

と、返事が笑顔とともに返ってきました。驚いたことに、製造部長自らが出迎えてくれ、そのまま我々はタクシーで鳥取市内の高級料亭に直行しました。ランチの間にいろいろとこちらの事情を説明したところ、

「間違いなく。納期通り大阪の指定倉庫に納入します」

と確約していただきました。これを聞いた途端、私は天に昇る気持ちでした。

この頃はまだ日本の工作機械は、殆んど海外に輸出されていません。それでこのメーカーは注文を受けたが、「輸出なんて嘘だろう」と、製造部長も信じていなかったとか。日本全体がそんな時代だったのです。

この東海設備機材で大変親しくなったのは杉口健君です。彼は徳島県牟岐町の出身です。彼は話し出すと弁もたちますが、歩き方がなんともおかしい。若いのに背を少し丸め、雲の上を歩いているような膝の上げ方をします。後で分かったのですが、日常生活に「阿波踊り」のステップが入っていたのです。それで時々新宿の料理屋で踊ったのを見ましたが、彼の独特の阿波踊りは今まで見た中で最高でした。

ある日のことです。東ドイツから技術者がやって来て、彼を東京のホテルから東海大湘南校舎に送ることになりました。私は「人体模型」を東ドイツから輸入する業務を担当していました。彼はこの組み立て作業のため東ドイツから派遣された技術者でした。夕方でしたが、杉口君が取引先から新車の欧州車を借りてきて、これに彼を乗せ暗い道を走りました。杉口君は道のりが長いし、眠くなるので最初は鼻歌を歌って運転していました。

そのうち音声が高くなり、ドイツ語で『ハイデン・ルースライン（野バラ）』と『イッヒ・リーベ・ディッヒ（我汝を愛す）』を、高らかに歌い出しました。ドイツからの長旅で睡眠不足だったのでしょう。車に乗ってうとうとしていたドイツ人技術者は、目をぱっちと開け、彼も和して大喜びで歌いました。彼としては最初の日本訪問で、若い運転手がドイツ語で歌いだしたのですから、さぞ驚いたことでしょう（この人体模型ですが、現在も東海大学内のどこかに展示されていることかと思います）。

その翌日のことですが、杉口君と話して知ったのですが、彼は慣れない欧州車の運転に、悪戦苦闘していたようです。私にはなにか楽しんでいるように見えましたが、実際はまったく逆だったのです。

これはその後日談ですが、この技術者が帰国するとき、「あの晩のタクシーの運転手は、ドイツの古い歌が大変上手で感激しました」と、新木部長に言ったそうです。それで部長はどうしてタクシーの運転手がドイツ語の歌を歌ったのかいぶかり、私に翌朝そのことを問いました。私は「いやあ、あの運転手はサービスがよく、歌もうまかったですよ」と、何気なく答えました。しかし心のうちは冷や汗ものでした。それというのもタクシー代は会社からいただき、我々ふたりの飲み代にすでに変わっていました。

この会社の姉妹会社東海建設には猪熊功常務がいました。彼は東京オリンピックで金メダルを獲得した柔道家です。当時、東海大学柔道部の顧問も兼任していたかと思います。そして時々新木部長に誘われて三人で新宿のバーに立ち寄り、ウイスキーの水割りを呑み、いろいろと仕事の話や雑談に花を咲かせたこともありました。猪熊常務は、酒は弱かったので、呑むより話すのが好きでした。しかし時に意外にも氏の気の弱さも垣間見たこともありました。多分猪熊氏は幼少の頃、あまり喧嘩はせずおとなしい子供だったのでしょう。後年、不幸に見舞われますが、この頃もすでに猪熊氏は若い柔道家たちと、よく酒場やナイト・クラブに通い、その交際費の捻出に苦労していたようです。

キャッスル＆クック社・極東支社

昭和四十四年、ワイシャツの洗濯代は五十円、映画『男はつらいよ』が封切られ、流行語は「オー・モーレツ！」。この年は東大安田講堂事件、人類初の月面着陸がありました。

その前年、暮れのことです。朝日新聞の「求人広告」で、米系商社のキャッスル＆クック社・極東支社（以下、キャッスル＆クック社）に応募し、面接を受け採用されました。そしてこの年正月に入社しました。オフィスは東京駅の近く丸の内にありました。

米国本社は、その頃有数のコングロマリットでした。パイナップルのドール社の親会社といったほうが分かりやすいかと思います。社長は河野秀人氏。彼はハワイ生まれの二世、恰幅《かっぷく》のよい、米国人と日本人の良さを兼ね備えたジェントルマンでした（後年、ハワイ州副知事）。ご両親は広島県人で日系一世でした。

隣の部屋は同系で米国水産界の一流会社「バンブルビー・シーフード（日本）社」がありました。

社長は宗方氏。彼もまた温和な人柄でした。ふたりとも太平洋戦争では日本軍と後方勤務で戦った、米軍の日系二世でした。

キャッスル＆クック社は十数人の小所帯でした。高齢の後田、私と同姓の久保田、大河内、中田、染次、宮崎、吉田、福永の諸氏に大津、永島、佐々木の諸嬢がおりました。この会社のランチは皆で一緒に、社内のテーブルを囲んで食べるのを常としていました。このランチの間はいろいろな話題を、河野社長が多少舌足らずの日本語で話します。その話を聞いていると、河野社長の人柄の良さが仇《あだ》となって、何かと大手商社の面々に、夜の接待を受け適当に利用されているのではと訝りました。

これらの大手商社の社員が毎日入れ替わり、立ち替わり顔を出しましたが、以前からつながりがあったのでしょう、伊藤忠商事が一番コネが強かったかと思います。その後、河野社長はパイナップルとバナナの専門商社の伊藤忠ドール社を、二社の合弁で設立しました。

私の仕事は主にパイナップルやバナナ畑の肥料となる「尿素肥料」やトラクターなどの農業機械を、日本より米国に輸出する輸出業務でした。尿素肥料は大手商社の三井物産より購入しましたが、常にドイツ産肥料との競合になり、値段競争は想像以上に熾烈《しれつ》でした。ここで私は日本の大手商社の内幕や、米国企業のグローバルな仕事の仕方や内容を学びました。

我々が驚いたのは、日曜日に成城の河野社長宅に呼ばれ、うちのFが社長夫人ミセス河野に、直々に西洋料理の勉強をさせていただいたことです。この頃の日本の会社社長では考えられない、それは優しい考え方を河野社長は持っていました。

この頃日本の企業は土曜日は半ドンでした。しかしこの米国大企業の会社は土曜日が休日でした。それでこの年、キャスル&クック社の土、日の休みを利用して久保田商店東京支店の仕事を企画し始めました。この久保田商店東京支店のことは、次章であらためて書くことにします。

最初の海外出張　フィリピン

昭和四十五年。新聞代は七百五十円、テレビは「時間ですよ」、流行語は「ウーマン・リブ」。この年に日本万国博覧会が、大阪府吹田市で開かれました。


ある日のこと、社長秘書の大津嬢が私のデスクの前に来て、

「久保田さん、河野社長がお話ししたいそうです」

と、にこやかに微笑みました。私は社長と直接話すのは初めてのことなので、心の底で「なんだろうな」といぶかりながら、おそるおそる社長室に入り、社長の前のテーブルの端に座りました。

「久保田君、急で申し訳ないが、どうだろうか、来週にでもフィリピンに出張してくれませんか。伊藤忠のミスター土岐も一緒です」

私は、この突然の申し出に大変驚きました。できるかぎり自然を装いながら、
「河野社長、分かりました。喜んでお受けいたします」
と、真剣な顔で答えましたが、内心は天にも昇る気分でした。これが生まれて初めての大海原を渡る最初の海外出張となりました。その日は、今まで味わったことのない、浮き浮きした気持ちで満員電車に揺られ帰宅しました。

私は羽田空港から生まれて初めて飛行機に乗りました。そして機内でゆったりとした座席に座りマニラに向かいました。仕事はミンダナオ島にあるパイナップル農園の現状視察の旅でした。マニラ市内ではドール・フィリピン社の社長、ベラスコ氏（後年、石油相）のプールのある自宅に招かれ、美味いコーヒーとスナックをご馳走になりました。

翌朝、我々は会社の小型機でミンダナオ島に向かい、三日間、ミンダナオ島に滞在しました。そこで巨大なバナナ農園や近代的な工場を見学し、そしてホテルのような宿舎に泊まり、農園を管理する村のフィリピンの人々と話しました。

ここで私が目にし経験したことは、その頃の日本と米企業との規模の格差でした。私はこれはいつの日か米国本土を自分の足で踏み、この目でそこに住む人々の実態を確認したいと強く思ったことです。

そして晴天のなか、再び例の小型機に乗り、見渡す限りのジャングルの上を飛び無事マニラの空港に着き、再び前のホテルにチェックインしました。

私は窓際の部屋より、かの有名なマニラ湾の夕日を眺め、多彩な言語をもつフィリピン国の多民族性を知りました。この旅を機に世界にはいろいろな文化・文明や風習があり、これらを自分の目でしっかりと見て、これからの人生を生きてみたいと強く願いました。その意味で、この最初の海外への旅がその後の私の人生を刺激し、変えたことは間違いありません。

マニラ空港で土岐氏と別れ、私は独り香港に向かいました。出張前日、私は河野社長とオフィスで話し、マニラ出張の後、一週間の休暇を申請し認められていました。私としてはもう少し知らない海外の現状を、この目で確かめたかったのです。

夕方の五時頃、マニラ空港から香港空港に到着しました。そこでタクシーを拾いダウンタウンにあるホテルに向かいました。車内が少し暑いので車の窓を開けた、その時です。むっとする外気と一緒に入ってきたのは、今までかいだことのない強烈な悪臭でした。何の臭いだか不明でしたが、何かが腐ったような嫌な臭いに驚きました。そして心の中で「ああ、これが香港か」と、思った次第です。

台北で高桑氏と会う

翌々日は昼過ぎ、次の目的地である台北空港へ飛び立ちました。

空港で近くにいたタクシーを拾い、予約していた台北、北投のホテルに向かいました。チェックインし、小さなベッドひとつの、これもまた小さな部屋に入りました。多少疲れていたので、そのベッドにひっくり返りうとうとしながら、香港での二日間を回想していました。何かゴソゴソと小さな音がするので、天井を何気なく見上げると何かが動いています。起き上がって部屋の電灯をつけ、再びベッドにひっくり返って驚きました。何と天井に十数匹のヤモリが動き回っています。そして一匹がぽたんと床に落ち、部屋をちょろちょろと動き回りました。

私はこれを眺め「ははあ、今晩は酒は呑まないことにしよう」と決めました。酒を呑んでいびきをかいて眠るときに口が開きます。その開いた口にヤモリが落ちてくる可能性は大でした。それでその晩は一滴の酒も口にしませんでした。

翌朝は一年ほど前に知り合った須田氏の紹介で、台北に住む高桑文雄氏と会う予定でした。その頃すでに台湾産の冷凍キスの引き合いがありましたので、これを加工する現地の良い会社を、高桑氏に見つけてもらうことが目的でした。

指定されたホテルに着き、ロビーに一歩を踏み入れると、

「久保田さんですか」

と、力強い声がかかりました。

声の方角を眺めると彫の深い顔をした、中年の男性が立ち上がってゆっくりと歩いて来ます。

「高桑さんですか」

と、私は笑いながら挨拶し、高桑氏と最初の握手を交わしました。

そのホテルのレストランのテーブルに座り、コーヒーを数杯飲みながら雑談を続けました。そしてこれが台湾での仕事の始まりでした。これが縁で高桑氏との長い付き合いが始まりました。何度か付き合いがあって、私は親しくなったので、英夫のイニシャルで「Hさん」と呼ばれるようになりました。

香港、台湾の四日間の旅は、会社には休暇として許可をもらっていました。ところが、氏と話している間に、台湾の養殖うなぎの話となりました。私は子供の頃よりうなぎは海で捕獲しましたので、うなぎは海で天然のものを捕るものと思っていました。ところが、そのとき高桑氏が「うなぎの養殖」に言及しました。私は何となく興味深く思い、それで高桑氏にお願いして「うな重」を出す市内の鰻屋に案内してもらいました。

この頃は、台湾の四、五十代の人々は福建語の他に日本語、それも標準語を普通に話していました。何故なら、これらの人々は太平洋戦争以前から日本語教育を受けていたからです。一方戦後、蔣介石総統と一緒に中国より移住した中国国民党関係の人々は、福建語ではなく北京語を話していました。

その頃は台北市には日本風蒲焼を出す鰻屋が数軒営業をしていました。我々はその店のひとつに入り、私は「うな重」を味わいました。そこで出されたうなぎは厚みがあって味は多少大味でしたが、たれを工夫すれば日本でも、売れそうな味でした。

私にとってうなぎは懐かしい魚種です。子供の頃うなぎをモジリで捕獲し、うなぎを山崎のおじに裂いてもらったことは前に述べました。早速その値段を調べるとかなり安いので、これは売れると確信しました。それで氏に市内のホテルを紹介してもらい、そこにチェックインし、高桑氏とはそのロビーで別れました。

私は部屋に入ると、すぐ東京のオフィスに電話し、同僚の染次氏に築地の相場を調べてもらいました。少したって染次氏から返事が入り、「これは行ける」と確信しました。次に河野社長と話し、この事情を説明し「休暇返上」を願い出ました。そして翌朝から仕事を始めることにしました。

河野社長はさすがアメリカ人事業家です。臨機応変に対応していただきました。そして高桑氏と一緒に台北市内の活鰻を扱う業者を訪ね、高桑氏がこちらの要望（規格、決済条件など）を伝え、そこで商談を続け一時間ほどで、相手側の了承を得ました。

二日後のことです。台北からの成鰻、五匹／キロ（一キロで五匹）、五トンが空路で築地の市場に出荷されました。これが最初かどうかは不明ですが、この最初のロットはかなりの高値で取引されました。飛行機代とその他の経費を差し引いても、二割五分ほどの純益が出ました。それで河野社長も私も万々歳でした。

これが台湾うなぎにからんだ最初の取引でした。以来台湾でのうなぎの養殖を知った日本の大手商社、そして日本でのシラスうなぎ漁が激減した昭和四十五年代には、日本からの数々のブローカーなどが入り乱れて、狂想曲を奏でることになります（後出のみなと新聞、日本経済新聞の記事を参照）。

台湾産養殖うなぎ等の取引

これを機に私の台湾出張は二週間に一回ほどとなりました。最近古いパスポートをチェックしたところ、台湾出張は八十数回となっていました。おもに養殖うなぎと蒲焼の買い付けでしたが、時に冷凍キスや他の商材も加わりました。利益が予想以上に上がり、キャスル&クック社は台湾商材を扱うことに積極的になりました。この頃は台湾の産業は初期の段階で、海外に輸出される商材はほとんどなかったかと思います。その意味で、養殖の成鰻輸出事業は台湾政府にとっても重要な産業となります。

一方、私はこれを機にキャスル&クック社で、自分の天職の片鱗を見つけたと確信し、うちのFとふたり喜びました。私がそれまで家業を継ぐのを嫌っていた魚類ですが、実際はそれほど魚類は嫌ではないということが分かりました。さらに、大学の水産部出身の面々にも、魚類の処理能力では負けないということも知りました。

それ以来、私は水産物専門となり、シーズンになるとフランスはロワーヌ河のシラスうなぎ、ビスケイ湾のマグロなども手がけることになりました。ビスケイ湾のマグロは、築地業界でもどの会社も手がけていない新商材でした。台湾からの養殖うなぎやフランス産のシラスうなぎの輸入販売は、思った以上に会社の利益に貢献しました。

以下は私が水産専門紙『みなと新聞』の依頼で、その頃の台湾のしらす・うなぎ業界の現状について書いた記事原稿の一部です。初期の台湾うなぎ業界の状況も記述していますが、勝手で独りよがりの箇所も少々あります。退屈でしたら読み飛ばして下さい。

……（前略）

我が国の如き単一民族であってすら、離れた地方の人々の間では、生活感情が異なり、相互の蹉跌を産み易い。まして海を隔て、国境を隔てる国々の人々に理解しがたい点が見られるのは当然です。

東は東か、東も西かと言った点については、多くの事が言い古されてきております。今回の渡台に際し、台湾の人々と胸襟を開いて語り、密接に生活と行動を共にした結果、私は実にしばしば驚きを感ぜずにいられませんでした。

というのは、台北の陳氏、林氏や蘇澳《すおう》の陳氏の言動は、明治生まれの祖父たち似通っています。同じ釜のメシを食っても密接な人間関係と信頼がない所には、生まれてくるものがなく、むしろ失うものの方が多い。大事なことは腹を割って付き合うこと。つまりスキン・ラブであります。駆け引きは不要と心得、仕事もまた人間として生きる事から始まらなければなりません。

そこで、日本サイドとしては前回にのべましたように、ネクタイを締めて出かけ、値段を吊り上げられる愚を止め、輸入組合をつくり窓口を一本化することや、また日本の優れた技術をもって指導し、いわば隣村の池として、完全な原料うなぎ、成鰻の池を作り、品質の優れた安いうなぎをレギュラー・サプライすることを、ここで提案するものであります。

台湾では自然環境に恵まれ、うなぎは冬眠せず成長が早い。人件費も安く雑魚（エサ）もある。そこに日本の養鰻技術が結合したら「鬼に金棒」ではありませんか。そのためには混合飼料やうなぎの池、活締め場など更に研究すべき点は色々ありますが、時は熟しており、一方市場は安く、美味いうなぎを限りなく求めております。日本・台湾間のうなぎルートが軌道に乗り、今年の土用の丑の日には、ねっとりと脂の乗った蒲焼を心ゆくまで食べたいものです。

その為には、台湾うなぎを輸入することだけが、唯一ではないことは言うまでもありません。信ずべき情報によればある商社はデンマークに、ある商社はニュージランド、オーストラリアに、そのサプライ・ソースを求めており、韓国では政府が有力な輸出商品として、大いに力を注いでおります。わが国の業者がうなぎに求める需要の大きさに群がる各社・各人の絵模様はひと言に言い難いところであります。

本邦の鰻産業、五つの大陸を股にかけ、西に良きシラスあれば、西に池を作り、東によき養鰻池あれば、東に養中を放ち、対しては広き視野と度量で、養鰻発展させては如何でしょうか。この第一歩を台湾に求めること。これは日本養鰻史にとって、興味深い一歩であり、蒲焼愛好者にとっては嬉しい第一歩であります。

私が中学・高校時代に久保田家の長男として、親父から厳しく教えられた、鮮魚を取り扱う技能が初めて仕事の役に立ちました。私はこれに自信をつけ気をよくし、更に深くのめり込むことになります。考えると人の運というのは不思議なものです。ちょっとしたことで道は開け進展するものです。

その頃から上司の久保田、大河内両氏から独立し、河野社長より直接いろいろと指示をいただきました。これは大変有難かったのですが、問題も発生しました。私はこれで両氏の指示を受けなくてすむと勝手に解釈し、両氏と対抗するような雰囲気になってきました。若さの驕《おご》りで、我知らず多少増長していたところもあったかと思います。

中華航空206便墜落事故

その頃、台湾で宗田カツオ節が蘇澳で製造されていることを知りました。これは幼少からの私の分野の仕事です。そのことを父に話すとすぐ清水と沼津のふたりの業者から興味があるとの連絡が入りました。私がご同行願った吉田社長は清水から、秋元社長は沼津からの参加でした。両社長とも私の父の知り合いで削り節工場を経営していました。このおふたりを連れての四泊五日の予定で台湾に出かけました。

案内役の高桑氏を含め、我々四人のパーティは台湾・蘇澳で、宗田節の工場を視察し、そこで多少買い付けをし、それから花蓮港に向かいました。そこで一泊し、翌朝は太魯閣を観光し、その午後は飛行機で台北に帰る予定でいました。

その前の晩のことですが、案内役の高桑氏が、

「あそこに行ったら仕事は忘れ、高砂族のダンスでも見物しましょうや」

と、彼独特の笑みをたたえながら、両社長に言

昭和45年、台湾のカツオ節工場にて。吉田、秋元社長と著者

ったところ、

「それはいい。賛成、賛成！」

と、吉田、秋元の両社長がにこやかに笑って賛同しました。

それでその夕方ホテルにチェックインし、四人でその近くにある演舞会場まで高砂族の踊りを見物に出かけました。

会場で何気なく二段ほど下の席を眺めると、綺麗な若い女性が背を伸ばして座り、熱心に踊りに見入っています。大柄な身体で見事に伸ばした背の、なめらかな姿勢も整っています。そして美しい黒髪が風になびいていました。台湾人かなと思いましたが、本省人にしては服装が都会的に整い過ぎていました。

我々四人がホテルへの帰り際、ふと前方を見ると例の彼女がすぐ前を歩いていました。彼女はアベックではなく三人の男たちと一緒で、ホテルも我々と同じでした。皆よい服装をしているので、多分香港から来た男たちが、香港の女優でも連れて台湾観光にでも来たのだろうと思い、そのまま忘れていました。


昭和四十五年八月十二日、翌朝は、お歳をめした清水の吉田社長がいましたので、遅い朝食を摂り四人でゆったりと台湾ティーを飲みました。そして昨夜頼んであったタクシーで、緑濃い山際や渓谷の見物に出かけました。仕事の合間に観光をするのは私にとってはこれが最初でした。観光を終え、ふと気がついて時計を見ると、予定時間をかなり過ぎています。皆でそれっと、タ

クシーを止めてある場所に急ぎました。すると、後ろを歩く高桑氏が、

「まあ、Hさん、そんなに急ぐな。もう少しゆっくり行こうや」

と、口元に彼独特の笑いを浮かべながら言います。私は、そんな馬鹿な急がないと予約している飛行機に乗れない、と思いながら焦って歩いていました。

空港に着いたのは予定を十分ほどオーバーの遅刻です。我々が受付のカウンターに着くと、すでに乗客のチェックインはすべて終わっていました。もう乗れません。それで我々は仕方なく空港内のコーヒーショップに座り、味気のないコーヒーをすする羽目となりました。

美味そうにコーヒーを飲む高桑氏の顔を見ながら、

「台北の松山空港で待つ陳東水氏に、申し訳ないな」

と、私が少々困った顔をして言うと、

「いや、Hさん、それは心配ない。彼のことだから空港で明日まで待つよ」

と、彼は笑いながら、自信を持った顔で断言しました。

我々は次便に予約をとり、それに乗ることにしましたが、コーヒーを二杯飲んでも、三杯飲んでも場内のアナウンスがありません。私がいらいら焦っているのが分かったのか、高桑氏が席を立ちカウンターに向かいました。すると、丁度「次便が遅れる」とのアナウンスが場内にありました。台湾に戦後から永住し、軍隊あがりで威勢のよい高桑氏が、何故そんなに次便が遅れるのだと、マネジャーを、我々から少し離れたテーブルに呼びつけ問い質していました。

ロシア人の血が少し混じっているような風貌の高桑氏は、樺太で生まれ帝国陸軍に入隊し中国

大陸で歴戦した猛者《もさ》です。じっと見ていると、彼が語気烈しく詰め寄りまくし立てています。ところが、どうしたことか、彼の頭が突然後ろに反り、驚いたことに氏の顔が引き締まり、お互い深刻な面持ちで何か話しているのです。彼が我々のテーブルに帰って来て、親指を下に向けました。何のことか分からないので、私は高桑氏に、

「何ですか。どうしたんですか」

と、訊きました。すると高桑氏が、

「飛行機が台北付近の円山の森に墜落し大破したと」

「そうですか、それで生存者は」

「全員がだめらしい」

と、高桑氏の返事でした。私は自分の耳を疑いました。こちらはこんなに晴天なのに、台北は気流が荒れ大嵐だと言うのです。私は再び窓から外を、青々と広がる大空を見上げました。確かに雲は勢いよく流れています。しかし台北が嵐だとは予想だにできません。

もしあの時、高桑氏がいつものように急いで行動し、予定通り空港に着いていたら、墜落した飛行機に乗っていたのかと思うと、ぞっとし背筋が寒くなりました。

それから大分遅れましたが次便に乗ることができました。テレビ局が来て撮影していたので、私は搭乗機のタラップを登りながら、カメラに向かって軽く軍隊式の敬礼をしました。

機内の座席に着き外を眺めると、青空にもの凄い勢いで雲が流れています。飛行機は離陸し、そして羅東、宜蘭の山々を越えたあたりから、機体が烈しく上下に揺れはじめました。時々腰にド

スン、ドスンと響くほどです。これで機体は大丈夫かと心底心配しました。さらに不気味な音を立てて時に機体がきしみます。このような異常な状態が三十分ほど続いたでしょうか。内心どきどきしながら、私は座席にしがみついていました。そんな状況が続くなかで、やっと松山空港に無事着いたときは、ほっとして四人で顔を見合わせ苦笑いしたものです。

空港では、陳さんはじめ十人ほどの迎えの人が大歓声をあげていました。陳さんは親指を上に突き立てています。我々はまったく予期しない皆さんの出迎えにびっくりしました。彼がレストランを予約しているというので、タクシーを拾いその店に直行しました。我々は大層立派なレストランの個室に案内され、そしてテーブルの上を見ると、紅色の卵が沢山きれいに並んでいました。

「陳さん、この紅い卵はどうしたのです」

と、不思議に思って彼に尋ねると、

「これはね、Hさん。皆さんが無事、無傷で帰還した、お祝いの印です」

と、丁重に手でテーブルを指して言いました。台湾では「御目出度《おめでた》」は紅色の卵で祝うのが習慣だそうです。それからが、いやいや大変でした。知人や見ず知らずの人たちが、一人ひとり立ち上がり、

「Hさん、乾杯！　Hさん、乾杯！」

「吉田さん、秋元さん、高桑さん、乾杯！　乾杯！　乾杯！」

と、大きな盃になみなみ紹興酒を注ぎます。我々はそれを呑み干して、空になった盃のそこを

見せなくてはなりません。私もその都度呑み干して、盃の空の底を示しました。それから私は四時間ほど、沢山、沢山、紹興酒を腹一杯呑みました。

台湾では、日本のように自分が呑みたいときに、盃を口につけ勝手に呑むのは不謹慎です。呑みたいときは、必ず先ずお客人に向かって盃を上げ、目と目を見合わせ一緒に盃を空けるか、あるいは「随意、又は一点々(ほんの少し)」と言って、ごく少量を呑む。これが正しい礼儀です。

「ところで陳さん、どうして我々があの飛行機に、乗らなかったのが分かったのですか?」

と、ふと思い出して、食事の途中に訊きました。陳さんは大きく笑いながら

「それは分からなかった。私はてっきり、皆さんがあの飛行機に乗ったものと思っていました。それで、皆さんの葬儀をするので、奥さんたちが日本から台北に来たとき、何とお悔やみを言ったらよいのか、その日本語を知りません。それで急いで先輩のところに行き、お悔やみの言葉を習ってきました。ところがどうでしょう。心配しながらテレビを観ていたら、Hさんがタラップを上り、元気にカメラに向かって軽く敬礼しているじゃないの。いや驚いた。本当に驚いたよ。そして大層嬉しかった。それで生存歓迎会をするために、皆に声をかけ呼んだのです」

と、顎の張った顔をくしゃくしゃにして笑っています。

「でも、可哀相でしたね。死亡者のなかに日本人が、それも若い美人が入っていたのは。彼女は宝塚であったか日劇であったか、どこかのダンサーでした」

と、陳さんが真剣な顔で付け加えました。それを聞いたとたん、今度は私が顎にアッパーカットをくったような衝撃を受けました。

昨晩高砂族の舞台を観劇していた、あの大柄な美人と三人の中年の男たちが、あの運命の飛行機に乗り込み、そして五十分後に無残な事故に出くわしたのです。

酔いしれた頭がじーんと痺れ、今度は真っ白になり、皆で箸を置き、静かに頭を垂れ冥福を祈りました。後日知ったのですが、亡くなった女性は宝塚歌劇団花組生徒で、池田銀行初代イメージキャラクター清月輝《きよづきてる》でした。

翌朝、私の部屋のドアが急に烈しく何度も叩かれ目覚めました。私は何と、ベッドの上ではなく、トイレで一晩過ごしていたのです。それも便器を両手で抱えて。あまりに嘔吐が烈しくベッドに戻るのが面倒になり、そのままトイレに寝込んでしまったのです。

これが私の三回目の「命拾い」でした。

そんなある日のことです。

墜落事故からの帰還祝いをしてくれた陳東水（左から2人目）と仕事のパートナーの高桑文雄（右端）

上司の大河内氏に呼ばれ、彼の奥の部屋に行きました。すると、彼がいつもとはまったく異なる顔つきで、

「久保田君、実は君に少しお願いしたいことがあります。それは水産物や他の食料品を専門に輸出入する子会社を設立したので君にそこに出向してもらい、代表になって欲しいのです」

「ええ、何ですって。一寸待って下さい。意味が分かりません」

と、怪訝《けげん》に思い、彼の目を見つめ訊きました。すると、

「その子会社を君が運営してくれないかな。もちろん河野社長の許可はとってある」

と、今度はいつものように力で押してきました。

「大河内さん、少し待って下さい。この件はよく考え二、三日中にご返事します」

と静かに言い、私は軽く礼をしてその場を後にしました。

その晩、私は自分だけでは解決できない会社からの提案なので、帰宅すると、早速うちのFに相談しました。すると彼女が、

「英さん、あなたのいいようにして頂戴。それはあなたに任せます」

と、彼女の元気な返事が返ってきました。

翌朝のことです。すっきりした気分で、キャッスル&クック社に辞表を提出し、この米国大手企業を後にしました。

大変恥ずかしい話ですが、私はその頃はまだ「出向」の意味を知りませんでした。単純に久保田、大河内両氏が、私を追い出す計画をたてたに違いないと考えたのです。あとで考えると、す

でにこの頃キャッスル＆クック社では、私が開発した台湾産活鰻、うなぎの蒲焼き、フランス産のシラスうなぎ、ビスケー湾のマグロなどで、思いのほか利益が上がっていました。それでこれらの商品を新会社で専門に取り扱う、という河野社長の考えもあったようです。もちろんそのベースには久保田、大河内両氏の思惑もあってのことでしょう。いずれにしろ若い頃の私は思いのほか短気でした。「若い」というのは仕方ないものです。物事を客観的に判断する能力に欠けます。しかし、それが普通の若者というものなのでしょう。

まだ三十四歳の若造です。多少天狗になったきらいはあります。

物産貿易

昭和四十六年。理髪料は六百四十四円ほど。流行は「ファースト・フード」、流行語は「脱サラ」。


八月のことです。水産物輸入の関係で知りあった山内氏の紹介で、次に物産貿易に勤めることになりました。

実はこの頃のことですが、フランスの知人ユージン・ベオーと、ヨーロッパ食品の輸入会社を、数年後に合弁で作る企画がありました。そしてその時期まで少しの間、他の日本の会社の組織のあり方を、もう少し観察したいと思っていました。それでこの会社の特産課に課長待遇で入社しました。しかし中堅社員として、思ってもいなかった苦労をし、一般サラリーマンの哀歓を、嫌というほど経験することになります。

私の特産課の扱い商品は、台湾からのうなぎ等の水産物と農産物でした。これらの水産物を私の経験を生かし輸入し、国内での販売と台湾産農産物の一部を対米輸出するものでした。しかしながらこの会社での仕事のやり方は、キャッスル&クック社とはまったく異なり、最初はかなり戸惑いました。

要約しますと、自分の意見あるいは見解を、直接決済権のある取締役にぶつけることができません。すぐ上の上司、大川部長（仮名）に話すと、いろいろと反対意見を披露され、それで終わりです。多分彼はこの特産課の設立に反対していたのでしょう。しかしながら新しい企画は、まず一歩を踏み出すことが必要です。私としては一歩は無理にしても、半歩でも踏み出せるようにしなければ、わが課の企画は初めからすべてオジャンです。こんなことがたびたびあり、私は日本の会社の、いや組織の曖昧さを痛感しました。

この会社はそれまで台湾産うなぎを取り扱ったことはありません。確かに台湾うなぎの初期のステージで、大手水産会社でも活鰻の輸入はしていませんでした。その後も機会あるごとに私が強く主張したので、やっと部長が「その取引はやっていい」と、許可が下りました。それで再び台湾産活鰻、フランス産のシラスうなぎの輸入や、台湾農産物の北米向け輸出に取り組みました。

十二月から三月までがフランス産シラスうなぎのシーズンです。

この頃はすでにフランス・ナント市には三回ほど足を運んでいます。それゆえこのシラスうなぎの取引には、かなりの愛着をもっていました。

シモスクワ経由のオランダ航空は常に羽田着は深夜となります。その深夜の通関が問題でした。シッパー（輸出先）が貨物に添付するインボイス（送り状）にひどい時は三度に一度のミスが見つかります。何で頻繁に計算ミスが出るのか最初は不明でした。後日判明したのですが、それがフランスです。そしてタイプミスや計算違いは、間違いが税関吏に発見されると、そのときは必ず「課長を呼べ」と、通関の担当をしていた吉原君が言われます。それで彼は夜中の十、十一時に拙宅に電話をかけてきました。

朝まで待って通関してもよいのですが、その間にシラスうなぎの死亡率が上昇します。それで私は数回たまプラーザの自宅から、電車のあるときは電車で、電車がないときはタクシーで羽田に行きました。そしてタイプミスあるいは計算違いのインボイスを会社に持ち帰り、テレックスをフランスの会社に送り、正しいインボイスを先方から取り寄せ、再び羽田税関に急行しました。

それで考えたのですが、たまプラーザから羽田空港はかなりの距離があります。いっそ銀座でオンザロックスでも呑みながら通関の終わるのを待っていたら、問題が発生しても会社は近いし時間的にも早い。そして経費も安上がりだと分かりました。そのためシーズン中は週に二、三回は、銀座にたむろすることになりました。時に部下の吉原君がそれを忘れ、自宅に電話をかけました。そしてうちのFが、私が待機している飲み屋に電話をかけ、呼び出したことも数回ありました。

そんなある深夜のことです。相手側のインボイス（送り状）に計算間違いがあり、これを相手側に知らせ、正しいインボイスをファクスで受け取る必要がありました。それで飲み屋よりタクシーで丸の内のオフィスに駆けつけたのはよいのですが、セキュリティー（守衛）が玄関にいません。仕方ないのでビルの裏側に回りました。驚いたことに、そこには三メートルほどの泥棒除けの鉄製の門が控えていました。少し酔っていましたが、よしっと決め、手袋をつけた手で冷えた鉄格子をよじ登り、ぽんと地面に降り立ち数歩を歩いたところで、呼びとめられました。そこには守衛が怪訝な表情で立っていました。

「あんた、どこから来たの」

と、声をかけてきたので、私は後ろを振り返りゲートを指さして、

「その門を乗り越えて来たよ」

と、言ったところ、今度は彼が信じられないという顔をして、

「こりゃ驚いた。あんた本物の忍者みたいだね」

と言ったので、今度は二人で大笑い。まだ世の中が今のように騒がしくなく、ゆったりとした悠長な時代でした。

その頃の特産課での取扱い商品は成鰻、黒子（シラスうなぎが大きくなったもの）、うなぎの蒲焼、

フランス産シラスうなぎの輸入業務に、農産物のメンマ、マッシュルーム、タケノコなどの新しい商材が加わりました。ほとんどが日本市場での販売ですが、マッシュルームは塩漬けを輸入し、清水市の工場で業務用の大型缶、一号缶に詰め替え米国西海岸へ輸出しました。よく売れましたが、時に問題も発生しました。それは品質のばらつきでした。さらに大きな問題がありました。

それはシラスうなぎの販売先の田川商事ですが、この会社は常に自転車操業をしており、代金の回収が時に困難となりました。そして特産課の実績は二年半ほどして、徐々に降下して行きました。

あるとき気がつくと、その上半期は残念なことに、特産課は赤字となりました。ただその前二年はかなりの黒字がありましたので、それで差し引きするとまだ黒字です。しかしどうしたものかと考え、その方策を模索している間に数週間が経過しました。

そしてある日のこと、取締役のひとりが、特産課担当重役となり、直接に特産課を指導することになりました。しかし一カ月ほどすると、この取締役も前記の会社に翻弄され売掛金額を増やしました。そしてこの責任が私に重くのしかかってきました。

台湾での債権確保

昭和四十八年。映画観覧料は七二六円、『日本沈没』（小松左京著）がベスト・セラー、流行語は「省エネ」。

ある昼のこと、部下の吉原君から連絡が入りました。彼は横浜の倉庫に台湾から輸入した、うなぎの蒲焼の品質検査に出かけていました。その報告によると、不良品が二割ほど混入しているとのことです。すべての製品を検品した結果とのことでした。

決済は台湾の業者、林水産公司と信用状で取引していますので、すでに全額銀行より引き落とされています。それでこの問題の解決には、少なくとも一割の良品を確保しなくてはなりません。ただちに取引先の、林総経理と連絡を取り話をしました。いつものことですが、まったくらちがあきません。それで急遽、半日間は林水産公司の最新情報を集めることに奔走しました。結論として経営不振です。林氏の会社が倒産しなければ、次の取引の値引きで解決できますが、倒産されては海外のことでもあり、手の打ちようがありません。必要なことは、倒産する前に債権を確保することです。具体的には損害を最小限に留めるために相手の在庫を押さえることです。

翌朝、私は羽田空港より台北に飛び立ちました。昨日夕方電話で林さんに台北に行くと伝えましたが、もし彼が松山空港に姿を見せなかったら、そのときはどうするか。まあ、会社の所在地は分かっているので、そのときは会社に直行しよう。しかし韓国のように、そこに会社がもうなかったらどうする。会社は存在しても、そのとき打つ手がないときはどうする。考え始めると、いろいろとネガティブな要素が脳裏を掠《かす》めます。そして空港に彼が姿を見せるかどうかが鍵だと結論しました。昨夜はよく眠れなかったので、うとうとと居眠りしているうちに、日航機は台北空港に到着しました。

空港で出口を見渡すと、人だかりの中に彼の姿を見つけました。それで私は胸をほっと撫で下ろしたものです。しかしお互い挨拶を交わしましたが、林さんはいつもの元気がまったくありません。私はタクシーを拾い彼と一緒に、予約しているホテルに向かいました。そこの喫茶店に入り、ふたりで向かい合いいろいろと話しをしました。

当方としては、今ある在庫を検品し、良品であればそれらの商品を押さえることです。彼は故意にやったわけではなく、たまたま不良品が混入したので申し訳ない、を繰り返すばかりです。「なるほど」これが以前、墜落事故のとき生存歓迎会をしてくれた陳東水氏に聞いたいつもの台湾流の「言い訳」か、と了解しました。しかしこれには触れず静かに説得しました。

交渉は延々と三時間に及びました。最終的に一ケース十キロで、計百ケースを無償で提供。今後は台湾で品質検査を厳重にし、良品を輸出するとの約束を取り付けました。その代わりに、今後も取引はいつも通りに継続することで同意しました。

翌朝は早起きし、他の業者と朝飯を摂り、林さんの到着を待ちました。予定通り八時頃来ましたが、林さんではなく若い男です。そして彼と一緒にタクシーで指定の冷蔵倉庫に向かいました。

そのときどうして林さんが顔を出さないのだろうかといぶかりましたが、若い男は日本語をまったく話せません。まあ、彼は用事があるのだろうと、それで林さんのことは忘れました。

冷蔵庫会社のオフィス倉庫の前で車を降り、若い男の指差す方向を見ると、これも若い男が立っていました。私は近づいて「称好《ニイハオ》！」と挨拶すると、彼はぶっきら棒に挨拶を返し、ガチャガチャと冷蔵庫の扉を開けました。

冷蔵倉庫の中に入ると、棚にいっぱいうなぎの蒲焼の入った箱が積み上げられています。倉庫の若い男が先に入って棚の一部を指差します。私もまねて指差し確認し、「よし！」と叫び、検品作業を開始しました。パレットに乗った各々のケース開け、真空包装された蒲焼を一枚ごとに検品します。マークを見ると、これらの商品は日本の某大手商社向けのものでした。マイナス十度ほどの中での検品です。三十分もすると指が寒さで硬くなり、首や肩の骨がギシギシという感じがします。私は「よし。ここが勝負どころ、忍の一字だ」と懸命に品質をチェックし、持参した自社向けのステッカーを貼り続けました。

冷蔵庫内の作業は分かっていましたので、厚手のジャンバーを持参していましたが、寒さがしんしんと肌を刺します。ふと気がつくと、今まで傍に立って作業をじっと見ていた若い男がいつの間にかいません。「しょうがねえ奴だな」と独り言を言いながら、黙々と作業を続けました。そして分かったのですが、この商社向けの蒲焼は良品ばかりでした。うなぎが痩せ肉厚が薄いものもありませんし、タレが流れぐっちゃりしたものもありません。

品質検査も半分ほど終わると、皮手袋をしている指はコチコチとなり、背中は痛いし腰も痛い。

この頃の台湾の中小企業の冷蔵庫にはフォークリフトはありませんので、自分で高い棚に上り、下に降ろしテープをナイフで切り箱を開けます。それでできるかぎり身体を動かし、きつくなると外に出て、身体を左右に動かして暖をとりました。

そのときふと気がついたのですが、冷蔵庫の周りに誰もいず、少し離れたオフィスにもまったく人影がありません。何か少し不気味な感じが漂っていました。

私は少々むっとした暑い空気を吸い込み、再び冷蔵倉庫に入り、黙々とひとり作業を続けました。そして三時頃までにはすべての商品のチェックをし、作業を終えました。最後のひと箱の検品が終わると、じんわりと仕事をやり遂げた満足感が胸にこみ上げてきました。そしてランチを食べていないので、腹がクウクウ鳴り激しい空腹感に襲われました。

オフィスには例の若い男がひとり、デスクに座っていました。私は彼にタクシーを呼んでもらい、外に出て待っていると、車は十分ほどでやって来ました。その若い男に礼を言い、車に乗り込みホテルに向かいました。

翌朝は早い便で帰国するので、その晩は台北の銀行支店長の許氏と約束がありました。彼とは長い付き合いでお互い遠慮がありません。今日は林水産公司のこともあり、いろいろと最近の台湾企業の現状を聞きたいと思っていました。私がフロントに下りて行くと、すでに彼はロビーで待っていました。彼は近づく私を見つけ、屈託なく笑い、

「やあ、お元気なようですね。ところで、今日の仕事は上手く行きましたか」

と、顔はいつものように笑っていますが、彼の顔は何か真剣な表情です。

私は、得々とひとりで冷蔵倉庫に行き、商品の作り具合や品質をチェックし、名札をつけた話をしました。すると許さんは、急に大変驚いた顔をして、

「Hさん、無事でオメデトウ！」

と、今度は真面目くさった顔で、私の目をじっと見つめました。

私は何が何だか意味が分かりません。

「どうしたんです。急に真面目な顔をして」

と、訊き返しました。

「いいですか、Hさん。ここは台湾です。日本ではありません。ここでは商品を押さえるのに独りでは行きません。私は当然数人で行くのかと思っていました。これは常識です。それで今朝は何も言いませんでした。と言いますのは、最近冷蔵倉庫での事故が多いのです。人が中に入って作業中にドアが閉まって、翌朝冷凍人間になって発見されるケースが多発しています。全部が全部とは言いませんが、かなりの数が事故に見せかけた犯罪です。ふたりでも駄目ですよ。それが独りで入るなんて。考えられません。非常識です。今後十二分に気をつけて下さい」

と、厳しく戒められました。

私はそれから、問題発生が分かると直ぐ台湾に飛び、その現場をチェックし修正に努めました。これが私のいつものやり方となりました。それで工場側も常に緊張し良品を出すように努力していました。しかし時に、初めから利益だけを考え、品質には気を使わない不良工場もよくありました。台湾では多くの人に出会い時に激しくもまれ、日本では考えられない不愉快な事柄にもよ

くぶつかりました。

台湾人の物の考え方の基準が、日本人とまったく異なることに気づき驚きました。台湾で取引した相手はほとんど戦中派、日本教育を受けた人たちです。日本語を器用に操りますので、考え方も日本人に近いと勝手に思っていました。これが間違いのもとでした。彼らの言葉で「仕事は時にミスも発生する。しかし台湾では韓国と違い、初めから故意にはやらない」というものです。確かにこれには一理はあります。

というのは、その後三回ほどですが韓国の業者と取引しました。そしてすべての取引で騙されました。そのときはうなぎの黒子を輸入したのですが、そのサイズがまったくバラバラです。それも考えられないほど徹底的に。クレーム解決のためにすぐソウルやプサンに出張しました。そのときはすでに二社ともオフィスは影も形もありません。初めから騙す魂胆だったのです。最近は韓国も昔に較べると、経済も安定しあまり酷いことはないようですので、日本の業者もひと安心でしょう。しかし用心に越したことはありません。

後日のことですが、台北でいつもの許さんと一緒でした。

例によってランチをふたりで楽しく食べ、ホテルに帰ったときのことです。彼が急に、

「Hさん、一寸待って」

と言って、そそくさとホテルの入り口の方に早足で歩いていきました。そしてが誰かに話しかけています。私は彼の知り合いかなと思い、反対の方角に歩き出しました。すると、

「Hさん、一寸待って、いや来て下さーい」

と、彼の大きな声がします。そちらに顔を向けると、

「Hさん、写真を頼みまーす」

と、彼の声が弾んでいます。私はどうしたのかなと、彼の隣に立つ相手をよく見て、今度は私が驚きました。何と、彼の傍らに岸元首相がにこにこ笑って立っていたのです。私はおふたりに焦点を合わせ「OK」と言い、喜んで写真に撮りました。日本ですと、元総理大臣をこんな風に写真に撮ることは考えられません。岸元首相も喜んで、それなりのポーズをとり写真を撮らせていました。それが台湾という風土の産物でしょう。


昭和四十九年。この頃豆腐十六円。この年には長嶋茂雄が現役引退。流行語は「晴天の霹靂《へきれき》」。


ある日曜日の晩、夏八木君がたまプラーザ団地五階のわが家にやって来ました。その前日、彼から電話があったのでFとふたり、彼の来るのを待っていました。玄関のベルが鳴ったのでドアを開けると、彼がにこにこ笑いながら立っています。そして手には何と六、七キロもあるテレビを持っていました。そして彼がそのテレビを差し出し、

「英さん、今日はこれを持ってきました。これを使って下さい」

私は数か月振りに彼の顔を見たいと思っていましたが、用件は知りませんでした。

「夏八木君、どうしたの、急に」

と、この突然の提案に、私が訝り顔で訊くと、

「実は四月一日よりＮＨＫで『鳩子の海』というドラマをやります。そのなかで、天兵という脱走兵の役をやります」

「そうですか。それなら喜んで使わせてもらいます。まあ上がって、上がって」

と、私は大喜びしてテレビを受け取り、彼を家の中へ招き入れました。

「それにしても、こんな重たいものを五階まで持ってくるとは、大変だったでしょう。やあ、ご苦労さん」

と、私は感謝の意を伝えました。

「英さん、五階まではひと苦労でした。途中数回休みました」

と、いつものように高らかに笑っていました。その晩は久し振りに三人でゆっくりとくつろぎ、ドラマの内容や裏話を聞き、私も近況を彼に伝えました。そして四時間ほど話し、

「英さん、明日も早くから仕事がありますので、今日はこれで失礼します」

と、言って最終電車に間に合うように帰って行きました。

このＮＨＫのＴＶドラマは、彼が俳優として参加した最初の長編ドラマでした。これは四月一日から始まり約一年間継続し、平均視聴率は高く約四十七パーセントでした。その頃わが家にはテレビはなく、小さなラジオがひとつあるだけでした。それを知っている彼が、その頃高額だったテレビを持ってきたのです。そして我々は彼の優しい配慮を喜んで受け入れました。一方、私の方は仕事の環境が厳しいなか、将来に対する希望を、このテレビを観ることによってもらいました。

五月のことです。物産貿易に退職願いを提出することを決断し、自由の身となりました。

第六章

海外旅行。そして母、祖父母と父の他界

海外旅行

ここで少し時がバックします。

昭和四十六年、私はすでに物産貿易に勤めていました。九月のある日曜日、昼頃のことです。うちのFが少し遅いランチを作りながら、

「ねえ、英さん、この十月四日で結婚十年目よ。どうかしら、十二月にでも伊東のお父さんとうちの両親を誘い、台湾旅行に行くのは」

「え、台湾旅行。急にびっくりだな。そうか、もう十年目か。そりゃ、いいね。我々を産み育ててくれたんだから。うちのお袋がいないのは一寸淋しいが（後でふれますが、お袋はこのときすでに亡くなっていました）。待てよ、十二月は五日に台北出張だ。仕事は二日ほどで終わるから、その土曜日の午後には一緒に動ける。それでは旅の予定を組んで頂戴」

「分かったわ、英さん。決定ね。旅行会社に予約するわよ」

と、彼女は喜んで大きく笑いました。

私は彼女の急な申し出を聞いて驚きましたが、考えてみればもう結婚して十年目になる。これはさらなる驚きでした。この十年間、うちのFはよく頑張りました。この数年は家事のほかに、久

保田商店東京支店の手伝いや古巣、第一生命で外勤の仕事などをしていました。そして後年分かったのですが、第一生命の外勤のときは夏八木君はじめ、友人諸君、さらには親戚、縁者の方々にも生命保険の加入を願いました。そして皆さんには喜んでご協力をいただき、私としては感謝、感激でした。おかげで大人四人分の旅費と滞在費を、わが家で負担する余裕ができるようになったのですから。数年前までは想像もできないことでした。

私は予定通り、その二日前に台北に発ちました。台北ではいつものように仕事をした後、土曜日の午後にホテルから、皆を出迎えるために、タクシーを拾い台北空港に向かいました。空港の出口で見ていると、緩やかな坂道を話しながら四人が出て来ました。義父はその昔、武専（大日本武徳会武道専門学校）時代に同期生たちと台北に来ていました。それでこのときは四十余年振りだったようです。タクシーの窓から外の景色を眺めながら、昔に較べると街並みが変化しているので驚いていました。一方、私の父と義母は初めての台湾でした。それで私は四人を連れ台北駅から、総統府にかけての繁華街をぶらぶら歩きました。

その頃の台湾は日本の統治が約五十年続いたので、中年以上の大部分の人々は日本語教育を受けていました。私の父は街で出会う人たちが日本語を実に巧みに話しているのに驚き、周囲で働く台湾人を眺め楽しそうでした。夕食はホテル内で美味い中華料理を食べ、翌朝は、五人で再び台北市内や、さらに足をのばし風光明媚な淡水地域や、その海辺など珍しい景色を観光して歩きました。

私の父はその昔日本で一番高い山は富士山ではなく、台湾に鎮座する玉山《ぎょくざん》（標高三千九百五十二メートル、日本統治時代は新高山）であると知っていました。玉山は富士山より百七十六メートルほど高いので、戦前は日本で一番高いお山でした。それでそのお山の姿を眺めたいと言っていましたが、これは残念ながら時間の都合でかないませんでした。

その晩は皆で夕食を摂った後、男たち三人は、酒場に足を運びました。そこで若い台湾女性たちと呑み合い、片言の日本語で話し、義父も父も台北の夜を十分に楽しみました。そして翌朝は五人で台北空港を後に無事帰国しました。

後日知ったことですが、父は初めての台湾旅行で感激し、またアルコールも手伝って、その頃台湾円が日本円の約十分の一であるのを忘れてしまい、チップとして日本円で千円、今でいえば一万円をあげてしまったということです。受け取った酒場の若い女性はさぞ喜んだでしょう。

昭和四十九年年五月、物産貿易を辞したことは前に述べました。そして有楽町駅に近いビルの一角で、久保田商店東京支店の仕事を本格的に始めていました。ある晩、家の電話が鳴り、うちのFが英語で話しはじめました。私はおや、と思っていると、

「英さん、代わって。ムッシュ・ベオーの秘書よ。何か急用がある感じ」

私は受話器をとり、秘書のクリスティーヌと挨拶を交わしました。すると彼女が、

「イデオ（フランス人はHを発音しないので、「イデオ」と呼ばれていました）、マダム・ベオーと代わります」

と、言うので受話器を持って待っていました。

「イデオ……」

と、マダム・ベオーが私の名前を呼び、急にワッと、大きな声で泣きだしました。もう会話はできません。クリスティーヌが再び受話器をとり、

「イデオ、実は先日ムシュ・ベオーが亡くなりました。それで電話しています」

この突然の悲報を聞いて、私の頭のなかが真っ白になり、

「え、どうしたのです。何が起こったのですか」

「実は、ムッシュ・ベオーが水槽車で、シラスを空港に輸送しているとき、運転手がカーブで回りきれず立ち木に衝突し、ムッシュ・ベオーが亡くなりました」

私は、一瞬信じられず、しばらくの間沈黙を続けました。やっと我に返って、

「ムッシュ・ベオーが亡くなられたのですか。突然のことで驚きました。何と言っていいか言葉もありません。それは誠に残念です」

「それで、マダムからのお願いですが、時間があるときに、ここに来てお墓参りをお願いしたいのです。できますでしょうか」

私は、やっと状況を理解できたので、

「分かりました。できるかぎり早目にそちらに向かいます。追ってご連絡しますので、数日お待ち下さい」

と、言い受話器を置きました。

私はこの突然の悲しい知らせに、しばしぼんやりと立ちすくみました。うちのFも驚愕し、食卓の椅子に座ったまま頭をたれていました。

「何てことだ。あの元気なベオーが亡くなり、マダムが墓参りに来てくれと言っている」

「聞いていたわ、英さん。できるだけ早い時期に行きましょう」

と、彼女は椅子から立ち上がり、涙をこぼしていました。マダム・ベオーとうちのFはともに京都見物した仲です。

私は突然の悲報に驚くとともに、彼とのいろいろな思い出が脳裏を横切りました。ムッシュ・ベオーはこれまで六回ほど来日していました。それはいつもシラスうなぎのシーズンです。彼の定宿は帝国ホテルでした。ホテルに着くとすぐ連絡がありますので、毎回彼とは帝国ホテルのロビーで会い、日本での予定を打ち合わせ、台湾にも一緒に三度ほど出掛けた仲です。彼は養殖うなぎをまったく見たことがなかったので、台湾での養殖場見学に大変興味をもっていました。それは当然のことでしょう。その頃はすでに彼が日本向けに輸出した、一部のシラスが台湾に輸出され養殖されていましたので、その成長を見学するのは興味津々の様子でした。


翌朝、うちのFが日本交通公社（現JTB）へ連絡をとり予約を入れました。我々は一週間後に羽田空港から、オランダ航空でパリに向かいました。といっても、直行でパリに行ったわけではありません。急ぐ旅ではなかったのと、彼女の強い要望があって、我々はアテネに一週間ほどストップ・オーバーし、パルテノン神殿やエーゲ海を観光し、ギリシャ料理を楽しみました。

ふたりでぶらぶらとアテネ市内を歩いていたときのことです。前方から歩いて来た子供たち十数人が、我々の近くに来て珍しいものを見るように立ち止まりました。すると後から来た、先生とおぼしき若い女性が立ち止まり、英語で

「どちらからですか」

と、声をかけてきました。

「日本からです」

と言うと、

「初めて日本からの方にお会いしました」

と言って、子供たちにギリシャ語で説明していました。子供たちは好奇心をむき出しにして、我々の周囲を歩きはじめました。それで私はうちのFと一緒に、先生と子供たちの写真を撮りました。

その翌日も若い女性ふたりに声をかけられました。あの頃は日本からギリシャを訪ねる観光客はほとんどいない時代でした。アテネの子供たちや若い女性たちには我々が初めて見る純日本人だったのでしょう。どうも他国の子供や若者は「珍しいもの」が目につくと、動物のように寄ってくる傾向があります。後日のことですが、ローマ市内を観光した時も同じような経験をしました。

パリの空港に着くと、早速予約しているホテルにチェックインしました。そしてナント市のベオー宅に連絡し、明日そちらへ向かう旨を伝えました。我々はパリ市中にあるオランダ航空の事

務所に向かい、私は支店長から、事前に頼んでおいた、フランス語の「弔辞のメモ」を受け取り、その発音を教えていただきました。驚いたのはその文章の長いことです。日本ですと、「この度はご愁傷さまです」と言い丁寧に頭を下げれば、一応これで挨拶は終わりです。ところが、フランス語では弔辞の言葉が、日本の五倍も長い文章だったのです。

「英さん、弔辞はちゃんと覚えたほうがいいわよ」と言うので、それが礼儀であればと、その晩は私はひとり難しい発音のフランス語を繰り返し、繰り返し練習しました。私は朝食の時間を除いて、パリ空港からナントまでの機内でも、その文章を懸命に暗記しました。

飛行機は予定通りナント市空港に到着し、我々が出口を一歩出たところに、すでにマダム・ベオーと秘書のクリスティーヌが我々を待っていました。大きな瞳から、大粒の涙をぽろぽろぽろとこぼしながら近づいて来る彼女に、私は記憶にあるお悔みの言葉を口にしようとしましたが、私は本能的に大きく腕を広げ、

「おお、マダム」

と叫び、力強く彼女をハグしました。彼女は声こそ出しませんでしたが、私の腕の中で大きな身体をぶるぶると震わせて泣いていました。次に、マダムはハンカチを取り出し、その涙を拭いてうちのFをハグしました。ふたりは一年ほど前に、Fの案内で、他のフランスからの友達たちと一緒に、京都見物を一週間ほどした仲です。

クリスティーヌが、

「イデオ、マダムがこれから墓参りをしたいと言っています。それでよろしいでしょうか」

と、彼女も真剣な顔つきで訊いています。

「もちろんです。我々はそのために来たのですから」

と、答えると、彼女がマダムにその旨伝えたのでしょう。今度は彼女が微笑しながら、

「メルシー・ボクー（ありがとう）。では、車に乗って下さい」

と言い、我々はクリスティーヌの運転する自家用車に乗り込みました。三十分ほど街中や森を通り抜け、ムシュ・ベオーの真新しい墓石の前に着きました。墓碑は二メートルほどの石碑で造られており、その印象は日本の墓によく似ていました。

私は墓をじっと見つめました。すると故人との数々の思い出が胸をめぐりました。その胸苦しさ

京都旅行。左から、F（不二子）、右端、マダム・ベオー。昭和48年

のなかで、私は学生時代に禅寺で記憶した「般若心経《はんにゃしんぎょう》」を唱え、ムッシュ・ベオーの霊に向かい合いました。そしてふたりで計画していた仕事が、この不幸な交通事故のためにできなくなったことの無念さを、故人に伝えました。

再び涙を流しているマダム・ベオーと一緒に、クリスティーヌが運転する車に乗り込みました。クリスティーヌが英語で、

「マダムがこれからナントにいる時はずっと、自宅に泊まってほしいと言っています。ムッシュ・ベオーが次にイデオが来たときは、ホテルではなく新しい自宅に泊まってもらう、と言っていたそうです。それでお願いしたいのですが、如何でしょうか」

私は、これを聞いて少し驚きうちのFに、

「どうする。ホテルは予約をしているけど……」

「いいわよ。ホテルはキャンセルすればいいでしょう」

「OK．分かった。クリスティーヌ、では、我々は喜んで泊まらせていただきます」

と、答えると、マダムはにっこりと笑い大変喜んでいました。

我々ふたりはナント市に一週間ほど滞在しましたが、その間は新しいベオー宅にお世話になりました。彼は「生きたシラス」を日本に輸出することによって、以前の何倍かの利益を得ることができ、新しい家を購入できたのだそうです。

朝はFが長く固いフランスパンが好きだと言うと、マダムは毎朝六時頃に起きて市場まで行き、美味いフランスパンを買ってきました。そして日中はシラス工場を訪ね、そこで働く人々や作業

を見学しました。ランチはナント市内のレストランで食べ、夕食はマダムの息子夫婦や弟夫妻を呼び、一緒に楽しいディナーをともに楽しみました。

ナント市は昔から栄えたフランス西部の港町です。十八世紀には奴隷商人で賑わった河港だそうです。ここのロワール川に大量のシラスうなぎが遡上し、それをムッシュ・ベオーは捕獲し、それまでほとんどを隣国スペイン向けに輸出していました。スペインではこれを蒸し、日本のシラス（鰯の子）のようになったものを、サラダに混ぜて食べていました。

そのロワール河岸に魚市場がありました。私がナントに三度目に行ったときです。この市場の関係者たちの前で、この川でとれた成鰻で日本風に「うなぎの開きショー」をやりました。それは来日したベオー氏が、うなぎ業者を訪ねたとき、そこで働く職人の伝統の技、うなぎを開くスピードと切れ味に大いに感激していたからです。

ベオー一家とナントにて。左、著者、中央、ベオー夫妻

そして私は、ベオー氏に次にナントに来るときは是非関係者の前で、うなぎを開いてほしいと懇願されました。多分彼は日本で見た職人技を皆に話したのでしょう。外国ではよくあることですが、彼は日本人なら誰でもできると思ったのです。

中学時代にうなぎを捕ったことは前に述べました。私は裂くのは苦手で、山崎のおじにいつも頼んでいました。それ以来私はうなぎ捕りを止めたのでほとんど触っていません。そのときは「困ったな」と思いました。しかし親しい知人に頼まれたら、日本人として嫌とは言えません。それで私は高円寺駅近くのうなぎ屋で「うなぎ裂き」の修業に通いました。カツオやサバを裂くのは巧いものなので、一カ月もするとまあまあ裂けるようになりました。

ナント市の魚市場に着くと、すでに五十人ほどが集まっていました。私は観客を前にした役者のような気分でした。日本から持参したうなぎ包丁を握り、皆に分からないように静かに深呼吸しました。そし

墓参の折のＦ（不二子）とマダム・ベオー。昭和49年

てうなぎが運ばれてくるのを待ちました。

若い男が大きなバケツを下げて来て、私の前によいしょと置きました。私は中を覗き、そのうなぎを見て仰天しました。そこには太くて長さは一メートル以上ある大物のうなぎが渦を巻いていました。私は内心「こりゃ、困ったなあ」と、一瞬思いました。日本では大きくても四、五十センチで、太さも四センチ（直径）はありません。目の前にいるアンギラ・アンギラ（欧州産うなぎ）の直径は五センチ以上あります。そこで「もうやるしかない」と腹を決めました。

バケツからうなぎをテーブルの上に置くと、何とラッキーなことに、この大うなぎはかなり弱っていました。頭に釘を打つと、さらに弱ってぐったりとなりました。すかさず背に包丁を差し込み、両手をそえて一気に横に引っ張りました。三秒ほどで思った以上に上手く裂けました。そして見ていた観客から大変な喝采を受け、「うなぎの開きショー」は幕を閉じました。じっと見ている見物人には見事なフィニッシュと見えたでしょう。が、です。最後の尾の部分に包丁を入れ、最後の締めに勢いよく尾の部分の薄皮を一気に切り裂き、終わりをビシッと決めたときに、実際はあまりに勢いよく包丁を振ったために、勢いあまって自分の小指の端に刃が触れました。私はさっと小指を丸め隠したので、出血は見物人には気づかれずに済みましたが。やはりあまり無理して慣れないショーはやるものではありません。よい教訓となりました。

我々は、一週間ほど滞在したナント市を後にして、南仏ニース市に向かいました。空港に着き出口に向かうと、目の前にグランプリレースに使うのか格好のよいレース車が置かれていました。

ここで我々は街中を見物し、また丘に登ったり、海岸線をゆったりと歩きました。時代物の人形を販売している店にも入りました。するとある人形が気に入ったのか、Ｆは珍しくじっと見つめ、そして手に取り観察しています。私は彼女が人形に関心があるのが不思議でした。

「英さん、この人形ふたつ、買っていいかしら」

と、棚に戻したふたつの人形を指さしました。

「これはクラシックドールだろう、いい値段がするだろう」

と、私は値段を見ました。すると、かなりいい値段です。私は彼女が文学好きですので、これまで文学書をよく買うのは知っていました。しかしその他の趣味についてはまったく知りませんでした。私はこれを彼女の趣味のひとつかと思いましたが違ったようです。というのは、その後、いろいろな場所や国を歩くことになりましたが、人形を買ったのはこのときだけでした。

次に向かったのは近くのモナコです。

ここは国連加盟国で最小の国で首都モナコが全領土です。ここも彼女が一度訪ねたいというので足を延ばしたものです。数年前ハリウッドの有名女優グレース・ケリーが、ここの王と結婚し王宮に住んでいました。そして我々は車のグランプリレース場を見物したりして四日間を過ごしました。ここのホテルや街の有名レストランでフランス料理、魚や肉料理を食べましたが味は常にいまひとつでした。フランス料理のバター、チーズ、オリーブオイルの味や香りが強く私には馴染めません。私がフランス料理でひとつ「これは美味い」と思って、喜んでいつも食べたのは「サラド・ドゥ・ラ・メール（海藻サラダ）」でした。その後いろいろなところを私は旅しましたが、私にとって料理は「和食が世界一」です。とくに魚を含めた海産物の鮮度やその味、その加工法は世界に冠たるものと思っています。

次に向かったのはローマです。

空港よりバスで予約しているホテルに向かいました。このバス停で待っていると、ある紳士が英語で声をかけてきました。

「君たちはどこから来たんだい？　ほう、ジャパンか。いいかい。ここは泥棒の国だから、いつも十分気をつけて旅しないとね」

「これはこれは、どうも有難う。十分注意します」

と、返事を返し、この会話は終わりました。バスの中で我々はお互い顔を見合わせ、「イタリアはヤバイ国なんだなあ、聞いてはいたが。これから数日十分注意しよう」と、気を引き締めました。

我々はホテルにチェックインし、街を見物にでかけました。ハリウッド映画『ローマの休日』でオードリー・ヘップバーンとグレゴリー・ペックが訪ねた、十八世紀にできたトレビの泉で、後ろ向きにコインを投げ入れ、他の観光客と一緒に楽しみました。

あるスーパー・マーケットで食料品やワインを少し買い物をしたときのことです。キャシャーの前で、私の隣に立つFが、急に大きな声で日本語を叫びました。

「おつりをちゃんとよこしなさい」

彼女は手のひらをレジの若い女性に差し出しました。その女店員は急に大声で叫ばれたので驚き、いやいやお釣りを差し出しました。

「しょうがないわね。あのキャシャー、お釣りをごまかそうとしてたの」

と、彼女は私の顔を見て、珍しくかなり怒っていました。私は、以前香港のマーケットで起こった小さな出来事を思い出しました。あの時は私が落として転がったコインを、側に立っていた若い女店員がさっと靴で隠したのです。この時は「ゲッラウト」と言うと、彼女は嫌々足をどけました。これが海外です。いつも油断は禁物です。我々はバス停で、あの紳士が言ったことを理解した次第でした。

ローマ市内に一週間ほど滞在し、観光スポットを訪ねました。そしてホテル内のレストランや街の有名レストランで、イタリア料理を食べました。驚いたのはスパゲッテイの種類が大変多いことでした。うちのFは「美味いもの」が大好きです。それで我々は街で有名レストランに立ち寄り、いろいろな料理を食べました。料理には、当然のことですが、オリーブオイルとバター、チーズが多く混入していて味はよくありません。それらの料理は日本的にいうと、「旨味」がほとんどありません。食べ終わって私たちは、無言のままお互いに、「何だ、イタリア料理って、こんなものか」と、ふたりで顔を見合わせ、にやっと笑ったことでした。その点、日本でのイタリア料理は、日本人の口に合うように工夫してあるので、なかなか美味なのが多いかと思います。

この約一カ月の欧州旅行から帰って、いつもの日常生活に戻りました。そして数日したある日曜日のことです。アフタヌーンティーを入れながら、Fが私にこんなことをつぶやきました。

「初めてヨーロッパに旅行ができて、私、英さんと結婚してよかった」

と、私の方を見てにっこり笑いました。

このときは結婚してすでに十三年ほどが経過していました。その時は彼女からの率直なコメントを聞き、私も幸せな気分となり、彼女と結婚してよかったと思いました。そして私は、このようなことが男と女が一緒になり、生活を続ける上で大切なことと再認識した次第です。結婚には時にいろいろなことで苦労することもあります。しかし必要なことはできるかぎり、ふたりで行動をともにし生きて行くことだと理解しました。

人生無常

昭和四十四年二月二十二日、母が亡くなりました。病名は胃ガンで五十四歳でした。あとを追うように昭和四十七年三月四日祖父が他界し、翌年一月八日祖母、それから四年後、昭和五十二年十一月七日、父が腎臓ガンで逝きました。六十八歳でした。

私にとって母の死は、人生最初の「身内の死」でした。実際は私が幼少の頃、弟次郎が一歳で亡くなり、お棺に入った次郎に花束を入れたように思いますが、私もまだ子供ですから、記憶は鮮明ではありません。しかし母の死は頭を強い力で、ガッツンと叩かれたような、強い衝撃を受けました。

母静江は私の幼少時代から、ずっと私を時に厳しく、時に優しく育ててくれた、掛け替えのない存在でした。この母の死はいろいろな意味で、私に「生きるとはなにか」と、人生の大切な命題を投げかけられたように思えます。そして「人はいつかは死ぬんだ」と私に深く実感させました。学生時代には禅寺に通い、よく「生と死」を友人たちの間で話題にしましたが、母の死に際しては、そのときの議論は、まったくの空論に思えました。それほど母の死は私にとって激しい衝撃でした。


二月の土曜日のこと、末弟の光と祖母から電話があり、母がひどい貧血で、B型の血液が足りない、私からの輸血が必要とのことでした。翌日、Fと一緒に、輸血とお見舞いを兼ね帰省しました。病室に着くと、父、祖母、妹たち、弟たちが母のベッドの周囲にいました。私がベッドに近づくと、祖母が、

「英夫が来たわよ」

と、母に向かって優しく声をかけました。すると母は静かに目を開け、私に向かって微笑しました。見ていると、母の唇が少し動きましたが、言葉にはなりませんでした。

それから医師と看護婦が来て素早く輸血の作業をし、私の血液が母の血管にゆっくりと流れ始めました。すると、今まで閉じていた母の瞳が少し開き、

「英夫、あまり酒を呑むんじゃないよ」

と、静かな声で言い微笑しました。この頃の私は、仕事が多忙で時に得意先を接待したり、また接待されたりの日々が続き、私はウイスキーのオンザロックスをよく呑んでいました。これを母は聞き知っていて、母なりに私の健康を案じての「ひと言」だったのでしょう。

「分かった。分かった」

私は懸命に同じ言葉を繰り返し、母の痩せた手に触れました。母の手は思ったより温かく、指先も冷たくないので、このぶんなら近いうちに回復するだろうと思っていました。

私からの輸血が終わり、皆がベッドで静かに眠っているような母を囲み、いろいろなことを話していたとき、母の容態が急変しました。そして皆が見守るなか、静かに微笑し、突然、頬を引きつらせ、あっという間に呼吸がなくなったのです。私はその急変に驚愕し、大声で叫びました。

「お医者さんを呼んでくれ！」

妹のとしみがばたばたと部屋を出て行きました。やって来た医師が脈をとり、母の身体をチェックし、

「ご臨終です」

と、静かな声で告げました。それを聞くと、祖母が急にしくしくと泣き、側にいた中学生の末弟光が大きな声で泣き始めました。横にいたあの頑固者の父も鼻を詰まらせ、目には涙をためていました。

私は出てくる涙をぐっとこらえ、現世に突然別れを告げた母をしっかりと見つめました。母の死に顔を見て、私の脳裏に浮かんだのは死の間際の「あの母の微笑」でした。私が受けた印象は、

母があたかも「早く亡くなった実母や戦死した弟」に再会し、その時に浮かべた微笑に思えたのでした。多分彼らふたりが母を迎えに来たのでしょう。それであの優しい笑顔が母の顔面に一瞬浮かんだのです。それ以来私は「人の死」を何とも思わなくなりました。母の年齢は五十四歳、まだこれからの年齢です。私は三十二歳にして「人の世の無常」を強く感じました。

後日考えると、母は自分の死が近いことを知って、仕事が多忙を理由に入院先の伊東の病院に顔を見せない私に、ひと言言ってこの世をおさらばしたかったのでしょう。それであの日弟や祖母に頼んで、私に電話させ「輸血してほしい」と言ってきたのです。そして顔を見せた私の顔色が良いので安堵し、短時間のうちに三途の川を渡ったのです。母は胃潰瘍を病んでいましたが、私はまだ当分はこの世にいると信じていましたので、母に何もしてやらず仕舞い、大いに悔いが残りました。

私にとって断腸の思いであった母の死は、それからは、私の時間と場所を選ばず脳裏に浮かび、時に私を悲しみで悩ませ、時にまたいつものように元気づけてくれました。これはいつまでも母親という存在が私の心に生きている証拠なのでしょう。

ただひとつよかったのは、母が新宿の東京女子医大病院に入院していたとき、うちのFが自宅のあるたまプラーザから、三日に一度の頻度で、病院に足を運び、母を見舞い、よく面倒をみていたことです。たまに私がひとりで母を見舞いに行くと、にこにこと笑顔で彼女に対する感謝の念を口にしていました。

昭和四十七年三月、祖父の死に際は祖父らしく鮮やかでかつ立派でした。家で床に二日ついたようですが、その死の前日、祖父は檀家総代を務める菩提寺の本然寺の住職を枕元に呼び、葬儀の手順などを詳しく依頼し、翌日さっぱりと現世に別れを告げ、往生したと聞きました。

私はその頃パリに向かうエールフランス航空の機内にいました。機内でうとうとしながら生まれて初めて、珍しく祖父の夢を見ました。それで目覚めて「祖父に何かあったのかな」といぶかりました。後でその時刻を聞き、「ああ、あの時だ！」と、この世の不思議を痛感しました。祖父は明治人にしては長寿の八十二歳でした。一方祖父のふたりの弟、薬屋の大叔父と山保の大叔父は五十代で亡くなりました。原因は何であったか知りませんが、ふたりとも酒豪とはいえませんが、かなり日本酒が好きだったように聞き及んでいます。

祖父は長い間、家業は長男である私に、継がせることを考えていました。ところが、ある朝のことです。いつもの「潮吹き岩」からの散歩から帰って、私の父に向かっての第一声が、

「英夫は、好きにやらせたらいいだろう」

と、言ったそうです。これは久保田家長男である私に、東京で仕事を継続させる許可を、父に与えたものでした。そしてこれも後日分かったことですが、祖父が自分の意志を変えたのには理由があります。

この少し前に、私は父に『日本経済新聞』、その文化欄に寄稿した「台湾のうなぎ狂騒曲」のコピーを送っており、祖父はその記事を読み、今までの考えを変えたものでした。その意味で、この記事は私の生涯を左右した重要なものです。それでここに載せました。ご一読の程。

「台湾のうなぎ狂騒曲　望まれる輸出入体制の整備」

シラス取りに総出

台湾ではそろそろ鰻の稚魚であるシラスとりのシーズンになる。二、三月の最盛期ともなると、子供たちは学校を休み、手に手に網を持って、河口に層をなして集まるシラスをすくい上げる。もちろん子供たちだけではない。私が三月に渡台したおり南方澳（なんぽうおう）でのこと、港の五、六十隻の船に船員の姿が一人も見えない。みな、金になるシラスを取りに行っているわけである。女、子供でも日に数千円かせげるのだから、台湾の人々にとっては打ち出の小づちのようなもの。子供も主婦もおじさんもおばあさんも一家総出でとりまくっており、そのため、河口をめぐる利権争いもたびたびあったとのことだった。

このシラス狂騒曲のタクトを初めて振ったのがほかならぬこの私であると思うと、いささか気がとがめる。というのは二年前、フィリピンにパイナップル業界を視察に行った帰りに台湾に立ち寄り、当時日本で急騰していた鰻が、この国ではまだまだ安いことを知りさっそく輸入した。これが商業ベースで台湾から鰻を輸入した最初で、それから後はどっと押しかけた輸入業者と現地の鰻ブローカー、養鰻（ようまん）業者の三つどもえの激しい商戦で、シラス狂騒曲をかなでることになった次第だ。

海を渡ってまで買いに行くに至った原因は、日本でさっぱりシラスがとれなくなったためで、これはご多分にもれず日本をむしばんでいる公害によるものだ。海で育ったシラスは川へのぼるのだが、川が汚染しているのみならず、海も沿岸の汚染がひどいため、河口にシラスが押し寄せるという風景さえ、見られなくなったところもあると聞く。

このため養鰻業界では外国鰻にたよらざるを得ず、台湾や韓国、さらには遠くフランスなどヨーロッパからも輸入しているが、極東のものが学名「アンギラ・ヤポニカ」なのに対しヨーロッパものは「アンギラ・アンギラ」と呼ばれ、ちょっと種類が違っている。このためかヨーロッパもので日本で成育するのは送ってきたものの半分から三分の一に過ぎない。

油が少ないのが難点

さて台湾の鰻だが、日本のものと同種類とはいえ地域差や生活環境のため、やはり国産のものとは差が出て来る。まず、台湾産でも特に南のものは水が悪いため、えさが沈澱（ちんでん）してよどみ、鰻はどろくさいと言われている。けれども、私が現地で時間をみつけて日本人用に作っているかば焼きを試食して歩いたところ、肉は厚く、やわらかく、そのうまいこと。もっとも日本人との好みのちがいから、味はいささかエキゾチックであったが……。これも二百―三百グラムのかば焼きにするにはいちばんよい鰻を使っているためだろう。

難点を言えば油が少ないことだ。これも台湾の風土が影響しているのだが、南国である台湾では鰻がまったく冬眠しない。国産ものによく油がのっているのは、十一月から翌年三月までの五カ月間冬眠し、そのあとで猛然とエサを食べ始めるため、夏の食べごろに油がのるわけだ。台湾ものは一年中のんびり生活しているためか油ぎらないのだろう。もっともそのかわり成長が早く、日本ではシラスから成鰻になるのに一年半はかかるのだが、台湾では一年あれば十分な大きさに育ってしまう。台湾鰻に業者が夢中になるのは、このように成長が早く、もうけのチャンスも多いという計算が働いていることにもよる。

シラス狂騒曲など、鰻をめぐる激しい商戦の原因ひとつとして四月から九月末まで台湾の輸出解禁期で、金さえ持っていれば、だれが行っても鰻を仕入れることが出来、日本に持ってくれば養殖業者が待ってましたとばかり買い取ることもあげられる。金さえあればというまことにドライな商売のため、台湾に遊びに行った人が、現地で話を聞き、帰りに何トンか仕入れて帰ったこともある。シーズン中に日本から訪台する業者は二百人にものぼるといわれ、現ナマの実弾を打ちまくるため、四月にはキロ八万円ほどのシラスが夏には十五万円を越してしまう。

買い付けは、養鰻業者に五十万円、六十万円と現金を渡して、あとで鰻を送ってもらうのだが、金を置いてきたあとに他の日本人がもっと高く買えば、もう前の契約はご破算となってしまう。金を送り返してくれれば良い方で、このような商法につきものの詐欺もあとを絶たない。さらにブローカーがシラス買いや成鰻の買いつけに介在するため、キツネとタヌキの化かし合いのような様相となってしまう。日本人が現地の養鰻業者のところにネクタイを締めてゆくとたちまち足元を見られて高値をふっかけられるのもその一例で、鰻の買いつけには、ゆめゆめネクタイをして行くなかれというのが常識となっている。

遅れている養殖法

現在台湾での鰻生産量は年間約三千トンで、そのうち国内消費は千トン。残りの二千トンが日本に輸出されている。日本の消費量二万五千トンの一割弱という割合だが、ことしあたりは、どんどん鰻池を掘っているので四千トンからひょっとすると五千トン近くの生産があるかもしれない。増加分のほとんどは日本に輸出されるので、ちょっとは値段も安くなるのではないだろうか。

台湾での鰻の養殖法はまだまだ未熟で、日本より二十年遅れているといわれており、これが改善されれば、生産量はさらに増加するに違いない。特に活締（いきじ）めの方法に問題がある。活締めというのは、鰻にえさを与えず胃をからっぽにして、輸送などに対する耐久力をつけさせる方法だが、日本ではえさを断つために、プラスチックのおけに入れ、これを十段ほど重ねて、上から水を流す方法を取っている。こうして三、四日おけば、かなりの長距離の輸送と一週間ほどの絶食に耐えられるようになる。

必要な窓口の一本化

ところが、台湾の活締めの方法は三メートルと五メートルほどのコンクリートの水槽や鰻池の一部を仕切って二、三日間そこにどんどん水を流すものである。このような方法では、水ごけや微生物が水槽や池に残っていて完全なえさ止めとは言えない。さらに輸送に当たっては、これを取り出して氷のたるに入れ、一気に温度を冷やし、冬眠状態にしてしまうのだが、一般的に鰻は五度以上温度差のある水温のところに急に入れられると、けいれんを起こし、中には死ぬものもありまた死なないまでも大変消耗するので、あんまりかんばしい方法ではない。さらに、作業が非能率的だという難点もある。

もっとも、日本のように水ごけもつかないプラスチックのおけで完全なえさ止めをすると、目方が二—三%ほど減ってしまう。ところが台湾のようにシラス採集から輸出に至るまでの間にブローカーが三、四段階にわたって介入するところでは、たとえ二、三%とはいえ目減りすることは、マージンに響くので、あえて完全な活締めをしないとも聞く。

毎年シーズンごとにくり広げられる現ナマ合戦が双方の商道徳を低下させていることは否めない事実だ。日本では輸入組合を作り窓口を一本化し、台湾側では技術導入して品質のすぐれた安い鰻をいつも輸出できる体制が整えば、日本、台湾双方とも混乱とさい疑心なしにスムーズに商売が行え、台湾には安定した大量の輸出が、そして日本にとっては、安く味のよいかば焼きが保証される。台湾の鰻に初めて目をつけた私としては、鰻輸出を通じ、両国に大きなプラスがもたらされることを念じてやまない。(『日本経済新聞』昭和四十六年十二月三日)

祖父はこの記事を読み、私が東京でひとりの職業人として、一本立ちできたと考え喜んだのでしょう。それで、久保田商店は弟たちに継がせることを決意し、その旨父に話したのだろうと推測します。

祖父が亡くなって六カ月ほど経った昭和四十八年一月八日のことです。祖母が祖父の後を追うように亡くなりました。そしてその臨終のときも、私はまた台湾出張中でした。帰宅し聞いたので、すぐ帰郷しようと思いましたが、当然のことですがすでに葬儀は済んでいました。祖母は七十二歳でした。そして私は「何故オレはこんな風になるのだろう」と自問自答し、ここでも「人の世の無常」を嘆きました。

昭和五十二年。タクシー初乗り二百九十六円、王貞治ホームラン世界記録、七百五十六本。流行語は「よっしゃ、よっしゃ」。

この年の十一月六日末弟の光より、父が危篤と言う電話が入りました。私は、光の言葉からすでに父が亡くなっているのを感じました。そしてすぐ伊東に急行すべきかどうか思案しました（後で知りましたが父はまだ存命中でした）。

といいますのは、父が東京・築地の聖路加病院に入院しているとき、私はまったく予期しない風景に出くわしたことがあるからです。その頃、うちのFが一日おきに、たまプラーザの自宅から父を見舞いに、築地まで通っておりました。ある夕方のことです。私も会社から帰宅の途中、一週間振りに聖路加病院に立ち寄りました。この日はうちのFは病院に来ていません。

私が病室に入ろうとすると、どなたか知りませんが、父と親しい方なのでしょう。父の枕元にある椅子に座って父と話していました。すると突然父がしくしくと泣き出しました。私はこれまで父の泣く姿は見たことはありません。母が亡くなったときも、鼻を鳴らしただけでしっかりしていました。この光景を病室の入り口で目撃し、その瞬間、奇妙で不思議な感覚に囚われ、じぃっと見入りました。あの頑固者で男っぽい父が女々しく、めそめそと泣いている。その姿にショックを受け、私は急いでその場を離れ、そのまま電車に乗りました。

二度と弱々しい父は見たくない、自分の中にいる父は、「常に厳しく、がんとした存在」であってほしい。いや、そうでなければならないと強く思ったのでした。そして結論を出しました。私は、父の弱々しい死顔を見るよりも、オレは近くのバーで独り呑み、父とのよい思い出にひたり、父との「今生の別れ」をしようと決めました。もちろんその頃はすでに「人には強いところもあるが弱いところもある」ということは十分知っていました。しかし自分の父親の弱々しい顔や姿は、見たくなかったというのが本音でした。

私は、それが自分勝手と承知していました。しかし、私は親戚・縁者たち、近所の人たちが、とくに父の知人たちが酒を呑み、騒がしくなる、いつもの地元の新井式の通夜には出たくなかったのです。

父は、その死の八年ほど前に旅館業「新井荘・山久」を閉め、本来の家業に戻っていました。この間は父の右腕、里見(旧姓斎藤)博さんが父に代わって久保田商店を運営していました。父が旅館業を始めた主な理由は、カツオ節事業の将来の先細りを痛感したものかと思います。

一方、伊東市では、この頃成長しつつあった産業が温泉旅館業でした。それで父はこの業種に手を染めたのでしょう。その頃の父の考えは、我々兄弟三人がいますので、家業にひとり、将来性のある旅館業にふたりを継がせ、これらの事業を発展させようと考えたものでしょう。

前述しましたが、父が旅館業を始めたのは私が明治大学に通っていた頃です。大学を中退し、入学した日米会話学院での夏休みには、父の旅館の大広間に布団を二枚敷き、夏八木君と私はよい気持ちで眠りに落ちていました。その頃は、私は両親が客商売に慣れていないので、実のところ少々心配していました。というのは、職人気質の父には、旅館業は分野の異なる未知のサービス業です。それゆえ父母ともども日々が苦労の連続だったろうと推測されます。その日々のストレスが原因で、母は胃潰瘍を病んだのだろうと想像されます。

これは父の亡くなる三年ほど前のこと、時々私の家に夜中に電話がありました。私は仕事で帰宅が遅いので、いつも家にいるのはうちのＦです。彼女が受話器をとりますと、伊東市内の酒場で呑んでいる父からです。上機嫌な声でいろいろと話し、話がひと段落すると、受話器の向こうから流れてくるのは、いつも父の歌う「歌謡曲」だったそうです。

私は歌は苦手ですが、父は歌好きでなかなか上手かった。幼い頃のよく父が漁師仲間を家に招き、皆で魚料理をつっつき、盃を傾けている風景が思い出されます。そして賑やかに皆でわいわい大声で話しているところや、父が詩吟の「川中島」を唸っていた風景が、今でも鮮明に脳裏に焼き付いています。母（妻）を早く亡くした父は淋しいので、毎晩のように市内の酒場で酒を呑み、気分が高揚し誰かと話したくなると、うちのＦに電話し、酔っ払いの長話でいつも長々と話をしていたのでしょう。

昭和五十年の頃です。父は腎臓ガンが分かり、熱海の病院で長時間かけ手術をしました。このときはうちのFと私がその場に立ち会いました。それ以来私はそろそろ父の仕事を、本格的に手伝いたいという気持ちになっていました。前にも述べたように昭和四十四年に、休日の土曜日を利用して、久保田商店東京支店として貿易（輸出）業務の一歩をスタートさせていました。始めは輸出業務は好調でしたが、徐々に円高が進み会社が赤字となり、その頃会社は休眠状態でした。その後、私は数カ月でしたが、東欧系の貿易会社に就職しました。また父も分野が違うので、輸出業務を報告してもあまり関心を示していませんでした。

退院した父が急に上京して来ました。その時、父がお茶を飲みながら、

「英夫な、わしも病み上がりで見ての通り、このありさまだ。お前がやりたい方向でいいので、少し久保田商店を本格的に手伝ってくれんか。もちろん、お前は東京にいて構わんが」

たしかに父はぎょろりとやせ細っていました。私と違って彫の深い父の顔が、その特徴のある鋭い眼差しが、弱々しくなっていました。

「分かった、親父。これから本格的に動いてみましょう」

と答えると、父は喜んで目を細めていました。

それから一カ月ほどして父から電話があり、次の日曜日に見せたいものがあるので、伊東に来てくれとのことです。私は伊東駅の構内を歩きながら、外を眺めると空は青々と晴れ渡っています。私は歩きながら父の「見せたいもの」という真意が分からず、何となく不安でした。改札口

の近くまで来て前方を見ると、父が微笑しながら待っていました。

「ここから少し大川端を歩こうや」

と、ぎょろりと痩せた父が、元気な声で笑いながら言います。十何年振りかで、親子ふたり駅前から街中へとゆっくりと歩きました。横を歩く父が、何か真剣な顔つきで、

「英夫、これから行くところは、わしが久保田家に婿入りして、久保田家に残しておけるただひとつのものだ。しっかり見てお前がそれを守ってくれ」

私は父の言っている意味が、まったく不明でしたが、

「ああ、分かった」

とだけ言い、ふたりで、二十分ほど静かに流れる大川端を歩き続けました。川から離れ二百メートルほど歩いたとき、

「ここだ。そこの土地だ」

と言って、父は前方のある空間を指さしました。

「ええ、この土地。これは何ですか。これを買ったのですか、ここは何坪ほどあるのです」

と、まったく予期しない事柄に驚いて訊くと、

「約五百坪だ」

と、父は静かに答えて微笑しました。

「そうですか。これを購入したのですね。分かりました」

と、父が何を見せたかったのか、やっと理解しました。

私は、父が佐藤家から久保田家に婿入りしたことは、子供の頃から知っていました。父は久保田家に婿入りして長い年月、それは真面目にそして懸命に働きました。その結果として、自分の生涯の産物であるこの土地を、久保田家への最後の贈り物と考えたのでしょう。そしてこの確認を、父は自分の息子であり、久保田家の長男である私に見せたかったのです。

後日知ったことですが、父は我々と行った台湾観光旅行を、知り合いたちに話し、大いに自慢していたようです。昭和四十年代、あの頃は海外への観光客は珍しかったので、私が想像した以上に大喜びだったとか。

最初の太平洋横断

戻ります。昭和五十一年。その頃はアンパン（百グラム）五十三円、流行歌は「ペッパー警部」、流行語は「記憶にございません」。

久保田商店東京支店の業務を本格的にやっていた頃、古河財閥のグループ企業の役員、北山氏からある依頼をうけました。私はそれまである食品会社に相談役として短期間ですが務めていました。業種は主に雑貨、食料品の輸入でしたが、そのとき北山氏には公私ともどもいろいろとお世話になりました。北山氏は金沢出身で東大卒。グループ全体の種々の企画を試みていました。依頼された私の仕事は北米プロジェクトのひとつ、シラスうなぎの日本へのルートの確保でした。私は羽田空港より、ロサンゼルス経由でフロリダに飛びました。

これが私の念願の太平洋横断の初めての空の旅でした。JAL機で羽田空港から飛び立ちました。どこまでも続く大海原を眼下に、不思議とくつろいだ空の旅でした。それは機内での女性搭乗員の、温かいもてなしの心も大いに関係しています。

私はロサンゼルスのダウンタウンヒルトンで一泊しました。翌朝は綺麗に晴れた空の下、ユナイテッド航空に乗りマイアミ空港に向かいました。到着したのはもう夕方でしたが、空港出口には以前会った輸出業者のマイクが出迎えていました。我々はお互い笑顔で挨拶し握手を交わしました。それから彼の運転する車に乗り、私の予約したホテルにチェックインしました。

そこのフロントで私は二時間ほどシラスうなぎの現況を訊き、質問しました。翌朝は再びマイクの運転する車で出かけ、河口でいろいろな魚類を捕る地元の漁師と会い話しました。次は、再びフロリダの河川に沿って車で走り、そこでうなぎの稚魚をテスト的に養殖している業者と会い、またシラスの遡上に詳しい地元の漁師と面談し、その現状を聞き質問しました。ここで分かったことは、かつての敵国、米国人関係者が、日本と違いまったくオープンで、多少彼らにとって不利なことでも、率直に話してくれるという事実でした。

フロリダ付近の河川には、シラスうなぎはかなりの量が遡上するようです。しかしこの地域は巨大な毒蛇やワニが棲息しています。それでシーズンには、夜間のシラス漁はリスクが高く、地元の人たちでもあまり足を入れないということでした。ナント市のベオーのように大量に捕獲し、それを市場に出荷するという漁獲の歴史はまったくありません。それで現状では日本向けに輸出することは困難と分かりました。また、何らかの方法が見つかり捕獲できたとしても、包装技術やその他の道具類が不十分で、シラスが日本到着時に死亡する可能性が大で非常に危険でした。

私はマイクに私の見解を話し、残念がる彼に別れを告げ、再び機上の人となりました。帰国し翌日、北山氏に会いその旨報告し、私としても実に残念でしたが、このプロジェクトは断念しました。

それから一年ほど後のことです。これは私の苦い経験のひとつとなりました。米国産のシラスを輸入したいと、渡辺商事の渡辺社長の要望がありました。それでこの可能性をもう少し、米国の他の地域で調査してみようと、米国大使館や取引先に聞き込みをしました。その結果分かったのはボストンの北、メイン州バンゴア市の河川に、大量のシラスが遡上するという事実でした。それで今度は久保田商店の経費で、羽田空港よりロサンゼルス経由でバンゴア市に飛びました。

私はシラス輸出会社の社長ジャック・クラークに空港で会いました。彼の車に乗りホテルに向かい、ホテルのレストランで、私は紅茶を飲みながらジャックといろいろ話しました。分かったことは、熱帯のフロリダと違い毒蛇やワニは河川にいず、まったく安心ということでした。そしてシラスうなぎの遡上が十分あるという結構な事実でした。

三日ほどの滞在でしたが、四十代の社長ジャックといろいろ話し打ち合わせし、彼が信頼おける人物であることも分かりました。それで渡辺商事には信用状を開設するように電話で依頼しました。

シーズン中二回だけでしたが、米国産シラスうなぎの取引をしました。一回目は何の問題もなく済みました。ところが二回目のことです。中に入っていただいた西本貿易株式会社ニューヨーク支店が、信用状の有効期間内に銀行に書類を持ち込みネゴ（ネゴシエーション。荷為替手形を銀行に買い取ってもらうこと。輸出業者の代金回収法）するのが、どうしたわけか遅れました。この書類を期限内に銀行に提出しなかったことが、後日久保田商店にとっては大きな金銭上の問題になります。

そのネゴの遅れがシラスうなぎを受け取った渡辺商事に口実を与えました。そしてシラスの死亡率が多かったとの理由で支払いを拒否してきました。あの頃の金額で約二百五十万円ほどです。これは久保田商店が間に入り口銭だけで、本来は当社は何のリスクもない取引でした。渡辺商事が信用状を開設し、ニューヨークの西本貿易がこちらの依頼で信用状を受け取り、シラスの輸出手続きをしたものです。本来、西本貿易が期限内に、信用状と輸出書類を銀行に持ち込めば何の問題もなかったものですが、何らかの原因でこれができなかった。多分担当者が信用状ベースでの貿易に慣れていず、これを知らなかったのでしょう。

現実問題として、これは西本貿易の輸出手続き上のミスです。それで彼らの責任も多少はあります。しかし私は頼んだ手前、逃げるわけにはいきません。私は数回渡辺商事に行き渡辺社長と話し合いました。しかしどうしても彼は首を縦に振りません。理由は、羽田空港到着時での、シラスの死亡率が高かったというものです。それで私は時間をかけ話し合う積もりでいました。ところが、台湾で別の問題が発生し、私は台北に飛びました。

私が台湾に出張している間に、西本貿易の東京本社の担当者と、弁護士が伊東へ来て、末弟の光に会っていました。そして彼がその全額を支払ってしまっていたのです。これは私が帰国してから知ったので、すぐに伊東に行き、光に何故そんな大金を支払ったのか、多少怒って訊いたところ、彼は首をかしげながら、

「兄貴のことを詐欺師のように言うので、オレは腹が立って支払った」

「オレに話をするまで、待てばよかったのになあ」

と、言いましたが、それはまったく後の祭りでした。

それほど彼は私を兄貴として尊敬しかばっていたのです。光の言葉を聞いたとき、私は大変驚き少々混乱しました。何となれば、私は彼がそれほどまでに、「兄弟の情」を持っていたとは知らなかったものですから。それは本当に予想外のことでした。そのことで私は末弟の光を兄弟として、そして男として大いに見直し、それからは彼を弟として尊敬しました。

新たな道へ

その頃、私は東京支店をいかに運営するか、日々格闘していました。オフィスは有楽町駅の近

くで、知人の会社の一部を借りたものです。前述のように最初の頃は休日の土曜日の午後を利用し、商品を選定し海外市場へのオファーを送り、販売促進を開始するという、これまでの貿易経験を生かしての業務でした。平日に輸出書類を銀行に、ネゴに持ち込こむのはうちのFが手助けてくれました。

久保田商店では初期の頃はキャンデー棒などの雑貨を扱っていました。次は自動点滅器、ゴルフクラブとライフル銃の輸出です。自動点滅器は、この頃初めて都市の路上に、点灯し始めた、まだ珍しい商品でした。そしてゴルフクラブとライフル銃は日本の伝統的な職人芸が生きている商品でした。

私はゴルフはやったことはありません。しかし日本のゴルフクラブの品質が良いということは、親友の稲木君から聞いていました。豪州にゴルフクラブをオファーしサンプルを送ると、すぐにオーダー三百本が入り、その数日後には米国からも、五百本のオーダーが入りました。

ライフル銃は、以前、代々木のオリンピック村で、日本製のライフル銃は精度が良質と外国人から聞いていました。都内のライフル銃のメーカーより見積もりをとり、豪州の取り扱い店にオファーしサンプルを送ると、ライフル銃五百丁のオーダーが入りました。銃剣類を取り扱うのには、政府より販売許可証が必要です。私は注文がそんなにすぐ入るとは思っていなかったので、まだその許可申請は出していませんでした。うちのFと、この件で話し合っていると彼女が、

「英さん、明日私が沼津支所に行って許可書の申請をしてきましょう。そんなに面倒な手続きはないでしょう」

と言ってくれました。翌朝、彼女は私と一緒に家を出ました。そしてFは東海道線で沼津市に向かいました。沼津まで行くのは久保田商店の本社が静岡県伊東市にあったからです。

その夕方のことです。私が早めに帰宅すると、彼女はすでに台所で夕飯を作っていました。そして彼女と話して知ったのですが、驚いたことに、許可証は一週間後には役所が発行するとの確約をもらってきたとのことでした。役所で担当課長に会いこちらの状況を説明し、彼の前の席に座り込み、許可をもらうまで動きません、と言ったとか。彼女の粘り強さに中年の担当課長も苦笑いをしていたと。このとき初めて彼女に仕事への頑張り、能力があるのを知り、私は大変嬉しく思ったことです。というのは、彼女は根っからの「文学少女」、第一生命では経理部勤めでしたので、そんなことができるとは想像だにしなかったのです。

このライフル銃ですが、その後豪州から数回のリピートオーダー（追加）が入りました。その頃のことです、驚いたことにまったく知らない中近東の業者からも、ライフル銃を購入したいのでオファーをと引き合いがありました。この頃はまだ中近東では、最近のように各種のテロや宗教争いはありませんでした。しかしこの地域ではライフル銃は武器として使用されるのは自明の理です。金儲けの道具として考えればオファーするのが当たり前ですが、それは私の基本的な信条に反します。それでオファーは断りました。このときあの地域に販売し、関係していたら、今頃は「武器商人」として巨万の富を手にしていたかもしれません。しかし私の選択は正しかったと信じています。

それから商材を拡張するために、日本の特産品である干物類を、米国の日系市場に商社経由で輸出しました。

最初の頃はこれらの商品輸出の利益がかなりあり、一般サラリーマンの十倍近くを稼いでいました。しかし円高が進むと、もはやこの輸出事業は拡大を望めず、私のこれらの商品の輸出事業は終わりを迎え、休眠状態になったものです。それでいろいろ考えた末、輸入商品を考えました。そしてその頃人気が急速に出てきた健康食品、蜂花粉（ビーポーレン）に焦点を絞り、大手企業の子会社にオファーしたところ、すぐその会社から注文を受けたので輸入しました。ところが、どうしたわけか詳しいことは不明ですが、土壇場で注文がキャンセルとなりました。そのためこの商品がわが社の在庫となってしまったのです。

さらに輸入商品を考えたとき、一番得意とする「台湾うなぎの蒲焼」を輸入商材とすることにしました。そして包装が破れたときのリパック用に包装機械を購入し、伊東の削り節工場の一角に設置しました。しかし残念なことに、これらの設備を使うことはありませんでした。

戻ります。父が死んだ十一月七日、伊東の実家にいかず、初めて入った小さな銀座のバーの片隅で、一人、「だるま」のオンザロックスをゆっくりと口にしながらいろいろと考えていました。現在は軍治、光の弟ふたりが懸命に頑張って、家業を盛り立てようとしている。これからは、伊東のことは彼らに任せ、自分は己の器量でこれからの人生を、うちのFと一緒に切り開いて行こうと。

父の葬儀に向かうため、翌朝はうちのFとふたり、一番電車に乗り伊東に向かいました。駅よりふたりして早足で歩き、親戚や近所の人々三十人ほどで、ごった返す実家に帰り着きました。玄関より一歩足を踏み入れると、私の顔を知っている静岡の叔母が、

「父親のお通夜に顔を見せない長男の顔を見たい」

と、蔑みの眼差しで皮肉なひと言を呟きました。

もっともなことです。しかし父と私の関係は、誰にも理解されないことです。それからいつものように、昔からの新井地域での葬儀が始まりました。バタバタと歩く人の足音、皿や碗の擦れる音、あちこちで聞こえる声などがしました。私はこれらの音や声を聞くのが辛いので父の死顔も見ず、裏の魚市場に向かい、静かな湾内の海面を眺めていました。

頭の中は、これからの仕事のことでいっぱいでした。主な懸案は次の三点です。
（1）これからの久保田商店の経営は順調に進むだろうか？
これは次弟、軍治と末弟、光で、ふたりが手を取り合って、うまくやって行くしかない。私が関わっても事態を悪くするだけだろう。
（2）米国から輸入した健康食品「ビーポーレン」の在庫の処理は？
この頃は健康食品が人々の間で人気が上昇して来た時期です。それで二人が伊東の小売店に卸せば、これは何の問題もないだろう。
（3）これからの東京支店の経営は？
このところ、急速に円高が進み、この傾向は続いていました。それで今まで輸出していた自動

点滅器、ライフル銃やゴルフクラブは、円高のため値段が二割ほど高くなってまったく動きません。自動点滅器だけで、これまでの給料分は確保できましたが、これも円高で商品を輸出できず、収入はゼロとなりました。それで健康食品の輸入に切り替えたわけですが、注文をもらった大手企業の子会社から、突然のキャンセルで当社の在庫となっていました。

私は静かな深いブルーの海面を、じっと見つめながらない頭を絞りました。⑴は弟たちふたりが主に考えることです。⑵は少し落ち着いたら、末弟光にその販売方法を指示しよう。問題は⑶でした。東京支店の運営ついては、今後の具体的な運営方法がまったく見つかりません。私はぼんやりした頭で、子供の頃遊んだ魚市場の周囲を歩き、家に帰りました。

すると土間で働いていたうちのFが、

「英さん、どこに行っていたの。皆が探していたわよ」

「いや、ちょっと気晴らしに、港の周りを歩いて来た」

と、言い二階に上がり、義兄たちと葬儀について話しました。その後は、父の右腕の里見博と義兄丸山堅一が中心となり、葬儀の段取りを進めていました。父はすでに土間に降ろされ花で飾られ眠っていました。

葬儀は全て順調に進み、何の滞りもなく菩提寺の本然寺への納骨は終わりました。

ここで時間は多少前後しますが、我が家の事情について述べたいと思います。

まず、私の兄弟二人について、次弟軍治は群馬大学工学部を卒業し、大日本印刷に就職しました。彼は大学時代にはサッカー部に属していました。そして大の落語好みで、時々友達の間で演じていたと聞いたことがあります。軍治と私は六歳ほど離れていますので、彼の趣味というか、好みをまったく知りませんでした。それでその話を聞いた時は「ほう、そんなところもあるんだ」と、その意外性に驚きました。

父は腎臓ガンの手術をしてから、がくっと弱気になりました。それで父か祖父が軍治にも伊東に帰り、家業を手伝うよう説得したのです。父の理想は「兄弟三人」が、助け合って家業を継続、発展させることにありました。

末弟の光は、父の意志を受け継ぎ、伊東商業高校卒業後、三年ほど築地で魚市場で修業しました。そして帰郷し、久保田商店で父の右腕、里見博氏の手助けをしていました。削り節を旅館や小売店へ卸す仕事です。この頃仕事は以前よりスローですが、順調に進行していました。

その後、次弟の軍治が久保田商店の運営を継続することになりますが、末弟の光は二十数年後に、伊東市の市議会議員となり、その後、日本で一番若い年齢の市議会議長となりました。後に市長選で浪人生活をおくるものの、市議復帰後に再び市議会議長になるという、聞くところによると、市議会議長を二度務めるというのは、日本の市議会では初めてのことだとか。（因みに、光の長男雄三は、全日本バドミントン・ダブルスで平成八年、十二年と二度優勝しています。パートナーは同郷の同期生、片山卓哉君です。現在NTT東日本に勤務しています）。

光は平成十五（二〇〇三）年六月十日に五十四歳で亡くなりましたが、当時の『伊豆新聞』には以下のような追悼の文が書かれています。

伊東市議会の久保田光議長がほとんど急死のような印象で亡くなった。五十四歳だった。長泉町の静岡がんセンターに入院してからわずか七週間。「按針祭までには帰るから」と見舞いに行った人には話していたという▼伊東テニス協会の会長でもあった久保田さんはダンディーで、いつ見ても明るく、健康で、まさに生が輝いているような人だったから、人生の強烈な暗転に驚くのである。死因となった原発性肺がんというのは、そこだけが狙い打ちされたようなもので、旺盛な生命力ががん細胞の力にもなって、これからという有為な人を倒してしまった▼初当選が三十一歳で、一回目の議長就任が四十一歳。当時、全国最年少議長として話題になった。今でこそ若い議員の進出はそう難しいものではないが、以前の議会は町の有力者たちで構成されていた。そこへ徒手空拳で挑戦し、若者たちの力を見せつけた意義は大きかった▼市議会の定数削減を、ほとんどの議員が反対する中でねばり強く実現させた。「ツッパリ」という言葉がはやっていたが、ツッパリ議員というのがしばらく久保田議員のニックネームになった。故芹沢市長と現鈴木市長を向こうに回して三つ巴の市長選を繰り広げ、そのために浪人生活も経験した。復帰後、二度目の議長として後進の育成に力を入れている矢先だった▼伊東市議会を駆け抜けていったひとりの若い議員の死を悼む。久保田さんはたばこを嫌っていた。それが肺がんとは！　（『伊豆新聞』二〇〇三年六月一一日）

父が亡くなってから連日連夜、どう東京支店を運営していくか苦慮しました。前に述べましたように、円高のため日本製品の輸出はもう難しい。一方、海外からの新しい商品の輸入は可能ですが、これを国内で販売する販路をもっていません。一方、干物類は伊勢丹で販売したことはありますが、あそこで売れる量はしれています。それで、このアジ、サバ、金目鯛の干物類の販路を、米国はロサンゼルス日系市場に向けることを考えました。

翌朝は以前取引があった商社にオファーすると、取引はすぐまとまりました。しかし数量が限られていますので、これで生活するのは不可能でした。ただこれまでの預金がありましたので、これで当分は生活することは問題ありません。しかしその後、売れるよい商品を見つけないことには、今度は本当に生活が難しくなります。

十二月のことです。再び風邪を引いたとき、例の偏頭痛が左後頭部に突然襲ってきました。仕事の将来に対する強い危惧、そして将来に対する不安が主な原因でした。この頃も週二回は、新宿区若松町の合気道本部道場に通い、時に夏八木君と組み大汗をかいていました。しかし毎晩床に就いても不眠が続き、さらに悪いことには食欲も低下しました。朝方にはパジャマが寝汗でべっとり濡れ、時に体温がぐっと下がっていることもありました。まさに悪循環の連鎖です。そして思い出したのは、サラリーマン生活も多少板についてきた、東海設備機材時代のことです。たまたま帰郷し、祖父とお茶を飲みながらいろいろ話していたとき、祖父が急に厳しい顔をして、「英夫、お前は仕事で頑張っているのは分かる。しかし人生は心身の健康こそ、何より先に考えなくてはダメだ。それには常に運動し食べ物に気をつけること。この二点をよく考え、酒は余り呑まないことだ」

と、言われた記憶がよみがえってきました。

すでに時は師走でしたが、翌朝から風呂場で冷たい真水を頭からかぶり、気を引き締め、週二回の本部道場行きを週三、四回としました。すると不思議なもので、翌五十三年の春には体調が回復し、不眠も改善され身体に力が戻ってきました。

その四月のことです。ロサンゼルスの知人のひとりから、ロサンゼルスで一緒に仕事をしたいがどうだろうか、との誘いの手紙がきました。相手は「ビーポーレン」の輸出会社の社長ダニエルの友人ネイビル・ウェラシンキ（以下、ネイビル）でした。ふたりともセイロン（現スリランカ）からの米国移民でした。私は、それまでネイビルとはロサンゼルスで二回しか会っていません。その一度はダニエルと一緒のランチに彼も同席していたときでした。何を話したかまったく覚えていませんが、感じの良い中年の男性でした。といっても、彼は私より三歳ほど歳下だったと思います。手紙を見て、ロサンゼルスの紺碧の空、大きな夕日、雨の少ない乾燥した澄んだ空気、広い舗道に植えられた木々など、諸々のことが脳裏を駆け巡りました。

「前に話した例のネイビルからの手紙読んだだろう。どう思うかな。ロスに行って、あそこで仕事をやってみるか。もう親父はいないし、輸出は円高でだめだ。商品を輸入しても、今度は販売するのは難しい。もう、日本で仕事をするのは疲れた。君はどう思うね」

「私は英さんの考えについて行きます。任せるので、あなたが決めて頂戴」

「よおし、二日ほど考えさせてくれ。これからどうするか決めるから」

私は彼女の同意を得たので二日ほど、いろいろ考え結論を出しました。

「次の連休にはロサンゼルスに飛ぼう。あそこで何ができるか分からないが、ここで日々悩んでいるより、いいだろう」

と言うと、彼女はにっこり笑って、

「分かりました。やってみましょう。ふたりで努力すればきっと上手く行くわよ」と、私の背中を押してくれました。

その晩はふたりで久し振りに、キリンビールとサントリーの「だるま」で乾杯しました。

後で考えると、もうこの頃はすでにかなり貯えもあったようです。結婚以来家計と会社の経理は全て彼女の担当でした。というのは、最後の自動点滅器、ゴルフクラブは赤字でしたが、それまで二年ほどキャンデー棒など初期に扱った商品の輸出で、かなりの利益が出ていました。

私は物事を決めると即行動する性格です。考えると、母が最初に逝き、続いて祖父母、そして父が彼岸に旅立ちました。これからの久保田商店の経営は次男軍治が実家に帰ってきたことだし、彼と末弟光、そして父の右腕、里見博さんに任せよう。多少は兄弟喧嘩もあるだろうが兄弟のことだから、そのうちふたりが手を握り合うだろう。しかし、まったく未知の世界、ロサンゼルスで活路が見つかるだろうか。心の底では「死中に活を求む」の心境でした。また、かの地では自分が健康を維持し、生きて行く上で必要な施設である柔道か合気道の道場があるだろうか、などと一抹の不安がありましたが、ただ、ロサンゼルスは米国西海岸の大都市ですし、日系米人も多数住んでいます。それでこれらの道場はあるかもしれないと微かな期待はもっていました。

日本航空機は予定通り羽田を発って、我々は雲が少し眼下に広がる太平洋の真っただ中にいました。隣の席でうちのFはいい気持ちで眠っていました。昨晩は遅くまで家の整理をしていたので疲れたのでしょう。私はふと思いついて、胸のポケットよりペーパーを取り出しました。それは、彼女を手伝って書類などを整理していたとき、家計簿に挟まっていたメモ用紙に書かれた彼女の溜息でした。

「決して後ろを　振り向きますまい……」
結婚した日　英夫の誓った言葉

HIDEOがいて　FUJIKOがいる
FUJIKOがいて　HIDEOがいる
HIDEOとFUJIKOが　すべての根幹
YOUのお蔭で　倖せだった十数年
YOUを　心から信じ　女の倖せに　浸かって
生まれてきたことを　喜びました

ここしばらくの苦しみは
人生のドラマに降りかかる
一振りの鞭

いつの日にも　ＹＯＵを信頼し
真心をもって　歩きたい
ＨＩＤＥＯと共に在ることが　ＦＵＪＩＫＯの倖せ

愛し合い　助け合って
ＨＩＤＥＯとＦＵＪＩＫＯの未来を
信じます
人を恐れ　世を恐れ　己の内に　潜む邪なる
ものを恐れつつ

第七章　ロサンゼルスからアラスカへ

ロサンゼルスとバーバンク市

一九七八（昭和五十三）年、四十一歳、五月の太陽は燦々と紺碧の空に輝いていました。私は、すぐ眼下に公園、その周囲に樹木が茂ったロサンゼルスの北にあるバーバンク市のネイビル宅のプールの脇の温水ジャグジーにつかり、頭上に拡がる南カリフォルニアの澄んだ青い世界を眺めていました。ここの青空も呼吸する空気も、二日前までいた東京や横浜の空とは異なり、きれいに澄んで湿気もまったく感じられません。私は円形のジャグジーに浸かりながら、その昔祖父がよく言っていた「所変われば品変わる」という言葉の感慨に耽《ふけ》り、再びロサンゼルスの地を踏んだことを単純に喜んでいました。

一緒にジャグジーに浸かっていた、うちのFが、

「ネイビルの奥さんに会ったことがあるの？」

と、真面目な顔で訊いてきました。

「前回フロリダに行った帰り、ここで会ったよ。大変美人だった。その後聞いた話ではかつてはミス・セイロンだったとか。あのときは元気そうだったがね。先ほどの話では、彼女は風邪をこじらせて亡くなったらしい。残念なことだ。ただね。彼の話だとはっきりした原因が不明だと。何

故彼女が風邪ぐらいで亡くなったのか、その理由は医者自身よく分からないとか。何か変だ」

「そうなの。不思議だわね」

と、怪訝そうな声が返ってきました。

今日は彼女にとって初めてのロサンゼルスでの昼過ぎです。私はアメリカに来て、これからどのように生活したらよいのか、胸の中に不安が渦巻き少々心配でした。ところが彼女はいたって元気です。その元気さに私は大いに力をもらいました。これからはどんな困難があろうとも決して挫けないと心に決めました。すると母校韮山高校の校訓「忍」の一字が脳裏に浮かび、これを心に深く刻み込みました。

「まあ、当分はここに厄介になろうや。仕事についてはネイビルから、また話があるだろうから」

と、私は無理に微笑して言いました。

「じゃあ、泳ぐわよ！」

と、彼女は元気に言い、プールの冷たい水のなかに入っていきました。

ネイビルは私たちが渡米する半年ほど前、最愛の妻を亡くしました。今は息子のショーン、娘のサマンサ、メイドのジィーンの四人で生活していました。昨日彼が彼の家の各々の部屋を案内してくれました。驚いたことに、この住居の中二階の部屋には、ペットとしてマウンテンライオンが飼育されていました。さすがにここはアメリカです。日本では、そこがどんなに大きな邸宅でも、マウンテンライオンを家の中で飼うようなことはないでしょう。これは私のロサンゼルスでの「最初の驚き」でした。

その後、我々はネイビル宅で四カ月ほど厄介になりました。彼は我々の滞在中少しこれからの仕事の話に触れましたが、彼自身、これまでやってきたデザインの仕事を続けていました。それで我々の食品の仕事についての話し合いはまったく進展しませんでしたが、彼は我々にもう少し滞在してほしいというので、そのまま長逗留することになりました。

毎週土曜日になると、彼はスリランカから出張して来た彼の友だちや我々のために、これもセイロン（現スリランカ）からの移住者二世の若いジャズバンドの連中を呼びパーティーを開いてくれました。バーボンウイスキーのグラスを片手に、ジャズ音楽を聴き身体を適当に揺すりながら、少し汗をかくと庭のプールに飛び込んで、気持ちよい汗を流していました。

我々は今まで経験したことのない、豊かな時間がゆったりと流れるのを感じていました。これは後日推察したものですが、彼は我々を歓迎し喜んでもらうために、週末のパーティーを企画したものだったようです。あの頃私は、そこまで考える心の余裕はまったくありませんでした。

ここでの食事はすべてメイドのジィーンが作っていました。朝はトースト、オレンジジュースとサラダがメインのいわゆるアメリカン・ブレックファーストです。夕食はステーキなどいろいろありましたが、特に印象的だったのはスリランカ流のカレーライスです。彼女もこのカレーライスには自信があるのか「レシピは秘密です」と言って微笑していました。私の食感ではほかのカレーに比べ、スパイスが豊富で実に美味でした。また彼女はこのカレーを作りながら、亡くなったネイビルの奥さんの好物であったとも言っていました。あれだけ美味いとレストランで出しても、人気メニューになるだろうと、うちのFと話し合ったものです。

夏のある日、私はFと相談して、日系レストランに勤めることに決めました。それは数日前、リトルトーキョーで買った日系新聞『羅府新報』の広告欄に、センチュリーシティの有名な日系和食レストラン「大和」が、バーテンダーをひとり募集していました。それに応募し面接の後、その場で採用されました。

私としては、まずどんな風にロサンゼルスの和風レストランが、経営されているのか内部をチェックしたかったのです。結果的には仕事を続ける上で大変参考になりました。学生時代、新宿歌舞伎町の歌声酒場でアルバイトをしたことは前に述べましたが、レストランはまったく馴染みがありません。それでどんな風に食材が納入され、使われているか、この目で確認したかったのです。

初日はバーの日系の中年のチーフに紹介され、私は二十席ほどのバーカウンターの後ろに立ち、客を待っていましたが、客は一向にバーカウンターに座りません。その晩も次の晩も、ほとんどすべての客がテーブルにつき、誰もバーカウンターは立ち寄りませんでした。数日して分かったのですが、この中年のチーフは実に愛想がないうえに、よく英語が話せないので客はカウンターに座っても、話題を楽しむことができません。それで客がバーカウンターに来なかったのです。そこへまた突然、若造のバーテンダーが入ったところですぐ客がつくわけがありません。客に飲物をサービスできないバーテンダー――ほど退屈な仕事はなく、ただただ客の出入りを、カウンターの後ろから眺めているだけでした。

このレストランで必要だったのは、客をテーブルへ案内する案内役だったのです。それで四日目からこのレストランの玄関の内側に立ち、ひと回り年上の日系三世のトムのアシスタントとして、客が来るとテーブルに案内する仕事をしました。

そのレストランで印象的だったのは、従業員用のランチとディナーの味です。料理人の腕がよかったのでしょう。大変美味かったのを覚えています。また、驚いたのは有名女優や男優、そして映画関係者がよく出入りしていたことです。この和風レストランは、ビバリーヒルズのすぐ南側に位置し、そこから車で五分とかからないセンチュリープラザホテルの地下にありました。

そこで種々観察し分かったことは、仕事は日本とほとんど変わらないということです。食材は毎朝チーフの料理人が、ロサンゼルスのダウンタウンにある日系卸売り市場、インターナショナル・マリーン社とLAシーフーズ社に買い物にでかけます。この頃は冷凍品のほとんどは日本からの輸入品ですが、一部鮮魚、サケやスモークサーモン、マグロはローカル（地元）のものです。といっても、東部のボストンマグロでした。

その和風レストラン「大和」に三カ月勤務しました。和風レストラン店の経営方式の一部も、そこで出される料理もよく観察できたので、私はこの店を辞めました。

この一週間ほど前、私は購入した中古車の米車クーガーで、多少離れたところでも移動できるようになっていましたので、Fとふたりで市内のあちこちに出かけ、彼女と相談し住居をネイビル宅から別のところに移ることを決めました。

ある晩、プールで泳いだ後、ネイビルと日本の伝統的習慣についてふたりでビールを呑みながら話していたとき、私は多少躊躇する気持ちはありましたが、ネイビルに引っ越しする旨伝えると、彼は黙ってうなずきました。私は宿泊費と食事代を月々、Fからメイドのジィーンを通じて、ネイビルには渡していました。我々がこの家を出るとジィーンが知ると、私に例の美味なるスリランカ風カレーライスの作り方の極意を、紙に書き説明してくれました。我々は彼女のこの優しい心遣いに大いに感謝し、その気持ちを伝えました。彼女は、

「ユア・クワイト・ウエルカム」

と言い、満足そうににっこり笑っていました。このネイビル宅での四カ月の日々は、初めてスリランカ人に接し、そこの人々の優しさに触れた印象深いものでした。

彼の住居を去る何日か前、我々はハリウッド地域でアパートメントを探しました。新聞で適当な地域と物件を見つけ、電話で約束をとり訪ねました。玄関をノックすると、背の高い中年の女性が出て来て、いろいろとこの貸間の利点について話してくれました。そして最後によかったら、私の部屋も見て下さいと言います。

その借間は、小奇麗な飾りがあちこちに飾られた、彼女の品のよさが分かる部屋でした。私はFも気に入っているようなので、ここに決めようかと思い最後に、

「では、最後にもうひとつ、あなたの部屋も見せていただけますか」

「いいですよ。こちらです」

と、彼女は微笑し、私たちを内装の行き届いた自分の部屋に案内しました。

「ここも綺麗ですね。さすがあなたのお部屋です。ところで、近所での犯罪はいかがですか。時には発生するでしょう」

と、問いかけると彼女は、

「ここはほとんどありません」

と、言いながらベッドの枕の下にゆっくりと手を伸ばしました。何かなといぶかっていると、何と彼女の右手には大型ピストルが握られていました。枕の下にいつも拳銃を忍ばせている、ということを見せたかったのでしょう。私はにっこりと笑って、

「ははあ、お宅はナイス・セキュリティーですね」

と私が言うと、彼女は大変満足したように微笑を返しましたが、ピストルを握った瞬間、まったく別人の顔つきでした。彼女は何か大変自慢している様子にも見え、拳銃の握り具合から、私は彼女が元女性警察官かなと思ったほどです。多分それを使う腕も抜群だったのでしょう。ロサンゼルスではピストルの話はよく耳にしました。ここでは車の中にピストルを入れておくのは護身のため合法です。男も女もですから、ここでも「所変われば品変わる」といったところです。

帰る車の中で、私とFはアメリカというべきか、ハリウッドの現実を、垣間見て大いに驚きました。彼女がこの地域に住むのは止めましょうと言うので、私も同感しこの物件は諦めました。それからも思いがけないところで、日本では考えられないようなことが多々起こりました。それが外国というものなのでしょう。

それから連日、ロサンゼルス市内の物件を見学しました。そして最終的に三番街ストリートと

バーモントストリートの近くにあるオークウッド・ガーデン・アパートメント（以下はオークウッド）に住むことに決めました。住居の裏側には大型スーパーのセイフウェイと、その向かい側にも大型スーパーのラルフマーケットがありました。

このアパートはいかにもロサンゼルス風で、温水プールが二カ所とジャグジー、テニスコート、バスケットコート、数台の玉突き台があり、またランドリールーム（洗濯部屋）もありました。部屋は二階でベッドルームとキッチン&トイレでしたが、ふたりで生活するには充分でした。それからはプールサイドに座り読書をしたり、気が向くとプールで泳ぐというようなロサンゼルスの日常生活をふたりで始めました。近くに日本の演歌歌手五月みどりの妹の経営する喫茶店もありました。

しかしただひとつ問題点がありました。それは一年ほど後で分かったことですが、この周辺はランパート警察署の管轄地域でした。この地域はヒスパニック系米国人が多く住み、犯罪の多発するエリアということでした。後日、取引先と一緒に行くことになる、日系人が経営するナイトクラブ「ロータス」もウィルシャー通りをはさんで、この近くにありました。それで私も数回トラブルに巻き込まれることになります。

ロサンゼルスといえば、その昔といっても、終戦から四年

オークウッド・ガーデン・アパートメントのプール

ほど経った一九四九（昭和二十四）年の夏に日本のイメージを変えるきっかけとなった街です。米国人である日系米人に対する呼び方が「ジャップ」（日系米人への蔑称）から「ジャパニーズ」に変わったのです。それはその頃ファーマーズマーケットを経営する和歌山出身の和田氏が、日本からの水泳選手（古橋広之進、橋爪四郎、浜口喜博等）たちに宿舎を提供し、全米水泳選手権大会に参加させました。そこで古橋が世界記録を塗り替えたのです。その速さに驚いた米国人たちが古橋を「フジヤマのトビウオ（飛び魚）」と呼んだ場所がこのロサンゼルスです。それまでは街を歩いていると、米国人の若者たちが日系人に向かって石を投げたこともよくあったといいます。それから三十年ほど後になりますが、私が滞在した頃でも時に黒人の子供たちが、私に向かって中指を立てたことも数回ありました。

アパートに入居し数日して、また日系新聞の求人広告を見て応募しました。そのオフィスを訪ね面接を受けると、その場ですぐ採用されました。その会社はロサンゼルスのダウンタウンから四十キロほど離れたポモナ市にありました。社長はマイク大山（仮名）で会社名は「大山トレーディング社」。社員は五名ほどでした。私の仕事は日本の大手スーパー、ダイエー向けの水産物の生産管理と輸出業務でした。

社長のマイク大山は私より五、六歳若く、言葉使いが荒い、何から何まで極端なワンマン経営者でした。最初はこんな若造のところで上手く働けるかなと思っていましたが、これも新しい土地での「修業」と割り切りました。まさに「忍の一字」を頭に刻み、広いフリーウェイを走るというような我慢の連日でした。もっとも少し仕事に慣れてきて分かったことですが、五名の社員たちにも社長に非難される点がないわけではありません。というのは、彼らの仕事の要領が悪く大変スローでした。

一九七九年春、ここでの最初の仕事は、カナダ産の数の子を日本向けに輸出する仕事でした。近いうちにカナダの工場にニシンが入るというニュースが入ってきました。それでさっそく同僚の田中君とふたりカナダのバンクーバー市へ、タオルと髭剃り道具だけを持ってロサンゼルス空港より飛び立ちました。

バンクーバー市内から車で三十分ほど離れた郊外に、その数の子加工工場はありました。白いユニフォームを着た、若いカナダ人女性が五十人ほどすでに働いていました。我々は作業中に工場内を、ぐるぐる回って作業を監督し、何か問題があればこれを聞き質すことです。この工場には、技術者として北海道から五十代の小笠原氏が来ていました。彼は朝八時頃から夕方四時頃まで、日本流に一生懸命に働いていました。

清潔な工場なので安心しましたが、作業スピードが日本人に比べ遅いのには驚きました。後年のことですが、数々の水産加工工場を視察し、ほとんどの欧米系女性従業員の手先の動きが遅いことが分かりました。言い換えれば、日本の水産加工工場の女性従業員の作業スピードは、他国の追随を許さないものです。本当に日本の女性従業員の手作業の速さは「まさに世界一」です。これは日本の長くて厳しい水産物加工業の歴史的産物で、世界に誇れる伝統の技術のひとつだと思います。

空気が乾燥しそれは気持ちのいい晴天の日曜日、久し振りに美味いランチをということになり、田中君とふたり、バンクーバーのダウンタウンの高級ホテルの屋外の広いレストランで、美味いカナダ料理を食べました。ティータイムになった頃です。ステージではバンドがジャズやウェスタンを演じはじめ十曲ほど演奏しました。終わると、司会者が、

「誰かここでウェスタンを歌いたい方はいませんか」

と右手を挙げ、歌う人を探しています。しかし観客の誰も進んで出て来ません。一般的に米国人、カナダ人の白人種でジャズやウェスタンに限らず、歌を歌う人は実に限られています。一般的に白人のほとんどは歌はまったくへたくそです。私は田中君が、ウェスタンを歌うのが上手いのを知っていました。それで私がさっと手を挙げ、彼に、

「久し振りに歌ってきたらどうだい」

と、笑いながら彼の肩を押しました。彼はこの高級ホテルのレストランをぐるっと眺め、百数十人の客がいるのを見て一瞬躊躇したようにみえましたが、私が再び、

「それっ、行けや！」

と多少強引に言うと、今度は彼がにっこり笑い、

「ええ、歌いますか」

と、うなずいてステージにゆっくりと歩いて行きました。マイクを持ちステージに立った彼は、今までの動作は嘘のように実に堂々として、それはプロの歌手そのものの振舞いでした。

「では、これから『テネシーワルツ』を歌います」

と歌いはじめると、その音声、発音、リズム感や動作、それらは実にプロ級で、それは見事に歌いました。

聴衆のアメリカ人やカナダ人は、予想もしない名シンガーが現れたので、驚き喜んだのでしょう。大部分の客が立ち上がり拍手し、オーベイションの波が立ちました。次は、客からのリクエストでした。彼はそれに応えて、さらに二曲を歌い大拍手のなか、ステージを降りました。テーブルに戻って来ても、周囲の人々の拍手は止みません。私も大変嬉しくなって、周囲の人々に向かって親指を立てたことです。ここでも私は欧米人のフェアーな態度に深く感動しました。

田中君は高知県土佐出身。高校、大学と米国へ留学し、五年ほど前、アメリカ人女性と結婚していました。その頃の彼の心配はロサンゼルスに独り残し生活している奥さんのことでした。一カ月も顔を見ず、独りにして置くと、離婚される危険があると、毎晩ベッドに入る前に彼は嘆いていました。多分何か関係が上手くいっていなかったのでしょう。

それから二週間ほどして、我々の数の子工場の仕事も終わり、ロサンゼルスに帰ることとなりました。

私は一カ月余オークウッドを留守にしていました。その晩は久し振りに一緒に、うちのFとふたりでハイネッケンを呑み、夕食を摂っていました。私が、

「フータン、毎日何して過ごしたの、退屈だっただろう」

と、訊くと、彼女は笑いながら、

「そんなことない。朝は読書、昼からプールで泳ぎ、疲れたらサウナで身体を温めて、再びプールサイドのベンチに横になって読書して過ごしたわ。日本では考えられない快適な生活だったわよ」

「そりゃ、よかった。読書、水泳、サウナはしていると思っていたけど、反面少し心配していたのでね」

「有難うね。でも、こんな生活初めて。ロスの気候はいいわねえ」

「バンクーバーもよかった。日本に比べると空気が乾燥しているので、実に快適だね。ただ食事は駄目だった。パンとまずいコーヒーばかりで、うんざりしたよ」

「そうよね。英さんはパンがダメだから。私もアメリカンコーヒーは飲まないわよ」

我々が日本にいた頃は、アメリカンコーヒーというのはまったく販売されていませんでした。それでロサンゼルスに来て初めて飲み、日本にいたとき、ある作家が「アメリカのコーヒーは馬の小便だ」と言ってい

ロサンゼルスを訪れた稲木夫妻と。左より、稲木夫人、F（不二子）、稲木政利。1979年

たのを思い出し、その意味を理解したことです。

「ああ、それとね、まーちゃん（稲木政利君）がね、突然やって来たの。彼、何かと私たちのことが心配だったらしいわ。それで英さんはいないし、仕方ないので、ふたりでセンチュリーシティの有名レストランに行ったの。ところが、まーちゃん、ロスで車を運転するのは初めてで、大変だったわ」

「なに、どうしたの」

「私が横に乗って前を見ていたら、ダウンタウンの道で、正面からバスが走って来たの。私もまーちゃんもびっくりして、でもさすが、まーちゃんだわ、とっさに臨機応変でそばにあった駐車場に、それは勢いよく入り込み無事だった。私もびっくりしたけど、まーちゃんも驚いていたわよ」

「そんなことがあったんだ。彼らしいな。アメリカでの運転は慣れていないから、仕方ないが。まあ、ふたりとも無事でよかった」

「そのレストランで、美味しい料理をご馳走になったわ。そして、その日は四月十三日、まーちゃんの誕生日だったの」

「そうか、そうなんだなあ。オレもいたら彼の誕生日祝ってやれたのに、残念だったなあ。まあ、これも仕方ないか」

　翌朝から再びオークウッドから会社へ通う毎日が始まりました。長い距離、フリーウェイの広い車道を運転し走らせていると、初めて目にするコヨーテやタヌキの死骸が転がっていました。そしてほどなくして会社を辞めた田中君と久し振りにゆっくりと話す機会があり、いろいろと彼の私生活にも触れ話しました。案の定、彼はロサンゼルスに帰宅し、二週間ほどしてふたりは離婚したとのことでした。あまりに急な話ですので私は大変驚きました。それまでどんな関係になっていたか知りませんが、私にとってはあまりにも簡単に離婚したので、ここでも日本との文化の違いを痛感した次第です。日米の夫婦生活の難しさ、お互いの考え方の違いなどを、嫌というほど感じました。

その後、田中君から久し振りに電話があり、その次の日曜日、彼の紹介で日本から来たひとりの事業家と会うことになりました。リトルトーキョーのニューオータニのフロントの喫茶室で、田中君にその事業家を紹介され、和食レストラン「千羽鶴」で三人で会食しました。彼の名前は橋本氏（仮名）。そこで彼が私に「ぜひアラスカ事業に参加してくれ」との強い要望を受けました。私にとってはまったく予想しなかった好機です。喜んでこのオファーを受けました。若い頃からアラスカには新田次郎の『アラスカ物語』や『朝日新聞』の連載であったか、アラスカの記事を読んでいて興味をもっていました。そして、ぜひアラスカに行って、北海の魚「キングサーモン」を、この手で裂いてみたいと思っていました。

翌朝は、私はいつも通り定刻少し前に出社し、朝から社内で何かと大声を出している大山社長に、ランチ少し前に辞表を提出しこの会社を退職しました。

アラスカ、ユーコン川

二日後ロサンゼルス空港より、アンカレッジ空港へ飛びました。一九七九年の五月でしたので空港に降り立つと、まだ少し肌寒く感じました。約束のホテルに向かい、そこで橋本社長、日系二世のトム・石川氏と会い、これからの事業（キングサーモンの海上買い付け）の大雑把《おおざっぱ》な打ち合わせをしました。それから私たちは、バンク・オブ・アメリカ銀行に向かい、そこで橋本社長から私は米ドルの現金（日本円で約一億円）を渡され、それをリュックサックに詰め、背中に担ぎました。

この現金を守りユーコン川沖の本船（地元の漁師から海上買い付けしたキングサーモンを積み込むため日本からきたマグロ船）まで届ける、というのが私の役目のひとつでした。私の実務歴というより、どうも私の柔道・合気道の腕が買われたようでした。何となれば、その頃アラスカではサケの現金買いをしている、日本からの業者が襲われ、現金が奪われるという事件が多発していたからです。ある業者は現金を長靴の中に巻き込み、運んでいたにもかかわらず襲われ奪われたとか。私の場合はリュックサックの中に現金をいれてありますが、奪う方から見たら、こんな簡単に奪われる方法で現金を運んでいるとは思わないでしょう。そこが狙いどころでした。

さらに三人はアンカレッジより飛行機でアラスカ州北西海岸のノーム市へ飛び、空港からはバスに乗りダウンタウンに向かいました。途中、中年の運転手が前を眺めながら、

「以前ここには十二の教会がありました。ところが時は移り、現在は教会はなく、十二の酒場となりました」

と言ったので、乗車している二十人ほどの欧米人たちが大笑いしていました。私はこれを聞き、この町も時代とともに変化していることを知りましたが、何か奇妙な感に打たれました。

私たちはバスを降り、小さな市内のモーテル向かいました。そこで東京から来た大林氏を紹介され、次に橋本社長がいろいろとこの事業の注意事項を説明しました。しかし話が少々こまか過ぎて、この事業の難しさ、やりにくさが痛感されました。現実問題として海上での「サケの現金買い」はかなり大雑把です。例えば、計算して九百八十五ドルの支払いの時は百ドル紙幣、十枚を渡すことになります。相手がお釣りを持っていれば問題ありません。しかし船の上では、一ドル紙幣などは持っていません。それで時には多くを支払うことにもなります。それを船上で正確に支払うのは、至難の業というより不可能に近いものです。これを橋本社長は是非正確にやってくれと、繰り返し話していました。

翌朝、皆は先に本船に向かい、トムと私は宿に残りました。独り近くのレストランで、例によって不味いアメリカンコーヒーをすすり、これも美味くないブレッドに、まあ少しはいけるピーナッツバターをつけて食べました。この頃も米国ではコーヒーは何杯飲んでもいいのですが、飲もうにもなかなか飲めません。

私は、ぶらぶらと近所を歩き、目に入ったマーケットに入りました。金物のカップとタオル、蚊が嫌うクリームを買い、それらを並べてキャシャーの前に立ちました。すると前に立つレジのエスキモー系の若い女性が、私の顔を見て、その視線を上にあげ、ゆっくりと私の頭の上から私の足の下まで下ろし、再びその動作を繰り返しました。私はかつてフランスで同じことを経験しています。しかしその場合は常に一度で終わりました。ところが、ここアラスカでは、このレジの若い子がこの動作を二度も繰り返しました。私は腹立たしさを越え、急におかしくなり、

「ホワット・アー・ユー・ドーイング（何をしているの）」

と、にっこり笑って尋ねました。彼女はやっと失礼なことをしていたと分かり、申し訳なさそうな顔をしながら、今度はやけに静かな声で、

「あなたがどこから来た人かと思って」

と、本当に不思議そうな顔をして訊きました。

今度は私が大きく笑って、

「ああ、そうですか。私は火星人と思われていたかと思いました。いいですか、私は日本人ですが、私とあなたは同じ祖先を持っています。それはモンゴロイドといいます。あなたもベイビーの頃、お尻に青いマークがあったでしょう。それはモンゴリアンブルーといい、モンゴリアンのシンボルマークです。あなたたち祖先は約二万か三万年前かな、アジア大陸からベーリング海峡を渡って、アラスカに来たのです。それで我々は似ているのですよ」

ここまで説明すると、彼女はやっと分かった、という顔をして、にっこりと笑いながら、こっ

くんと頷きました。

私は勘定を済ませ外に出て、周囲の家々を眺めつつゆっくりと歩き、モーテルに戻りました。これからもまたいろいろなことが起きるのだろうなと思いながら。


トムと私、そしてもうひとりのアメリカ人ジョンと一緒にノーム市より、小型飛行機（エアータクシー）に乗り、ユーコン河口のマウンテン・ビレッジに向かいました。そこから私たちひとりずつが小型高速ボートに乗りこみました。そして水先案内人のふたりのエスキモーの若者たちが乗るボートの後について、広々としたユーコン河口へ向かいました。天候は幾分か曇り空でしたが、視界はよく遠方まで見渡すことができました。

この時期のユーコン川はほとんど流れはなく、あたかも湖上を走る感じです。ただ川底が極端に浅く、時に浅瀬が目に入ります。私たちは案内役のエスキモーの若者の走った跡を忠実になぞってボートを走らせなくてはなりません。彼らはこの川の深度をよく知っており、そのラインに沿ってボートを走らせないと、ボートが浅瀬に乗り上げてしまうのです。浅い所は船上から川底がはっきり見えました。

私は懸命に彼らのボートの後ろを忠実になぞってボートを走らせながらも、大学・会話学院時代の親友たち小川、稲葉、夏八木の諸君と、伊東の海でヨットを走らせた記憶がよみがえり、韮山高校の校歌を口ずさんでいました。

前を走る水先案内人が後ろを指差しました。振り返ると、遥か後方に黒い雲があり、その前に今まで見たこともない黒く太い竜巻が立ち上がっていました。キングサーモンか何か、かなり大きな物体が竜巻に吸い上げられ舞い上がっていました。しかしそれは遥か彼方だったので「ああ、あれがいわゆる竜巻というやつか」と安心し、時々振り返ってその竜巻を観察しながらボートを走らせていました。ところが、このあたりから川底が急に浅くなり、神経を遣ってボートを運転しなくてはならなくなりました。数十分経ったときのことです。案内人の青年が、

「ボートを全速で走らせろ！」

と、突然大声で叫び、後ろを指差し、ボートのスピードを最大限に上げました。

「どうした。何が起こったんだ」

と、私は後ろを振り返って驚愕しました。なんと例の巨大な竜巻が魚や何かを巻き上げ、ぐいぐいとこちらに向かって近づいて来るのです。次第に周囲一面が暗くなり、竜巻がこちらに向かって物凄くスピードを上げています。私はエンジンを全速に上げ懸命に案内人のボートを追いかけました。それは懸命そのもの、命がけの逃走でした。

多分十数分くらい経ったのでしょう。前を走る案内人のボートの速度がガクッと落ちたので、竜巻から逃れたことを知りました。これは私にとって初めての経験でしたが、すざまじい竜巻の恐怖を身をもって知った人生の一瞬でした。

「まだ危険なので、近くの村で休みましょう」

と、案内人の青年が声をあげ川岸に向かいました。私たちは彼の後を追ってボートを走らせ、テントが張られた川岸にたどり着き、案内人が上陸して下さいというので、陸に上がりテントの中

に入りました。先に中に入った案内人が中年の女性に、竜巻の危険が去るまで、少しの間この地で休ませてほしいと頼んだようでした。テントの中の少し高い位置に座っている中年の女性は、どうも村長の感じです。ロシア人の血が混ざっているのか、目鼻立ちのよい色白の美人でした。

そこで私たちは三十分ほど身体を休めました。テントから外に出ると、不思議なことに薄暗かった空は晴れ、川の面は綺麗とはいえないまでも遠くまで見渡せました。そして、私は再びゆっくりと大きな川面や、時々目につく川底を眺めながら、再び韮山高校校歌を口ずさみ、案内人を追ってボートのハンドルを握りました。

空を仰げば　魂《たま》ゆらぎ　地を踏みゆけば　肉躍る
歴史は古き　韮山の　男子《をのこ》の気噴《いぶき》　吹き明《あか》れ
勁《つよ》くますぐに　飾りなく　いや伸びいそぐ　龍城の
松の太幹《ふとみき》　とりどりに　生《おほし》立つべき　日は近し
空を睹《み》よ　地を践《ふ》みしめよ　あくまで深き　天地《あめつち》に
生きの身力《みちから》　徹《とほ》らしめよ

ユーコン川の川面を一時間ほど走ったときのことです。後ろを走るトムが何か大きな声で叫んでいました。エンジン音が高いのでまったく何を言っているのか分かりません。よく見ると、彼のボートは止まったままで動いていません。どうしたのかな？　と思っていると、前を走る案内人が急に船首を変えトムの方角に戻るべく、私の横を走り彼のボートに近づいて行きます。トムのボートが川の浅瀬に乗り上げたのでした。私もボートの向きを変え彼の後に続きました。ところが少し走ったところで、今度は私のボートが浅瀬に乗り上げ動かなくなってしまいました。案内人は浅瀬に下り立ち、懸命にトムのボートを浅瀬から動かし、次に私のボートも浅瀬から助け出してくれました。

再び二時間ほど静かなユーコン川面の上を走った後、前方に日本からきたマグロ船三艘が見えました。私はやっと着いたかと安心し、ボートのスピードを下げ、ゆっくりと本船に近づきました。私が現金の入ったリュックを背負い、綱梯子をよじ登り船内に上がってしばらくすると船長が現れました。この船の乗組員は、船長をはじめ機関長や若い船員たちは焼津市か清水市の出身者でした。私も静岡県伊東市の出身ですと自己紹介すると、船長や船員たちとは同県人だったので一瞬驚いたようでした。

私は案内された船長室の隣の船室に、一億円近い米ドル紙幣の入ったリュックサックを背から下ろしてベッドの下に置き、そのベッドにひっくり返りました。現金を無事に運ぶという大役を終え、小さな船室の低い天井を眺め、私はやっと安堵しました。

アラスカはまったく未知の世界です。これから何が始まるのか多少不安もありましたが、それ以上に知らない世界でどんな経験ができるのかという、わくわくとした挑戦の気持ちが胸を熱くしていました。私はドアを閉め、窓より前方に広がるユーコン川の広がりを眺めながら、ひとり大声で再び母校韮高の校歌を歌いました。するとさらに胸が熱くなり元気づけられました。

誰かがドアをノックしたので、開けるとトムが入ってきました。

「クボタサン、明日からは私と一緒にエスキモーの村を回ってくれませんか。金は大林さんに渡して下さい」

「もちろん結構です。私には金を管理するより、身体を動かす方が適していますから。明日はどこに行きますか」

「セントマイケルです。そこでメイヤー（ここでは村の長はメイヤー「市長」と呼ばれます）に会い、キングサーモンの買い付け値段を交渉する予定です。いいですか」

「ノープロブレム（了解）」

と言うと、彼は大きく笑って、

「もう直ぐディナーです。食堂に行って下さい」

と、再び笑いながら去って行きました。

夕食に何がだされるのかいささか期待に胸がふくらみました。この二日ほど、朝食はトーストにサラダとまずいコーヒー、ランチはサンドイッチとまたまずいコーヒーだけでした。それほどまずいコーヒーでしたが、これはその後の二十三年の米国生活でもほとんど変わりませんでした。

本船でのディナーでは、キングサーモンの刺身が出されました。この味が美味だったこと、今まで食べた脂の乗った本マグロに負けず、さらに味に深みがありました。その味は、ユーコン川をのぼってくるキングサーモンを、なぜフランスの業者がシアトルの業者と組んで、漁業権を独占しようとするのかの意味を十分理解させるものでした。サイズも黒マグロのように大きく、キングサーモンと呼称される理由も十分納得できました。

アラスカではタクシーというのは小型飛行機です。正確には「エアータクシー」と呼んでいます。昨日は本船よりボートに乗り、近くの村を訪ねましたが、その日はタクシーにトムとふたりで乗って、村に向かいました。飛行機は海岸線に沿って飛び、時に内陸に入ります。湿地帯というのでしょうか、広い面積が緑に覆われ、その間をユーコン川がくねくねと曲がりくねって流れています。三十分ほど飛び、何もない草原に着陸しました。トムと私は飛行機から降り、そこからふたりで村まで三十分ほど歩きました。

ところが、飛行機を降りた途端に大きな蚊が、顔にばちばちと飛びかかってきます。蚊の嫌うクリームを露出する顔や首、そして腕に塗ってあったので、幸いほとんど咬まれることはありませんでした。中

ユーコン川の支流にて。左より大林、著者、トム・石川、エスキモー人の案内人

にはクリームに免疫性のある蚊もいましたが、止まるとそのまま動かずじっとしているので叩いて殺すのは簡単でした。しかし、たまに刺されると痛くてかゆいので困りました。驚いたのはその蚊のサイズです。日本の蚊の三倍ぐらいはありました。

村に入って行く途中で、エスキモー犬が数匹たむろして遊んでいました。中の一匹を見ると、驚いたことに肩から腹にかけて皮がむけ、血のついた肉が露出していました。ところが、その犬は何のこともないように他の犬と楽しげに遊んでいます。日本犬でしたら、あの傷ではじっと座って、首をたれ静かにしているでしょう。私は子供の頃、友人の稲葉君から柴犬を数匹もらい飼っていましたので犬の行動はよく知っていました。それで私はエスキモー犬の強靭さには本当に驚きました。

メイヤーの家の階段を三段ほど上がった玄関のドアの横に、縦一メートル、横二メートル、奥行き一メートルほどの冷蔵庫が置かれ、その上に牙の生えたセイウチの首が数個、その上には鹿が二匹吊られていました。後で訊くと、牙を取るために腐らせているということでしたが、暖かいこの時期でもまったく悪臭はありませんでした。

応接室に案内され、メイヤーとトムが話し、私は側でふたりが話すのを聞いていました。メイヤーが言うのには、この村は以前からシアトルにある水産会社と取引しているが、こんどの新しい取引先には興味があるとのことでした。そうこうするうちに話もひと段落し、私はトイレを使いたくなったので、

「メイヤー、トイレを借りてよろしいですか」

と訊くと、彼は
「客人、どうぞ、どうぞ」

と、トイレの方を指差しました。私は部屋を開け中に入ると、何と三畳ほども広い空間の中央に便器がありました。便座に座ろうとして、ひょいとその下部をのぞくと、何と便が流れる穴がありません。おかしいなと思い、その便器を上から下まで観察して分かったことは、その便器は板張りの床にただ置いてあるだけのものということでした。部屋を出てトムと話しているメイヤーに、

「一寸、失礼。メイヤー、あの便器は使えません。どうしたらよいのですか」

「おっと失礼、客人。説明を忘れていました。小便でしたら部屋の隅にある缶にしてください」

私は、再びトイレのある部屋に入り、直径三十センチほどの缶で用を足しました。後日、知ったことですが、村ではあの便器は単なる「飾り、デコレーション」で、アラスカのエリート家族の象徴なのだそうです。日々の大便は川辺で用をたすのが普通なのだそうです。ここでもまた、明らかに「所変われば……」に遭遇したことでした。

夕方、トムは村を去り、私はひとりでここに残りました。私は時間にまかせて、エスキモーの村をあちこちと見て周りました。海岸で独り海を眺めていると、私にまったく物怖じせず、極く自然に好奇心をもって若い女性たちが近寄り話しかけてきました。彼女たちは、学校で英語を学んでいるのでしょう。皆が英語は達者でした。なかにはロシア人の血の入った若い子も二、三人いました。これらの若い女の子の皆が、村の外の世界に興味を持っていました。ひとりのロシア

系の女子高校生は、将来は何とかアンカレジに行って仕事をしたいと熱心に話してくれました。

　後日ある村では中年の男性が、

「そうですか、ジャパンからですか。惜しいねえ、五十年前だったら村の好きな女性を抱けたのに」

　と、笑いながら言っていました。エスキモーの村には昔は「妻貸し」という習慣があったとか。これではロシア系の男女が増えるというものです。

　またある村を歩き、そこの中年の女性や男性たちと話しました。ここでは長い間シアトルの会社がバイヤーで、キングサーモンの買取値段が安くて、苦労しているというものでした。数年前、大量にキングサーモンが捕れたときのこと、何らかの理由で大量に買ってもらえず、仕方なく残ったサケを村の海岸近くに山積みし燃やしたそうです。サケは十数日も燃え続け、その炎を見ると朝夕涙が出て仕方なかったということでした。

　私はこの話を聞き、できるだけ高値で買ってやろうと決心しました。そして買値をポンド十セント（キロ当たり四十五円）値上げすると言うと、村のほとんどの漁師が、漁獲したキングサーモンを本船に持ち込みました。値の高いところに商品が流れるのはサプライヤー（納入者）の自然の傾向です。我々としては、別に独占しようとしたわけではありませんが、結果としてその方向に向かったのです。そのため競争相手であるシアトルの会社の怒りをかったようでした。

　ある昼のこと、私たちが本船のデッキから陸地の方を眺めていると、近くにシアトルの会社の小型ボートがやって来ました。その小型ボートには三人乗っていましたが、そのなかのひとりが突然ライフル銃を我々に向け、銃弾を数発打ち込みました。弾丸は私たちの頭上を空気を切り裂いて流れて行きました。そのとき私の隣に立っていた本船のシェフが包丁を振り上げ、連中に向かい、「この野郎ども、腰抜けが」と、大声で叫びました。彼は日本語で言ったのですが、そのタイミングが抜群だったので「さすが焼津、清水の男」と、私はすっきりしたものです。

またある晩、私がファーストフード店を出たところで、突然米国人の若者ふたりに襲われました。そのうちの背が私より十五センチほど高い男が、突然短い棒で殴りかかってきました。私はそれを右手で受け流し、空いた彼の水月（鳩尾《みぞおち》）を集約拳（柔術の当身から採用した独特の指の握り方）で強く突くと、うっと身体を折ってかがみ込みました。もうひとりは私の動きが早かったので驚き、横に動いて隙をねらっていました。動作はボクシングの動きです。この男は先の男より背は少し低目ですが筋肉質です。私はあまり構えずに半歩を進めました。すると彼は左手で私の鼻をねらってジャブを出してきました。私はその拳を受け流して避け、彼の左脛を靴の先でキックし、身体が前に傾いたとき首に空手チョップを打ち込むと、ふたりともあっけなく地面に沈みました。拳が頬をかすったので少々腹が立ち、倒れている男の首を右足で押さえ踏みつけ力を入れようと思いましたが、これは止めました。この防御もいうなれば、早い動きと「後の先」ということです。この若者ふたりがシアトル企業の手先なのかどうかは不明で、彼らは往きずりの物取りで、私の懐を狙った者かもしれません。

それから数日して、ある村を訪ねてのこと、その日は、空は珍しく綺麗に晴れ渡っていました。村の大通りを歩いていると、若い男に、

「お宅は、どこから来たの」

と、英語で話しかけられました。私は、また物取りかなと思いましたが、彼の雰囲気が穏やかです。

「日本から、キングサーモンを買い付けに来たよ」

と言うと、彼は近くで野菜の収穫をしている、若い白人夫婦を指差し、

「見ろよ！　あそこであんなものを収穫している。俺たちゃあ、あんなものは食べない。あんなものを食べる奴らは腰抜けだ」

と、親指を下に向け、唇を曲げてケタケタと笑いました。

「多分ね。君の言うことは分かる」

と私は言い、彼の意見を半分受け入れました。ここでも私は食文化の違いを痛感しました。現在でもエスキモーの人々は野菜は摂らず、主に動物食で生活しているのでしょう。詳細は不明ですが、男たちにはこの傾向は強くあるようです。


本船の船員たちは皆若く、三十歳前後の若者でした。ほとんどが清水、焼津地域の若者で、このマグロ船に乗るまで、レストランのウェイター、ボーイ、店舗の配達員など前職はいろいろですが、マグロ船に乗るのは初めてという若者がかなりいました。これらの若者は長い間海上で生活しているので、たまに陸に上がらないと、一種のうつ病になり仕事がよくできません。それで週末には近くの島に上陸し、キャンプファイヤーを焚き、食事をすることにしていました。その

日も島に上がり、皆で火を囲み雑談していましたが、急に天候が悪くなり、大粒の雨のどしゃぶりとなりました。皆で近くの木の下に、雨をいくぶんなりとも避けようと避難しました。一時間ほどすると、雨が止んだので再び浜辺に戻り、火を焚こうとしていたときのこと、海岸線を見ると、波打ち際が黄金色に輝いています。そこには数の子が数百メートルに渡って波に漂っていたのです。

この時期のアラスカの西海岸は台風のような強風が一週間に一度ほどの割合で襲ってきます。そのときの荒波に巻かれて、卵を貯めたニシンの腹が破れ、とびだしたものが漂着したのです。波に洗われた綺麗な数の子が十センチほどの厚みで、波打ち際に折り重なって、太陽の光を浴びて一面が黄金色に輝いていました。船員たちはその数の子を手ですくっては、嬉々として喜んでいました。しかし船長は「食べるのはいいが、本船に持ち帰るな」と命じていました。

しかし、数人の船員がその数の子をプラスティックの桶に入れて船に持ち帰ったところ、その後、帰港した清水港で税関員に見つかって没収されてしまったそうです。その話を聞いたとき、「さもありなん」と思いました。というのは、この船員たちはほとんどが船員としては素人でした。彼らと話していると、皆は金儲けが目的でマグロ船に乗ったと言っていました。数の子という金が波打ち際に転がっていたのですから、彼らがこれを見過ごすはずがありません。その頃も日本では「数の子」は高価な商材でした。

私は、陸に上がったり、本船に残ったりしての生活が続きました。海の上で印象的だったのは、前述したように、日本的にいえば、台風のような天候です。急に空が曇ったかと思うと、大風が吹き海面は大荒れとなります。私はユーコン河口にいる間、数回経験しました。

ある昼のこと、急に空が曇り強風が吹きはじめました。この環境の変化に多少慣れてきた私の乗る船の船長が、他の二船の船長に連絡し、島影に隠れ、風を多少でも避けるよう指示を出しました。その二、三分後、船長が本船を走らせようとしたところ、本船の後ろに繋いだ私が乗ってきたボートが、波間にのまれそうになりました。この時の波の高さは十メートル以上ありましたが、すかさず船長が甲板長に、ボートに浮き輪をつけるよう命令しました。甲板長は分かっていたのでしょう。すぐに甲板から梯子を下ろし、皆が見守るなか、ボートに移り浮き輪をつけ終わりました。これを見た船長が素早く、

「移れ！」

と大声で叫び、甲板長が本船の梯子に腕を伸ばしつかんだ瞬間、ボートがあっと言う間に波間に消えました。一秒の何分の一か遅かったら、彼もボートと一緒に波間に姿を消したことでしょう。私は初めからその状況を見ていましたが、私はこのときの船長の瞬時のひと言に大変感心しました。

その台風も去った数日後のことです。エスキモーの小船が本船に近づき横づけになりました。何か叫んでいるので見ると、小船の後ろに浮き輪をつけています。例の台風で沈むボートにつけていたもので、その後ろには本船のボートがあるのが分かりました。アラスカでは海上で拾ったものは、拾った人の所有になるのだそうです。彼は台風で海に沈んだボートを拾ったので、それを

売りに本船に寄ったのでした。いくらで買い上げたのか忘れましたが、我々としては大助かりでした。多分売値（一万ドル）の十分の一ほどの値段だったかと思います。ここでも「所変われば品変わる」ということでしょう。

このキングサーモンの海上買い付け事業は、順調に進んでいましたが、やがて難問をつきつけられました。それは競争相手であったシアトルの米企業がアラスカの沿岸警備隊と組んで、我々の事業を妨害するために我々を起訴したのです。その理由が「キングサーモンとウイスキーを交換して密貿易をしている」というものでした。どうしてそんなことになったのか、最初は不明でした。

それは、船員たちが陸に上がり、村の近くの浜辺で火を炊いて、キングサーモンや牛肉を焼いてサントリーの「だるま」を呑んで騒いでいたとき、村から若者たちがやってきて一緒に加わり、皆で賑やかに呑みあい、帰りに船員が七本であったか、サントリー「だるま」を村の若者たちにプレゼントし、翌日村の若者が、お礼にウイスキー七本分のキングサーモンを本船にもってきて船員に渡したというものでした。それを伝え聞いた競争相手の社員が、日本船が「サケと酒」を物々交換し、密売しているとして訴訟したものです。

私は、この裁判の間ノーム市に移り、裁判の結果を待ちました。毎晩暇なので、夕食をモーテルのレストランで摂った後、近くのバーに寄り、ストリチナーヤ（ロシア産ウォッカの一銘柄）のオンザロックスを呑んでいました。

それから、私はアンカレッジ市に移り、そこで裁判の成り行きを待つこととなりました。アンカレッジ市はご存じのように、アラスカ州、南海岸の大都市です。夜をぼんやりと過ごすのは嫌いなので、後から着いた大林氏とふたり、街中をぶらぶら歩き、飲み屋に立ち寄りストリチナーヤのオンザロックスを呑み、近くにあったストリップ劇場に入りました。

舞台では賑やかにひとりの大柄のストリッパーが踊っています。大林氏と私はハイネッケンを注文し、舞台を眺め時間を過ごしました。一時間ほど舞台の上で踊る数人の豊満な肉体を眺め、もうそろそろ帰ろうかなと思っていると、後ろから女性の声で、

「ハーイ、ハワユー、ミスター」

と、声がかかりました。私は誰だろうと振り返りました。すると驚いたことに、今まで舞台で踊っていたグラマーな女性です。百八十センチほどの体軀で、なかなかの美人ストリッパーです。

「ハブ・ア・シート（座れるかい）」

と訊くと、彼女はにっこりと笑って、

「ノー・プロブレム（いいわよ）」

と言い、私の横の席に着きました。私は彼女のために、再びハイネッケンをオーダーし、グラスを軽くぶつけ「我らが人生に！」と、彼女と大林氏の三人で乾杯をしました。

彼女はプロのダンサーではなく、驚いたことに教育関係者でした。夏休みとなったので一種のアルバイトで舞台に立っているとのことでした。自分の好きなことをしながら、稼いでいることを知り大変興味深かったことです。

そしてその二週間後のことです。単純な事実が判明し、裁判は我々の勝訴となりました。それは七人の船員が七本のボトルをプレゼントし、七匹のキングサーモンが返ってきたということです。これは個人と個人の友好の結果で、密貿易をしたものでないのが判明しての結果でした。しかしその間に、我々のマグロ船三艘はアンカレッジの港に二週間ほど停泊を命じられ、動きがとれず、まったく海上買い付けができませんでした。

これが競争相手であるシアトルの会社の社員たちの狙いでした。キングサーモンの漁獲はシーズンがあります。それゆえ、少しの間でも足止めして、従来通り自分たちがキングサーモンの買い付けを、いつものように独占したのです。連中の狙いはまんまと当たり、よそ者をユーコン河口から排除できたのです。その意味では、彼らの目的は達成できました。汚いやり方ですが、それが海外というものです。私はこれを機にいろいろと学ぶことがあったアラスカに感謝し、このキングサーモンを商品化できないか、ひとり検討を始めました。

第八章　ハリ・ウッド柔道道場

ハリウッド柔道道場

一九七九（昭和五十四）年七月、夕方でしたが、からっと暑い空港から乗ったタクシーを降り、アラスカから二カ月振りにオークウッド・ガーデンに帰りました。わが家の部屋のドアをノックし、少し大きな声で、「ただいまー」と言うと、

「お帰りなさーい」

と、うちのFがいつもの笑顔で優しく迎えてくれました。

ひと呼吸して、変わらない部屋の中を見ていると、どうしてか彼女が私をトイレにぐいぐいと引っ張って行きました。私はなぜ、彼女が私をいそいでトイレに入れたのか分かりません。すると、彼女がドアを開け、私にカミソリを渡し、

「すぐ、ひげを剃りなさい」

と、いつもの明るい調子で言います。

「何か、おかしいかい」

「そうよ。鏡を見たら」

と言って、ドアを静かに閉めました。私はトイレの横にある幅が二メートルほどの、大きな鏡

の前でわが顔を久し振りによく眺めました。アラスカでの船の中には鏡はどこにもありませんでしたし、ホテルでも鏡で自分の顔はしっかりと見たことはありません。改めて自分の顔を鏡でゆっくり見て、すぐ彼女が言った意味が分かりました。

鏡に映った自分の顔はまったく見られたものではなく、私の唇の上のひげは長く伸び、上に反り返っていました。それも船上での食事の栄養が良かったためか、力いっぱいに上に向かって延びていました。私は伸びたひげを時間をかけ綺麗に剃り上げ、シャワーを浴び、頭についたアラスカの汚れを丁寧に洗い流しました。

その後、柔道着とタオルを車に積み込み、一九七八年の十二月頃から通うようになったハリウッド道場へ向かいました。道場はこのアパートから五ブロックほどしか離れていません。車を運転し急ぐと三分ほどで着きます。

このハリウッド柔道道場は、その昔米国に移住した日系一世たちが、自分たちの息子たちに講道館柔道を通じて心身を鍛え、日本の精神文化を教える目的で設立したものです。一種のＮＰＯ組織です。現在は三九二九ミドルバリー通りにありますが、以前はこの場所から二ブロックほど離れたところにありました。その後約二十数年前のことですが、道場の建物が老朽化したため、日系人会館の敷地の中に、現在の道場を新築したものです。道場では一昨年（平成二十四年）八十周年の記念行事がありました。私もこの式典に招待されましたが、一昨年は何かと多忙で出席できませんでした。

ハリウッド道場は過去に二人の全米チャンピオン（日系米人）を輩出しています。私が通いだした頃は、日系米人はもう少なく、フランク・江見師範、日系三世ボブ・イワサキのふたりと、私の他に三人ほどの若い日本人がいました。その頃の道場のメンバーは六十人ほどで、ほかには中年の欧州系、南米系の米国人などの多彩なメンバーが練習に来ていました。

道場玄関のドアを開け一歩中に入ると、久し振りに私が現れたので、マットの上で組み合っている数人が、「ハーイ、ハーイ、ハーイ」と、手を挙げにこにこと笑い挨拶してくれました。また、数組はいつものように真剣に組み合い、懸命に乱取りをしています。この道場のメンバーの好いところは、常に日常生活のマナーが道場に溢れているところです。私は十畳ほどの着替え室に入り、道着に着替えて道場のコーナーに立ち、マットを使い十分ほど受け身を取り身体をほぐしていました。

師範代のゲイリー・フリーマンが微笑しながら、近づいて来て、

「ヒデオ、久しぶりに組みましょう」

と、声をかけ、我々はお互いの襟を握り組み合いました。

彼は百九十センチ、体重は百三十キロほどです。彼は私を自由に軽々と投げますが、私が彼を投げるときには、多少私の肩や腕に力が入ってしまいます。しかし十分もすると私の首から身体全体にかけて、気持ちのよい汗が滲み出し、次第

ハリウッド柔道道場から贈られた80周年記念の銅版感謝状

に筋肉が和んできました。

柔道を含め運動の良さは、運動をしているうちに神経が集中してきて、心が運動の中心に入り込むことです。そして身体が積極的に自由に動くようになり、体中が汗だくとなると同時に、心身が爽快そのものとなります。ほかのスポーツにも同じことはいえますが、この心身の快適さがよいところなのです。

彼との投げ合いも終わり、道場の隅に立って回りを見渡しました。マットの上では二十数人が組み合っています。親しい弁護士のディーン・ミラーが、長身を活かして機敏に動き回っています。その横で組み合っているのは日系三世のボブ、彼はベトナム戦争からの帰還兵、いわゆるベトナム・ベット（Vietnam Veteran）で、アメリカ自動車協会ＡＡＡ（トリプルＡ）に勤務していました。彼もいつものように動いています。またその横では内科医でハワイ系米人のトニーも相変わらず頑張って、若いヘンリーと組み合っています。江見師範は端に立って全体を眺めています。

江見師範がゆっくりと近づいて来て、微笑しながら
「アラスカはどうでした」

と、日本語で訊いてきました。師範は日系二世です。日本語より英語の方が堪能ですが、日本語での会話はまったく問題ありません。私は彼の地で起こったことをかいつまんで話しました。その話もひと段落し、道場の皆の動きを眺めていました。そこにＴＶ俳優のジョンが近づいて来ました。今度は彼と組み適当に投げ合い、次にメキシコ系のヘンリーと組み、いつものように激しく動き、私の大汗は全身に広がり始めました。久し振りに一時間半ほど組み合い、投げ合いして、

その日の練習を終えました。

私は冷たいシャワーをゆっくり浴び、江見師範の部屋へ向かいました。そこではすでに丸テーブルを囲み六人ほどが座って、バドワイザーやハイネッケンを呑んで楽しそうに話しています。私が席に座ると、師範代のゲイリーがハイネッケンを私のグラスに注いでくれ、ボブからはアラスカの印象について訊かれました。私は見てきたことを皆にかいつまんで話しましたが、不思議だったのは、誰もがアラスカについて何の知識ももっていないことでした。やはりアラスカというのは都会の人間にとっては、まったく隔離された別世界のようです。そして誰が持参したのか、ヨーロッパ産白ワインがあったので、それを皆でゆっくり呑み、その晩はそのまま車に乗り帰宅しました。ロサンゼルスでは多少のアルコールを飲んでの運転は、事故を起こさなければ何の問題もありません。もっともオークウッド・ガーデンは、ほんの数ブロックしか離れていませんが。

帰宅し部屋のドアを開け入ると、牛肉料理のよい香りが鼻をつきました。

「今日はステーキよ！　早く食べましょう。ワインもあるわ」

「やあ、ボルドーの赤か、やっぱり家で食べる食事はいいなあ」

「英さんの無事帰宅に、乾杯！」

と、彼女がグラスを持ち上げ、私に向かってにっこりと微笑しました。私は、久し振りにリラックスして、赤ワインを喉に流し、その香りと味を、いつものようにふたりで楽しみました。

ロサンゼルスでは各国のいろいろなワインが、日本の三分の一以下、そして米の値段も日本の五分の一以下です。これらの米は日系人が新潟産の種より作ったショートライスです。一方、この中国人・韓国人などのアジア系は、さらに安いロングライスを使った料理を食べています。味はパサパサですが、それほどまずいというものではありません。

私は、彼女にこの二カ月間にアラスカの陸地や船上で起こった、様々な事柄を話しました。彼女は私の留守中に起こった様々なことを話し、ふたりで時間の経つのを忘れました。私が留守の間は、彼女は車を運転しませんので、午前中は部屋で読書をし、午後は敷地内のプールで泳ぎ、疲れるとサウナに入り過ごしていました。食料が不足すると、目の前にあるセイフウェイで買い物をしていました。土曜日には友達となった久世君が彼女を車で迎えに来て、彼ら数人の友だちとリトルトーキョーにある英会話教室や、図書館へ出かけるのを常としていました。彼女はそれなりに充実した毎日を送っていたようです。しかし独りでの生活は淋しいとも言っていました。

ハリウッド道場の面々

この道場のメンバーは、日本の道場では考えられないような多忙な、専門職を持った人たちでした。中流階級の人々で、具体的には弁護士、医師、海兵隊少佐、大学教授、高校教師、消防隊隊長、警察官、テレビ俳優、喜劇役者、会社役員、ベトナム帰還兵、雑誌社編集長などと多彩な面々でした。中にひとりCIAの職員もいました。CIAの職員はもちろん自分の身分をあかしませんが、年齢三十五歳〜四十五歳といったところでしょうか。

この道場に通った二十二年間、私はここで様々な職業の欧州系・南米系の米国人と出会い、組み合い汗を流し、語り合い、呑み合いして交流しました。この道場仲間との交際により、仕事では味えない種々の中流階級の欧米人の考え方や生活に触れ、欧米社会を知ることが多々あった、といっても過言ではありません。

その意味では、日本の大手商社に入社し、海外支店に勤務する社員とはまったく異なる生活でした。というのは、概して大都市に駐在する、これらの商社社員は日々多忙のため、社宅と会社を往復する生活が多いと聞いています。彼らは現地の一般人と接する機会がほとんどなく、海外に住んでも日本的な仕事漬けの生活だとか。もちろん、なかには少数の有

1980年代のハリウッド道場。左後列3人目ゲイリー、著者、カルロス。中列左端江見師範

志の商社マンたちが現地の社会活動に積極的に参加しているということも聞いています。

ある晩、私は仕事の都合でいつもより三十分ほど遅れて道場に入り、道場の片隅で十分ほど、受け身をとっていたときのことです。江見師範がにっこりと笑いながら、

「クボタサン、今日は試合をやりましょう」

と言って、道場で受け身をとっている皆を眺めました。この頃、私はまだ師範から「クボタサン」と呼ばれていました。それから一年ほど経つと「ヒデオ」とファーストネームで呼ばれるようになりました。

試合はいつも通り初心者から始まりました。六組ほどが真剣に組み合い投げを競っていました。私は、彼らの力技が多く、動きも遅い試合を眺めながら、これから彼らの指導をどうしたものかと考えていました。試合も終わりに近づいてきたとき、師範が私を見、

「クボタサン、最後に勇人と組んでくれますか」

「OK、やってみましょう」

勇人は二段、山梨県出身。年齢は二十三歳ほど。私は四十三歳でした。私は彼と組んで勝つにしろ、負けるにしろ、皆にひとつ、レスリングのようなばたばたとする柔道ではない、正しい柔道の姿を見せてやろうと思いました。

我々はお互い礼をして、マットの中央に進み、さっとすぐ襟を握り合いました。私は最近の柔道の試合のように、腰を引いて組むようなことは決してしません。背をいつものように伸ばし足

はすり足で進みます。これは私の流儀です。最近の国際試合では、相手の業を警戒し腰を後ろに引いて手をばたばたさせて組むことが多いのですが、あれはレスリング技の混入で、柔道の正しい姿勢ではありません。伝統的柔道は背を伸ばし、そしてお互い素早く技を競い、投げられるときは投げられています。私は若い頃から小柄な相手は大の苦手でした。しかし、そんな相手に対しては送り足払いが得意でした。

彼の襟を握ってから分かったのですが、勇人は動きが早くなかなかタイミングを摑むことができません。お互いすり足でマット上を、すっすっと移動したその直後、彼が私の懐にすっと入って来ました。私は腹を突出そうとしましたが、一瞬遅れ、私は彼の背負い投げできれいにマットに沈みました。

また防御できなくても、彼の腹部に両足をからめ、ともにマットに転がり、後ろから裸絞めをと思っていましたが、歳はとりたくないものです、若い勇人の動きが早く、まったくどちらの防御もできませんでした。彼は実に綺麗に私から一本を勝ち取ったのでした。江見師範が大きな声で、「一本!」と叫び、師範は私を見てにっこりと微笑し、この試合は終わりました。私としては大変残念でしたが、これが試合というものです。

この十数年前のことですが、同じようなことがありました。丸の内警察道場で、以前勤めていた東海設備機材の同僚であった徳島出身の杉口君に、得意の体落としで綺麗に投げられたのです。彼は二十三歳と若く、私より小柄で、動きが早く苦手な相手でした。早く動く相手の動きに私は巧くついていていけません。私が綺麗に送り足払いで倒すことも多々ありましたが、時に畳に沈むことがありました。

このハリウッド道場の顧問格で、かつ米国柔道界では有名な篠原一雄八段と組んだことがありました。彼と私は同年代です。彼は明大柔道部出身、東京オリンピックには選ばれませんでしたが、彼の吊り込み腰は有名で、よくその頃の新聞のスポーツ欄に載りました。彼は大学卒業後ブラジルに渡り、柔道を指導していました。その後ロサンゼルスに移り、ここで全米チャンピオンとなりました。現在もロサンゼルスに在住し、柔道普及会を主催しています。多忙なようで、たまにしかハリウッド道場には来ませんが、他の道場で若い三段、四段の連中を綺麗な「送り足払い」でぽいぽいと投げていました。

そのとき、私は初めて彼と組みました。彼は私を三回ほど得意の送り足払いで、綺麗に投げ、「さあ、少し真剣にやるか」と、無言の内に、お互いの道着を握る手に力が入ってきました。そして彼の足払いが来たとき、私は瞬時に足を引きこれをかわし、次の瞬間、私のすくい投げが見事に決まったのです。彼と私の動きが偶然巧くかみ合い、あまりに勢いがあったので、彼の襟を握る私の指がはずれ、彼の身体は二メートル半ほど宙を飛び畳の上に落ちました。

彼が「参った!」と大声で叫びました。その声は実に大きく道場中に響き渡りました。周囲で組んでいた欧米系のメンバーたちは、意味の分からない言葉と、その声の大きさに驚き、何が起こったかと一瞬棒立ちになりました。これを側で見ていた道場主、フランク・江見師範は、私の顔を見て笑みをたたえていました。

後日のことですが、いろいろ考えると彼はその頃はすでに糖尿病から来る痛風を病んでいたので畳に落ちたとき、足の親指かどこかが畳に強く当たって、そしてあの大声の発声となったのではないかと思えます。彼は伝統的柔道を熟知している米国内では数少ない指導者です。これからも彼の努力が実って、米国内で正しい柔道が普及することを願ってやみません。

その晩もいつも通り道場に入り大汗をかきました。そして冷たいシャワーを浴び、江見師範の部屋に入って行きました。いつものことですが、すでに六人ほどのメンバーが輪になって、バドワイザーとハイネッケンを呑んでいました。この頃、私は時にバドワイザーを、後に、日本酒を持参していました。欧州系のメンバーは赤や白ワインを持参するのがその頃の習慣でした。皆は紙コップでビールを一杯呑み、次にワインに手が延びます。そしていろいろな話題を話します。その晩は日本の「江戸時代」が話の中心となりました。いつも驚くのは、弁護士ディーンが、私より日本の歴史を知っていることでした。彼はUC（カリフォルニア大学）バークレイ校の出身で、二年ほど日本の大学にも留学していました。その彼が、

「センセイ・クボタ、江戸の話ですが、十九世紀初頭にあそこは世界で一番の大都市だったようですね。ご存じでしたか」

「え、そうなの。知りませんでした。何人ぐらい住んでいたんです」

「百万人を超えていたそうです」

「え、そうですか。君は私より日本の歴史に詳しいね。ではその頃、パリやロンドンの人口はど

のくらいですか」

「一八〇一年、これは国勢調査の始まった年ですが、パリは五十五万、ロンドンは八十七万人ほどです」

「へぇーこりゃ、驚いた。ディーン、君は歴史の先生だねぇ。日本人でこれを知っているのは少ないと思うよ」

このときは、私は自分の知識のなさを思い知らされました。このような日本の歴史が時にメンバーの話題になりました。

また、ある晩、私が日本から持参した日本酒を皆で冷《ひや》で呑みながら、何かの話から日本の観光地が話題となりました。隣に座る内科医のトニーが、にこにこ笑いながら、

「最近友人のひとりが鎌倉に観光に行ったと聞きました。しかし鎌倉は十二世紀末からサムライの都でしょう。どうしてサムライの都市が、そんなに人気があるのですか。どうも分かりません」

「日本は長い間、奈良、京都でコート・ノーブル（公家）によるエンペラー中心の政治が続いていました。これを打ち破り平民の政治が実現したのが、鎌倉時代です。あそこは風景もいいし、それで人気があるのでしょう」

「そうですか。でも、サムライというのはタックス・コレクター（税金を徴収者）の連中のことでしょう。そして必要とあれば戦いでは弓矢を使い、日本刀を振り回す連中のことでしょう」

「ははあ、なるほど。そういう解釈もあり得るね。初期にはサムライが税金を徴収するのも歴史的に仕事のひとつだったのは事実です」

トニーはそうでしょうとうなずき、

「サムライというのは常に刀を常備し、必要があればすぐ使う。ひと言でいうと人殺し集団でしょう。そして戦闘では多くの人が死にます。鎌倉に寺が多くあるのは、それだけ人が死に、その供養のために寺が建てられたのでしょう。どうしてそんな場所に人気があるのか、私には分かりません」

と、トニーが言うと、この言葉に隣に座る欧米人のふたりもうなずいています。

「厳しい質問だね、トニー。まあ、鎌倉は三方を山に囲まれ、正面は海です。そして山には木が茂り、川の流れはヨーロッパのようにどろんとしていず綺麗です。それで天然の要塞としての価値があったのです。私も寺が数え切れないほどあるというのはなぜか分かりません。しかし、それは多分、サムライ、時の権力者との結びつきとの歴史でしょう。まあ、今日はこの辺にして、議論はまた後日としましょう。あまり議論が進むと、酒の味がまずくなるからね」

皆は同意し大笑い、またいつもの雑談となりました。

この晩、私は日本人と欧米人が抱く「サムライ」という観念がまったく異なるということを知りました。欧米人は「サムライ」に対して、日本映画で観るような「人を切る殺し屋」という観念を広く持っているのです。これは彼らによく説明しないと、この観念は消えないのではないかと思います。

例えば、百万人以上の人々が住んでいた江戸でも、泥棒などの物とりは時に発生しましたが、殺人事件はほとんど発生しなかったこと、また一般的に武士はサムライとしての独自の哲学をもち、柔《やわら》と剣で心身を鍛え、特別なことがないかぎり刀を抜かなかったこと等々です。これらの事実を正確に伝えないことには、外国人には江戸のサムライ社会というものが、何であるのか理解できないことでしょう。

ベトナム戦争に参加したのは道場のメンバーではボブ・イワサキひとりでした。彼は米国の負け戦である、この戦いの話はまったく言及しませんでした。ただひとつ触れたのは、ベトナムで戦闘機からパラシュートで戦場に降り立った経験です。風があって敵軍の近くに降りるのではないかと恐怖で慄《おのの》いたけれど、パラシュート降下をすると五百ドルが軍から支給されるので、この魅力には敵わなかった、と言って微笑していました。

ベトナム・ベットのボブとふたりでウィルシャーの小さなバーで呑んでいたときのことです。彼の隣に韓国系の中年男が座って、彼もウイスキーの水割りを呑んでいました。ボブが何かのことでベトナム戦争に言及し、彼らふたりでいろいろと話していました。私にはよく聞こえませんでしたが、時々ホワイトホースとか聞こえました。これはあの頃ベトナムに派兵された韓国軍の部隊の名称です。そして三十分ほど経ったとき、突然、韓国系の男が大きな声で泣きはじめました。それからしくしくと泣き、その泣き声は延々と続きました。私は初めての経験でしたので大変驚いた記憶があります。何でいい中年の男が人の前で泣くのかと。

少したって我々はバーを後にしました。外に出るとボブが珍しく真剣な顔で、

「彼は友人をベトナムの戦場で亡くし、話している間に次々と悲惨な戦争の思い出が脳裏によみ

がえってきたんだ。それで我知らずに泣いてしまった。大変申し訳ないと言っていました」と、先ほどの韓国系米人の伝言を、私に伝えました。そして、彼もまたしんみりと下を向き、何か考えているようでした。

私はこれを聞いて、ハリウッド映画で観たあの壮絶な戦場の、悲惨な現場の風景が脳裏に浮かびました。たしかに戦死者たちは大変でしたが、国内が戦場となり、これに巻き込まれたベトナム人たちは、さらに気の毒なことをしたと思いました。そして私は私の経験した戦争中の、魚市場に転がった死体や、グラマン機による機銃掃射を思い出していました。

フランク・江見師範のことなど

ハリウッド道場を運営する、道場主フランク・江見師範について少し触れます。江見師範は日系二世です。氏は戦時中、キャンプ（強制収容所）内で、米国政府に強烈に抗議し、兵役をボイコットしたため、終戦まで監獄に入れられていました。その時は師範の他に六人の日系二世が一緒に投獄されました。

彼らは獄舎の日常生活では、しっかりしたマナーを持って行動し、時間があると、常にマットの上で「柔道の投げ技」の練習を続けていました。そういう彼ら七人を見ていた、欧米人の殺人犯や他の囚人たちは、尊敬をこめて、彼らを「七人のサムライ」と呼んでいたそうです。この名前で皆さんはある映画を思い出すでしょう。黒沢監督の名画『七人の侍』は、黒沢監督がこの話を聞いて、その題名をつけたかどうかは不明ですが、その可能性もなきにしもあらず、と考えるのは、映画好きの楽しみのひとつでもあります。

この後、米国政府が日系米人の権利を認め、賠償金を個人に支払っています。江見氏はその頃の話をＵＣＬＡ（カリフォルニア大学ロサンゼルス校）や他の大学に要請され、時々学生たちに大学講堂で講演していました（二〇一〇年没、九十四歳まで、変わらず元気に道場でメンバーを指導していました）。

94歳の江見師範（右）とゲイリー師範代。2010年頃

江見師範のことが詳しく載った昭和六十二年九月二十一日の『読売新聞』の記事を引用します。

日系人強制収容に対する陳謝と補償法案、米下院通過

「四十五年間の闘いがやっとビクトリーした。米国政府は悪いことを認め、謝った。これで米国は、世界に対しても民主国としての値打ちを高めることが出来たと思う」――第二次世界大戦中の日系人強制収容に対する陳謝と補償法案（総額十億ドル）が十七日、米下院を通過して、日系米人の多くがその名誉回復に歓喜した。上院通過も確実だ。大戦中に国の安全を理由に強制収容された十二万人のうち現在の生存者は約六万人。その多くは日系二世とその子供たち。だが、その〝長すぎた戦後〟は果たしてこれで終わったのか、なお複雑な感情が米国内にはくすぶっている。

「市民なら強制収容ないはず」と抵抗

フランク・エミ、七十歳。日本名、江見誠之（せいし）。日露戦争のころ、岡山県から渡ってきた農業、弥之助さんの長男としてロサンゼルスで生まれた。エミさんは大戦中、米国内十か所にあった強制収容所の一つ、ワイオミング州のハート・マウンテン収容所に収容されていた時、「米国市民なら強制収容されるはずがない。市民でないなら徴兵されるはずはない」と米政府のやり方に抵抗したことで知られ、今では国の補償・賠償を求める草の根運動の推進者の一人として活躍している。先日も今回の法案通過を前に地元ロサンゼルス・タイムズ紙で大きく取り上げられ、話題をまいたばかりだ。

「海軍に長くいて対日戦にもベトナム戦にも参加したという地元の米国人から電話があってね。憲法のために闘うのはよいことだ。君らのしたことを歓迎するってね」と、エミさんは新聞掲載の反響に決意を新たにさせられたという。ちょうど十七日は米国憲法制定二百年記念日だった。

日系人の強制収容は、真珠湾攻撃の二か月半後の一九四二年二月のフランクリン・ルーズベルト大統領命令により始まり、カリフォルニア州を中心に十四州在住の日系市民、日本人が資産を凍結され、移動命令を受けて収容所に送られた。エミさんも突如退去命令を受けた。当時食料雑貨店を開いていたエミさん一家は手荷物だけで命令に従う。借金返済を終えたばかりの店は、当時の金で二万五千ドルはしたろうに、「足元をみすかされ」わずか千五百ドルで人手に渡ってしまった。バスと汽車でワイオミングの収容所に送られ、九月から二、三月まで雪という、寒さが身にしみる生活を強いられた。収容された日系人は約一万人。食費は一人一日三十八セント。「こちらに向けられた機関銃、何より自由がないのが一番つらかった」と、エミさんはワイオミング州のテレビ局が昨年製作したというルポ番組のビデオを見せながら述懐した。

「政府に裏切られたのが一番くやしかった」とテレビの中の日系女性が、市民権を持ちながら強制収容された怒りを、おえつしながら訴えていた。

徴兵を拒否して3年の刑務所生活

だが、その一方で、米政府は日系人で組織した有名な442部隊がヨーロッパ戦線で活躍したこともあってか、収容所内の若者に徴兵、志願を呼びかけた。収容所内で「フェアープレイ・コミティ」を組織し、その一員として活動したエミさんたちは「自分たちが米国市民なら、なぜこんな所にいる。市民でないなら徴兵に応じる必要はない」という趣旨の、これに対する模範回答を英文と邦文で作り、収容所内に配布したのだ。ハート・マウンテン収容所では最終的には百人以上が徴兵を拒否し、その後三年の刑に服した。エミさんらコミテイ幹部六人とこの問題を新聞に載せた編集者の一人も、共謀罪で刑務所生活を終戦まで送る。「終戦後、控訴院が無罪判決を下した。判決内容は、憲法違反を他の人に知らせるのは違法ではない、というものでした」。

こうした徴兵拒否のケースは他の収容所でも起きていた。だが、コロラド州で三年、ユタ州でも二年の刑だった同じケースが、カリフォルニアでは判事が訴えを却下、アリゾナ州では一セントの罰金という判定を下すなど、当局の反応もまちまちだったという。「第一、同じようにカリフォルニアに住んでいた（参戦国の）イタリアやドイツの人たちは、こんな目に遭いもしなかった」と、エミさんの声が震えた。当時、とくにカリフォルニア州の太平洋岸に住む日系人は「マジックケーブルで日本とつながっている」と、スパイ扱いだったのだという。

自由になっても仕事探しに苦労

ともかく、こうして戦後やっと自由の身になった日系人たちは、だが、今度は仕事探しに苦労した。エミさんは庭師を経て郵便局員になったが、「収容所を出たら、ロサンゼルスの風当たりはむしろよくなっていた。戦争を通じ日本人を見直したんでしょうかね」という。だが、アリゾナ州の収容所を出て以来ロスで庭師を続ける日系男性（七〇）などは「やっと戻ってきたら、またジャップ、ジャップと嫌われてさ。今度、補償金が出るそうだが、当時ならね、ありがたい金ですよ。でも、今ごろもらったってね。みんなそれなりに苦しさを乗り越えて仕事も金も出来ているしさ」と笑っている。だが、「確かにわずかな金です。でも、交通事故などでも、ソーリーだけでなく、損害金を払うのが米国のしきたりです」と、エミさんは陳謝だけでなく、補償金が出ることの意義を強調する。

米国内のこの問題に対する反応もさまざまだ。日系人内部でも「陳謝は当然だが金では解決つかない問題だ。金をもらうのは私たちの恥だ」といった主張が少なからず存在する。「白人がまた反感を持つのではないか」という日系人もいる。実際、エミさん宅にも新聞掲載後「東洋人はトラブルメーカーだ。どうして帰国しないのか。日本人も、韓国人も、ベトナム人も」といった電話があったという。また、別の老人からは「真珠湾の損害賠償を出せ。アリゾナ丸で死んだ遺族に金は払ってやるのか」との怒りもぶつけられた。実際、その後のロサンゼルス・タイムズ紙には「収容者への賠償金は偏見を再燃」という投稿が載った。「現在の基準で過去の行動を評価する危険な前例」に反発、「おそらくこの方法は反日感情を復活させる恐れがある」と警告を発する内容だった。

これに対し、エミさんは「みんな、われわれ日系人と日本人を同一視している。われわれは市民権のある米国人なのです」と反論し、「反感や波紋を恐れていてはだめ、米国では権利は権利として法律によって闘っていくべきで、今回の法案は金ではなく精神的勝利なのです」と語気を強めた。

日米経済摩擦が高まる中、補償法案が下院を通過しても単純に〝長い戦後〟の終結を喜べない。歴史の波紋は今後とも米国内に残っていきそうだ。　ロサンゼルス・山田（浩）特派員

（『読売新聞』昭和六十二年九月二十一日）

師範代のゲイリー五段は、当時、柔道歴四十年ほど、ハイネッケンビールの米国総代理店の販売部長でした。私はフランク・江見師範とゲイリーのふたりの先輩を補佐する師範代として、二十二年間ハリウッド柔道道場のメンバーと組み合ってきました。この頃の私の身長は百七十二センチ、体重七十五キロほど。メンバーのほとんどの体格は、百八十五センチ以上、百キロ超えでした。なかでもカルロス・モントーヤは、身長二百十センチほどで体重二百キロ超え、いうなれば、相撲界の重量級、琴欧州関や把瑠都関よりも背は高く、重量も重たいのです。ひとり例外は、顧問格、篠原一雄八段。彼は私と同様に小柄でウエイトは七十五キロ強でした。

このハリウッド柔道道場には、私が参加する十数年前のことですが、私の知人で東京オリンピックで金メダルに輝いた猪熊功氏が、ロサンゼルスに来てハリウッド柔道道場でその技を披露しています。

その時、学生時代アメリカン・フットボールの選手で活躍した、がっちりした体つきのジィーン・ラベールが猪熊氏と組み合いました。ジィーンがいつものように乱暴な技を使って、猪熊氏

を強引に倒そうとしたのでしょう。猪熊氏が少々立腹し得意の背負い投げをかけました。スピードがあったのでジィーンの襟を握る猪熊氏の手がはずれ、ジィーンの大きな体は三メートル半ほど飛ばされました。そして彼は頭から落ちて気絶したそうです。しかしそのくらいで気絶するとは、その頃彼は受け身もあまり上手くなかったのでしょう。

その少し後、篠原一雄八段もジィーンと組んだことがあり、その時も再び無礼な行為があったようです。それで篠原氏も猪熊氏同様、彼の動きに腹を立て得意の裸絞めで、彼を絞め落としたと聞きました。それから十年ほど後のことですが、私もジィーンと組みましたが、その頃はもう柔道の乱取りに慣れていたのと、二度も気絶させられたので、それが教訓となっていたのでしょう。彼の組み手は乱暴ではなく、私は気持ちよく乱取りができました。

このジィーン・ラベールですが、現在北ハリウッドに自分の柔道道場をもって、後進に柔道を指導しています。彼は長い間ハリウッド映画界では名の通ったスタントマンでした。そのスタントマン業界には、日本で合気道の修業の後、ハリウッドの映画業界でアクション俳優のひとりとなったスティーブン・セガールがいました。

これは師範代ゲイリーより聞いた話ですが、面白いことがあったそうです。今度はスティーブンがジィーンに向って何か無礼な行為をしたのでしょう。ハリウッドのある場所でふたりは自分たちの名誉を賭け一種の「格闘」をしたのだそうです。二人は絡み合いましたが、たちまちジィーンがスティーブンを裸絞めで落としました。若いスタントマンたちは、ジィーン、スティーブンと二組に分かれて見ていたようですが、皆はあまりにも早く決着が付いたので驚いていたとか。

ジィーンが手を緩めると、スティーブンは、地面に横たわっていたそうです。

渡米する前、東京にいたときのことですが、私もスティーブンと新宿区若松町の合気道本部道場で組んだことがありました。合気道の練習は型です。取りと受けをお互い相手に気を遣って行うものです。ところが、彼は私が手刀で打ち込んでいくと、これを受けるとすぐ、私の喉を強い力で打ち付けました。この乱暴な動作に腹を立てた私は、次の動作のとき、彼が再び同じ動作で、私の首元を狙って再び腕を振ったので、首を下げてこれをかわし、柔道の大外刈りで彼を空中に飛ばしました。受け身を上手くとれない彼は、驚いて目を白黒させていました。

後年、アクション俳優になった彼は、合気道の指導もいろいろな国でしているようです。これは私が帰国してからのことですが、相変わらず「乱暴な教え方」で皆が呆れていると、本部道場で練習していた英国人から聞きました。

絞め技といえば、医師トニーと組んでいたときのことです。ふたりで適当に投げ合い、次に寝技になりました。私は寝技があまり得意ではありません。というのは、我々の若い頃の柔道は一種の伝統で、関東は「投げ技」に、関西は「寝技」に重点を置いていました。それで関西系の柔道家はつぶれた耳をしており、関東の柔道家はあまり耳はつぶれていませんでした。講道館の三船十段もしかりでした。

トニーは寝技が得意だったのでしょう。ぐいぐいと両手を使って攻めてきます。私はそれをかわしながら後ろに入り得意の裸絞めに入りました。すると彼は思ったより早く五秒ほどで、ぐだっとなったので手を緩めました。トニーは意識を失い、畳の上に長々とのびてしまったのです。

私はありゃ、と思い彼の頬を優しく二回ほど叩きました。しかし彼は目を覚ましません。すると周囲で組んでいたゲイリー、ボブ、ディーンたちが集まってきて、倒れているトニーを囲みました。師範代のゲイリーがトニーの頬を少し強く叩きました。すると彼がぼんやりと目を開けました。

「トニー、ウェイク・アップ（目を覚ませ）」

と、私が言うと、彼はきょろきょろと周囲を眺め、

「ワット・ハプン（どうしたの）」

と、彼はすっかり目覚めたようでした。そしてゲイリーが彼に何が起こったか説明しました。私が

「トニー、どうして手で私かマットを叩かなかったのだい」

と、不審に思って訊くと、トニーが真面目な顔で、

「私は真のハワイアンです。本当のハワイアンは決してギブ・アップしません」

と、このひと言でした。

後に彼から聞いた話ですが、一瞬、彼は朝、自宅のベッドの中で目覚めたと思ったそうです。しかし柔道仲間の大勢の顔が目の前にあったので、何が起こったのかと驚いたのだそうです。数秒して事態を理解し、あの発言になったのだと笑っていました。そして再び「ネバー・ギブ・アップ（決してギブ・アップしない）は真のハワイアンの誇りです」とも言っていました。私はこれを聞いて、民族にはいろいろな考え方があるものだと思い、その「民族本来の伝統」を日常生活のな

かで、表に出すというのは実に誇らしいと感心しました。

私は時に道場の隅に立ち、皆の動きを観察しました。一般的にいって、大柄な欧米人の柔道の欠陥は足技に欠けることです。柔道は手技、足技、腰技が一体となって完成するものです。どちらが欠けても完成しません。最近は本場である日本の柔道も、その昔の柔道とは異なってきました。足技から相手を崩し、素早く腰技に入る柔道が少なくなっています。これは伝統的な「柔道」の堕落といえるでしょう。この責任は多分に講道館にあります。「日本の伝統柔道とは……」ということを、海外の愛好者に正確に説明し指導しなかったため、ただ勝つための柔道となり、レスリングの技が混入したのです。その結果が「柔道」が最近の「ジュード」となりました。

腰を引きばたばたと手を動かし、背も伸ばさず、姿勢も悪い。昔流にいうと「しゃもの喧嘩」というものです。これはまったくの間違いです。

ロルフとレッド

道場メンバーや取引先と出かけたクラブロータスでも日本とはまったく異なった環境がありました。月に一回ほどですが、道場で大汗をかきシャワーを浴び、いつものように一杯やり、その後このナイトクラブのバーカウンターに、道場のメンバーと座りました。

その晩も、弁護士ディーンと大学教授ロルフと私は、三人組でバーカウンターへ座りました。ロルフはスイスから南カリフォルニア大学に来た客員教授です。私はいつもの、ストリチナーヤのオンザロックスを呑んでいました。そこに我々と話すようになった赤毛の女性レッドが来て、親しげにロルフと話していました。そして驚いたことに、数カ月後、ふたりは同棲を始めました。

ある日のこと、ロルフが道場のメンバーに彼女、本名メリデスを紹介したいと言って新居でパーティーを開きました。私はこのパーティーの案内を聞いたとき、いささか驚きました。それは欧米人の実にオープンな態度とその自然な人間関係にでした。

うちのFと私はノースハリウッドのロルフの住宅へ向かいました。玄関を開け一歩入ると、すでにハリウッド道場の江見師範、ゲイリーと主なメンバーが室内や庭の芝生に座りグラスを傾けていました。我々は先ずレッドとロルフに、ついで皆に「ハロー、ガイズ」と挨拶し、広いリビングルームのソファーにゆったりと座りました。

「フジコ、ヒデオ、何にしますか」

と、ロルフが訊くので、私はジョニ黒のオンザロックス、Fはハイネッケンを頼みました。我々はグラスを受け取り、居間で呑んだり、グラスを持って庭に出て、いつものように江見師範、ディーン、ボブ、トニーと雑談したりしていました。少し薄暗くなってきたので、皆でリビングルームに移動し、再び皆で楽しく呑み雑談をしていると、ロルフが微笑しながらやって来て、

「これは私が作ったデザートです。皆さん、どうぞこの味を楽しんで下さい」

と、大きな声で皆に向かって云いました。

「ええ、ロルフがこのケーキを作ったのか。驚いたね。上手くできている」

と、私とFはしげしげと形の良いケーキを眺めました。ケーキの味にうるさい彼女が一口食べ、

「英さん、これは美味いわよ」

と、彼女にしては珍しくお褒めの言葉があり、我々は味の濃いティーを飲みながら、そのケーキの深い味わいに驚いていました。後日のことですが、あのケーキは彼のママ直伝の「家庭の味」ということを知りました。

ロルフは、大学の任期が終わりスイスに帰国しました。私はてっきりクラブロータスのレッドも一緒に帰ったと思っていました。

ある晩のこと、ニッスイUSA社の遠藤氏とクラブロータスに行った折、ぐるっと広い店内を見渡すと、レッドが店で元気に働いているのです。彼女も私を見つけたのか、すぐ挨拶に来て、いつものように微笑し横に座わりました。

「どうしたんです。君はロルフと一緒にスイスに行ったのかと思っていました。何かあったのですか」

「別れてしまったの。何かいろいろ話が合わなくて」

と、けろっと笑っています。私は別れた以上、もうこの件に言及するのは失礼と思い、それから数回店で彼女は横に座りましたが、この件には触れませんでした。

一九九四（平成六）年一月十七日のロサンゼルス地震の数日後、先の遠藤氏と一緒にクラブロー

タスに行ったとき、横に座った彼女が、にこにこ笑いながら話しかけてきました。

「ヒデオ、私ね、来月スイスに行くことにしたの」

「スイスへ、ロルフの許に行くのですか。それはよかった。でもどうしたの」

彼女の話によると、ロサンゼルス地震が発生した翌日、心配した彼から電話が入ったそうです。彼はレッドが無事だと分かると、早い時期にスイスに来るよう懇願し、それからすぐ航空チケットを送って来たということです。まだ彼への強い思いがあったのでしょう。彼女はすぐスイスに飛びました。

その後聞いたところによると、空港に迎えに来たロルフは、以前より一層優しくなって、彼女は大層驚いたとか。翌日彼から求婚され、その数週間後にふたりは結婚式を上げたそうです。

彼女は現在もスイスのある都市で「英語と女優演技の教室」を持って活躍しています。そして相

虎と遊ぶレッド（本名メルデス）

変わらず、暇ができるとアフリカ、アジア諸国を回り、好きな動物と遊んでいます。これは昔と変わりません。

留置所に滞在？

ここで話は変わりますが、ロサンゼルスは日本と違い、警官によるアルコールのチェックはほとんどありません。もちろん異常な運転があれば、警官に車を止められ、アルコールレベルをチェックされるのは日本と同じです。ある日のこと、旅行会社を経営する有地、寺谷両氏やうちのFと遅いランチを食べ、久し振りに五十度のウォッカ、ストリチナーヤをオンザロックスで三杯ほど呑みました。その後用事を思い出したので事務所に向かいました。クリスマスイブの前日、十二月二十三日のことでした。

ハリウッド・フリーウェイを通っているとき、珍しくFと口争いとなり、車の運転がついラフになりました。このフリーウェイは片側が四車線と広く、そのとき近くに車は走っていませんでした。そのためさらに運転が荒れたのでしょう。出口の近くに来たとき、若い警察官ふたりが乗るポリスカーが横に現れ、私は突然停車を命じられました。下車するとアルコール度数をチェックし、次はいろいろな動作をするよう命じられました。私は間違いなくそれをこなし、次は何を

やらせるのかといぶかっていると、動作を指示する警官の動きがどうもよたよたしてスローに見えます。私はじりじりして、

「アイ・キャン・ドウ・イット・ベター（オレの方が上手くできるよ）」

と言って、その動作をやってみせ

「どうだい、君たちより早いし上手いだろ」と、別に酔ってはいないことを示そうとしました。すると急に彼の口調が乱暴になり、「後ろを向け」と命令し、もうひとりの警官がわたしの手をとり、がちゃんと手錠をかけました。私は意外な展開に驚きましたが、これも仕方ないかと諦めました。うちのFを残して私はポリスカーに乗せられ、ダウンタウンの警察署本部に連行されました。署までは五、六分の距離でしたが、その間にひとりが私の姓を見て、私の職業を訊いたので、私は仕事の内容を説明し、急に用事を思い出し、事務所にもどる途中だと話しました。

「君は警察学校で空手を教えているクボタ師範と何か関係あるのですか」

このクボタは探偵もののTVドラマにも出演している師範です。

「私は今は直接関係ないけど、その昔は縁者だったかもしれないね」

と笑って、ふたりを少々からかいました。

「何かおたくは何かブドーを教えているのですか」

と、訊いてきました。ほう、こいつら「武道を知っているのか」と思い、

「仕事の他にハリウッド柔道道場で柔道を教えているよ」

と言うと、彼らはお互い顔を見合わせ納得し、急に笑顔になり、

「そのうち、ぜひ見学したいと思いますが、いいですか」

「もちろん構わないよ。喜んで歓迎するよ」

と私が言うと、ふたりは大層喜んで、お互いうなずき合っていました。

パトカーが警察署本部に入ると、私は身体検査をされ、持ち物をすべてとられました。そしてふと奥の方を見ると、鉄格子の中には公衆電話がありました。

「ミスター、持ち物全部とられたので、電話をするコインがないが……」

すると、先ほどの警官が、ダイム（十セント）二個を差し出し、

「OK、ミスター・クボタ、これを使って下さい」

それを受け取り、私は鉄格子の檻の中に入りました。刑務所ではありませんが、警察の囲いの中に入るのは、人生初めての経験でした。私は二十畳ほどの空間の壁際にあるベンチにゆっくりと座り、ひとりの白人の若い男が長電話をしていましたので、電話の終わるのを待っていました。話を注意して聞いていると、ここを出るための担保金（ボンド）のことでした。

「ボクはね。持ち金が全然なく、ここを出るために君の助けが必要なんだ。もし君が助けてくれないと、ボクはここから出られない」

「分かったね。僕は君を愛しているんだから、何とか頼む、ぜひ頼む」

「それなら、何とかぜひ早くボンドを現金で準備して、ここの警察署に早く持ってきてくれ。頼むよ、ハニー。頼むよ、ハニー」

彼はこのセリフを何回も繰り返し懇願していました。酔いもあるし、ろれつが多少回らない個

所もあり、多分酔っ払い運転で逮捕されたのでしょう。彼の後ろにふたりが電話を待っています。しかし、彼女からなかなかOKをもらえず、彼女を説き伏せようと懸命に電話をしています。米国ではこの担保金を積まないと、出所が遅れ数日出られません。ガール・フレンドに金を準備してほしいとせっついていますが、彼女は首を縦に振らないのでしょう。

ベンチに座ってそのシーンをじっと見ている私に、ヒスパニックの若者が声をかけてきました。

「いいですか、ミスター、見て下さい。警官の二人や三人、この拳と足で叩いてやれば、まったく問題ないいんだ」

彼は、私の目の前で空手の型を大げさにはじめました。

「しかし今日は、五、六人が束になってきたので、むつかしかったなあ」

と言って、また蹴り技をはじめました。なかなか上手い蹴りでした。さらに大きく右足を蹴り上げると、今度は彼はバランスを失い、支えている左足を滑らせ、すってんころりんと床に倒れ込みました。起き上がると、ぶつぶつと言って壁の隅に座り込みました。

担保金を彼女に頼んでいた若者の電話がやっと終わり、ほかのふたりの電話が終わるのを待って、オフィスに電話を入れ、うちのFと話しました。知り合いの弁護士ジャックが、手続きをしているということで、私は十二時間ほど留置所に滞在(?)した後、無事釈放されました。それはもう朝方でした。それにしても初めてのことで大変有意義な、しかし苦い経験でした。

次の週のことですが、道場でカリフォルニア産の日本酒を呑みながら、この体験をメンバーに話したところ、これを聞いていたボブが真剣な顔をして、

「センセイ・クボタ、警官にそんな風に『私の方が君より上手くできる』と言ったら、彼らは怒りますよ。今後気をつけて下さい」

と、ひと言忠告されました。

柔道と剣道と

ハリウッド道場では初夏と十二月中旬、パーティーを開催します。北ハリウッドの森林パークで開催されたある初夏のパーティーでのことです。参加者は三十人ほどでしたが、皆で牛肉のバーベキューをし、ビールやウイスキーを呑み、盛り上がっていました。江見師範がいつものように微笑を浮かべ、

「皆で腕相撲をやりましょう」

と言い、すぐ二組がテーブルの上で始めました。私は傍で腕相撲を、じっと眺めていました。ディーン、トニー、ボブ、ゲイリーなどの中年のメンバーが懸命に組み合い、お互い汗をながしていました。そのうち道場で身体の一番大きいカルロスが加わると、彼が皆を負かしてしまい、もう相手はいません。それを見た江見師範が、

「ヒデオ、どうですか、カルロスと組んでみては」

この二メートル強のカルロスは、たまにしか道場に姿を見せないので乱取りもほとんどしたことはなく、もちろん腕相撲はまったく初めてです。前にも述べましたが道場では私が一番小柄です。

「よおし、組んでみますか」

と、私は笑いながら、私の倍もある彼の手のひらを握り、私は自分の強い手首を懸命に動かして、この巨漢を何とかやっつけました。これには見ていたメンバーたちが驚き、その場は大変盛り上がりました。師範も、これは意外という顔をして微笑していました。


私は六十歳を過ぎたあたりから、それまで風邪やその他の病とはまったく関係なかったのですが、年に二度ほどの「腰痛」持ちとなりました。というのは、道場で技をかけ投げるとき、腰に乗せる相手の体重はいつも百キロを超えています。それで時に腰がギクッとして、翌朝はひとりで起き上

江見師範を囲んで。中列左より篠原一雄八段、著者、江見師範、ゲイリー、カルロス。1990年代

がることができません。よかったのは激痛はいつも翌朝のことでした。あの激痛がもし道場で起こったら、車を運転できなかったことでしょう。その意味では幸いでした。

道場ではいつも練習を終えると、シャワーを浴び、少量の酒を呑み、皆と語らい、帰途にはYMCAでFをピック・アップし、フリーウェイを運転し、自宅へ直行するか、和食レストラン「千羽鶴」の寿司バーに立ち寄るかして帰宅してました。

腰痛が起こる日は練習の翌朝で、ベッドから起き上がることができません。それでFが静かにシーツの端を引っ張り、私をベッドの上で動かし床に立たせます。この時は背は伸ばせませんが、老人のように背を曲げ歩くことができるのは不幸中の幸でした。そして時間をかけ運転席に座り、やっとのことで車を運転します。

十五分ほどフリーウェイを運転し、リトルトーキョーにある整骨・鍼師のクリニックへよちよち歩きで駆け込みます。予約していますので十分ほど待ちますが、六十代の鍼師シーさんが出て来て、笑いながらいつものセリフで、

「ミスター・クボタ、またやりましたね。そこに静かに横になって下さい」

と言います。このクリニックを経営する台湾人シーさんは日本語が得意でした。

彼はゆっくりと鍼を、私の身体の各所に打ち治療が始まり、四十分ほどで終わります。その間痛いことはまったくなく、私はいつも眠ってしまいました。

「ミスター・クボタ、終わりました」

と、元気のいいシーさんの声で目が覚め、私の腰痛治療は終わりです。ベッドから何の苦労も

なく、いつも通りに立ち上がり、私はにっこり笑って、「多謝、多謝」と言い料金を払い、車をいつも通り運転し帰宅します。ここでの約一時間の治療の後は、激痛は嘘のように完治していました。

ところが、その数カ月後のこと、道場では何のこともなかったのですが、道場で大汗を流した翌朝、再び腰痛が起こりベッドからまったく起き上がれませんでした。しかし、Fがいつものように、静かにシーツを引っ張り、私の身体をベッドの端に動かしてくれたので、私は静かに身体を返し、やっとベッドを離れました。私はご老体よろしく背を曲げ、階段を下り電話機にたどり着き、鍼師シーさんのクリニックに電話をしたのですが、この日はあいにくと休日でした。それで仕方なく同じくリトルトーキョーでオープンしている広島出身の鍼師クリニックに予約をとり、そのクリニックへ向かいました。そこではすぐ治療が始まり四十分ほどで終わりましたが、立ち上がろうとすると激痛が走り、朝ベッドで起き上がったときの状態とほとんど変わりません。私はその日本人鍼師に向かって、

「まったく治っていませんよ。どうしたんですか」

幾分怒って訊くと、

「これ以上は無理です。少し時間が経てば痛みは軽減するでしょう」

と、事務的な返事が返ってきました。このときほど私は以前から聞いていた鍼師の腕の違いを痛感したことはありません。

翌朝はいつもの鍼師シーさんを訪ね、いつもの一時間弱の時間でいつものように完治したので

した。

後年のことですが、乱取りやその後の型の練習の後、全員で輪になり中央に入った人に、ひとりひとりが殴りかかったり、襟をつかんで突っかかっていったりして、それを中央にいる人がいろいろな技を使って相手を投げる、いわば護身術も取り入れた練習法を、私は提案しました。それが採用され練習法のひとつとなりました。通常の練習で一時間半近く激しく身体を動かした後にこの練習をするのですから、私を含めメンバーの全身はさらに大汗でびっしょりとなりました。

護身武道といえばこんなこともありました。私はハリウッド道場を使い、短い期間ですが、日航商事の田中支店長、プリンスホテルの岸支店長と久世夫婦など、うちのFの知人たち十人ほどに、護身武道を指導したことがありました。最初は皆さんは慣れないので大変なようでしたが、しばらくすると楽しんで汗を流すようになりました。その後私が多忙になり中止しましたが、大変懐かしく思い出します。

またある日、ロサンゼルスの電話会社から護身術を教えてほしいとの依頼がありました。それでその会社の広い庭を使い女性職員三十名ほどに、ハリウッド道場のメンバーで巨漢のカルロスとボブ・イワサキと一緒に、護身武道、柔道と合気道と集約拳を数回でしたが、講義し実演、指導したこともありました。

在米中二十三年間、私はロサンゼルスで日中は仕事、そして夕方は柔道を継続し、腰痛で鍼師にかかる以外はほとんど医師にかかることなく、快適な生活を続けてきました。

日本へ帰国する七年（一九九四［平成六］年）ほど前に、機会があり剣道も始めました。それは剣道師範をしていた義父が亡くなったので、使っていた剣道具をもらい受け、ロサンゼルスの剣道会で剣道を始めたものです。

この米国剣道連盟は長い歴史があります。約六十年前に米国でタイガー・モリで知られた森寅雄氏が、西ロサンゼルス剣道道場を設立したことから始まります。彼は今から七十六年ほど前、昭和十二年に剣道普及のため渡米、南カリフォルニア大学でフェンシングを学び、南カリフォルニア・フェンシング選手権で優勝しました。その頃から森氏は米国で剣道普及運動を始めました。終戦後は明治大学でフェンシングを指導し、昭和三十年頃は米国剣道連盟会長となり、米国剣道界に関係し貢献した方です。

この米国剣道連盟では私の母校韮山高校の大先輩（旧制韮山中学二〇年卒・函南出身）、久保田豊八段が師範の一人として活躍していました。ところが、私が参加した頃はご高齢で、練習には参加していませんでした。一度お会いしたいと思っていたのですが、私の仕事が落ち着いた頃は、先輩はすでに入院しており、お会いするチャンスはありませんでした。

そのようなわけで、その頃は柔道二日、剣道は週三日の練習の日々となりました。剣道は四海、永谷両氏には初歩からよく鍛えていただきました。また、元さいか屋社員、名前は忘れましたが、彼もなかなかの腕で私も大いに励みになりました。さらに、取引先の知人、益子君には週一回ご指導願いました。彼との練習場所は彼の勤めるユニワールド社の、倉庫の一部である広いスペースを使っての猛練習でした。彼はこの会社に勤める前は自衛隊員で剣道指導員もやっており、彼の生徒のひとりが三段をとったと喜んでいました。彼は私より小柄でしたが、竹刀をもっと動きが速く、最後まで簡単には打ち込めなかったのを覚えています。

この剣道クラブに「ロスの赤ひげ」で名高いドクター入江健二医師がいました。ご存じのように『赤ひげ』は三船敏郎主演の黒沢映画の主人公で「医は仁術なり」を実行する江戸時代の名医の話です。ドクター入江は東大医学部を卒業し、その後UCLAに留学か研修かで学び、その後何かの縁があったのでしょうロサンゼルスに住みついた名医です。彼は東大時代、ボート部に属し、伊豆で練習を重ねていたと聞き、大変懐かしく思ったことがありました。

ドクター入江は、その頃では珍しい携帯電話を持参しており、夕方から夜間にかけての剣道の練習時間にも、なにかあると電話を使って緊急指示を出し、常に患者の世話をしていました。多分今でも同じように身を削って、患者のテイク・ケアーは継続していることでしょう。剣道の腕もぐっと上がっていることかと思います。

ある日のこと、いつものように防具をつけ道場に入ると、その日は日本から来た中年の剣道愛好家たちが竹刀を握って、激しく動いていました。私は仕事の都合で少し時間が遅れての参加でした。七、八人練習していましたが、その中のふたりと組み、打ち合いました。おふたりとも身体の動き、竹刀さばきは実に早く、私はまったく歯が立ちませんでした。練習後、話を聞いて分かったのですが、彼らは群馬県高崎市からの参加者でした。私が日米会話学院でともに学んだ高崎市出身の小泉君について言及すると、「私たちの先輩です」と彼らは驚いて言ったので、こちらもびっくりしました。

また剣道会の道場で時々話し印象的だった、私と同姓の青年がいましたが、彼はロサンゼルス警察学校で空手を教えているクボタ師範の息子でした。名前は忘れましたが、日本語が上手いので、どうしてと訊くと、彼は慶大に留学していたとのことでした。

この剣道会のメンバーはハリウッド道場の倍近い約百人でした。米国剣道界は、最近は米国ではかなり普及してきており、数年前の世界大会では、日本の代表選手たちを破り米国勢が優勝しました。しかし、ここでも問題なのは剣道の持つ和の精神、これをいかに欧米人に教育し、伝えることができるのかが、次の大きな課題となってくるのではないかと思います。

第九章　紀文カナダ社、日航商事、ニッスイＵＳＡ社との取引

有名ホテルへスモークサーモンを納品

我々がアラスカで「海上買い付け」したキングサーモンは札幌と築地で販売されたとのことでした。ロサンゼルスに帰り、新しい仕事の企画に取り組みました。

ユーコン河口での「キングサーモンの海上買い付け」を経験し、北海の魚、キングサーモンの知識も多少得たので、これを商材に「寿司ネタ」の販売ができないかというのが一番のテーマでした。私はアラスカ、ユーコン河口の本船内で、キングサーモンの刺身も味わいました。そして、その三十数キロのキングサーモンが「マグロに負けない脂の乗り、肉質の柔らかさ、そして美味」で抜群なのを知り驚きました。

私はこのキングサーモンをスモークすれば、寿司ネタとして十分使えると確信しました。ただ、アラスカでの苦い経験の結果分かったように、ユーコン河口のキングサーモンの入手は困難です。それで少し情報を探ったところ、味ではカナダのフレーザー川産のキングサーモンが抜群なのを知りました。

バンクーバーの紀文カナダ社に相談すると、幸いにもその製品を取り扱うことができることが分かりました。支店長の三宅君とは以前からクラブロータスで呑んでいた旧知の仲です。彼は私と同年で明治大学卒。相撲部で活躍し東京都相撲大会で優勝したこともあります。彼の歌う相撲甚句は、素晴らしい声量で抜群でした。

彼は東京本社からカナダに派遣された最初の頃は、英語がまったく話せなかったそうで、最初はこんな風に英語を話していたと、自分でくすくす笑いながら話してくれました。例えば「劇場に行く」を、その頃の英語で言うと、「アイ・セアター・ゴー」と言ったとか。アイはオレ、セアターは劇場、そしてゴーは行くで、間違っているとは知らなかったと言うのです。これを最初にクラブロータスで聞いたとき、大爆笑、ふたりの体が大揺れし、テーブルの上に置かれたハイネッケンのボトル二本が、その揺れで倒れてしまうほどでした。

一九八一（昭和五十六）年、原魚のキングサーモンはフレーザー川産に限定し、工場でスモーク製法してもらうように頼みました。そしてその後、サンプルとして送られてきたスモークサーモンを、うちのFとパートで手伝っていた浜君、後藤君たちと試食したところ、その味は独特で他社製品を抜きんでる逸品でした。この味ならこのロサンゼルス周辺を独占している、ユダヤ系米人のスモークサーモンに負けないと確信しました。それからすぐ三宅君と支払いその他の詳細を打ち合わせ、紀文カナダ社に注文を出しました。

次に、日系米人で長く市内に住み、この業界に詳しい太田、ひふみ両君を通じ、市内や寿司バーでよく売れている、ユダヤ系米人のスモークサーモン工場を調べてもらいました。これは今市場に出回っているスモークサーモンがどんな風に製造されているか、その実態を知りたかったからです。そして数日して、太田、ひふみ両君の協力を得て、Fと四人でその工場を訪ねました。その工場は五百坪ほどの敷地に建てられた近代的な建物でした。

そこの案内人に原料倉庫や燻製部屋を見せてもらいましたが、私がそこで目にしたのは本格的な燻製ではなく、燻液に漬け込む液燻方式で生産されているスモークサーモンでした。そのためスモークサーモンとしては味が「いまひとつ」です。伝統的な燻製サーモンの味を知らない米国人には、この味でも受け入れられるのでしょうが、本来の燻製の味には一歩、いや二歩劣ります。ただ、使われているサーモンの原魚は脂も乗り十分なサイズでした。


そうこうするうちに、一九八二（昭和五十七）年、私はロサンゼルス市内の有名ホテルを対象に、積極的に販売促進を開始しました。値段がユダヤ系米人の作る従来のスモークサーモンより、十五パーセントほど高いので少々心配してのスタートでした。

最初に注文を受けたのは、かの有名なビバリーヒルズホテルでした。やはりこのホテルのチーフシェフは味に敏感というか、本格的に燻製にしたスモークサーモンの味を知っていました。

このホテルは全米の由緒あるホテルの中でも最高級と評されています。一九一二年の創設ですが、現在でも政界、財界の大物や他の分野でのＶＩＰが宿泊するので名を馳せています。その昔のことですが、モナコ公国のレーニエ大公と有名な女優グレース・ケリーが「ロマンスの花」を咲かせたのもこのホテルです。また、俳優ジョン・ウエイン、作家ヘミングウェイ、海運王オナシス、ケネディ元大統領、女優ソフィア・ローレンは定宿としていたようです。また米国の大富豪のロックフェラー家、アスター家やヨーロッパの王侯、貴族用などに三三五室の部屋を常備していました。

この有名ホテルの注文を皮切りに、半年ほどでビバリーヒルトンホテル、ダウンタウンヒルトンホテル、ビルトモアホテルなどと、これらのロサンゼルス近辺の有名ホテルに納入するまでになりました。始めたばかりの小さな会社でも、商品の「味と品質」さえ良ければ、少し高くても買ってくれるという現実にここでも「米国社会の公平さ」を痛感しました。


スモークサーモンのホテルへの納品だけでは数量も限られています。それでほかの時間を日系マーケットに納品する商材を考え、今度はロサンゼルス市内、日系米国人や日本人が多く住むロサンゼルス郡ガーデナ市地区などの日系スーパーマーケットを回りました。この頃は日系人相手の店舗は、リトルトーキョーに小さいスーパーが二店舗、ガーデナ市に大型一店舗とそのほかに二店舗ほどでした。そしてこれらの市場に販売拡張のため、第二段目の商材として、私の得意とする「カツオのたたき」を輸入し、その販売促進に入りました。

浜君が最初はリトルトーキョーのモダンマーケットへ、次に、その近くで秋田県出身の岩井氏が水産物の小売業をやっていましたので、日曜日にはそこに手伝いに出向き、店頭に立ち「カツオのたたき」の販売を手助けしました。彼の部下でハリウッド柔道道場メンバーのひとり、山梨出身の深澤勇人君も販売を手伝ってくれました。

ある朝のことです。日系二世の老人から、怒った口調で電話が入りました。

「昨日、モダンでお宅のカツオのたたきを買って食べ、腹が痛くなりひどく下痢した。それで医院に行った。どうしてくれるんだ」

この老人がそれとなく言っているのは「医療費を負担しなければ訴えてやる」ということでした。私は彼の話を静かに聞いて、担当者が帰ってきたら事情を訊くので、明日また電話下さいと言って電話を切りました。その晩私のアパートを訪ねて来た浜君に、店内での状況を訊くと、

「ああ、あの日系老人でしょう。彼を含め数人が試食は無料なので、店内を回っては十数回試食していました。間違いなくそのひとりです」

と、苦々しく言いました。日本では予期しないことでしたが、幸いなことに、この老人からその後の要求はきませんでした。

私の二十三年の滞米中は、後でもふれますが、時に、韓国ヤクザによる商品を出せという脅しや、日系米人と同様にフロリダの米系老人からのスモークサーモンで腹をこわし医師にかかったので医療費を出してほしいというような問題が発生しました。これらは私が強く拒絶すると、その後のリクエストはありませんでした。当時は、どうも日本人は甘く見られていたようです。

一九八三（昭和五十八）年、大韓航空機撃墜事件がありました。日本では東京ディズニーランド開園。流行語は「胸キュン」。

スモークサーモンの日系市場調査のため、市内の五店の日系寿司バーに直接販売を開始しました。そうこうするうちに六カ月ほどが経過し、味の良さが伝わったのでしょう。さらに数店の日

系寿司バーがユダヤ系会社の製造するスモークサーモンの購入を止め、当社の製品に鞍替えしました。

私はこの辺で市場調査の最初のステップが終わったことを知りました。次は、予定通りこの商品の卸売りを他社に委託することです。これは日本的な特別な販売方法と思っていたのですが、ロサンゼルスの日系市場では一般的でした。多分現在でも次の七社が、日本からの魚類の加工品では市場競争していることでしょう。

その七社とはジャパンフード社、インターナショナルマリーン社、共同貿易社、LAフィシュ社、デイリーフーズ社、西本貿易社、そしてユニワールド社です。私は毎朝のことですが、これらの会社の仕入れ担当者に「寿司用スモークサーモン」の話を持ちかけ、商品をよく説明しサンプルを味わってもらいました。ところが、どの会社もまったく首を縦に振りません。それはすでにユダヤ系のスモークサーモンを扱っているので、すぐ断ることができないという現実からでした。というわけで、最初はどの会社もまったく話に乗ってくれませんでした。そんな環境の中、私はここが「忍の一字」の辛抱と思い、連日各社を回り、できるかぎり担当者と面談しました。そんな日々の数カ月間は何か米国ではなく、日本にいるような不思議な感覚に襲われました。

日航商事との提携

一九八三年、スモークサーモンが売れ出したので事務所が必要になり、私はオフィスに使う事務所を探すことにしました。

ある日、知人に紹介され、七番街とブロードウェイ街の交差するところにあるブロードウェイプラザビルの日本航空の子会社、日航商事USA社（後に日航商事）を訪ねました。そこで入り口に座る米国女性に案内され、田中利夫支店長に会い一時間ほど、現況や今後の企画について話しました。田中氏は関西の出身、東大法学部卒。日本航空からの出向でした。お互い気があったのか、

「いつでもこの部屋は使って下さい」

と、奥の部屋に案内していただきました。私は、田中氏の実に紳士的な態度と、その小奇麗な部屋が気に入って、翌朝からそのオフィスでひとり、販売業務の仕事を開始しました。そして約一年後は、うちのFが週三回、一緒に事務所に通うことになります。

この頃は市内の寿司市場は未熟なマーケットでした。さらに、これらへの日系卸売会社は「タクワン貿易」が主でした。タクワン貿易というのは、米国に住む日系人相手に、主に日本から種々の生活商材を輸入し販売することです。スモークサーモン市場はユダヤ系の会社が全米のスモークサーモン業界の販売網をがっちりと握っていました。私は先祖代々長きに渡って、水産物を加

工し、食してきたひとりです。日本人としてこの水産物の分野でユダヤ系アメリカ人に負けることはできません。日本にいる夏八木君と電話でそういうことを話していると、
「英さん、ユダヤ系米人なんかに負けないで下さい。負けてたまるか、オレは日本人だ！　で行きましょう」
と、心強い励ましのセリフが電話口から返ってきました。その後、私は彼の言葉を強く心に刻みました。それでもユダヤ系販売ネットワークを崩すのに約一年くらいかかりました。

ある日のことです。田中支店長より日本人旅行客に、当地の土産としてスモークサーモンを販売したいとの要望がありました。私は思いがけない氏からの申し出に大喜びしました。その晩はうちのFと一緒に、ニューオータニの日本食レストラン「千羽鶴」に行き、久し振りに美味い和牛を鉄板焼きで腹一杯食べました。後年のことですが、この「千羽鶴」の寿司バー板長として、伊豆出身・雲野氏が寿司を握るようになり週二回通うことになりました。

その後、日航商事・田中支店長の要望で、スモークサーモンの旅行者向けのきれいな包装箱を、デザイン専門会社に依頼し制作しました。この旅行者用のボックスを作ることによって、日航商事からの毎月の注文はぐっと増加しました。さらに、一九八五（昭和六十）年頃から、田中支店長よりスモークサーモンを、日本航空と大韓航空の機内食にとの話が持ち上がりました。この日は、久し振りにふたりで夕方を待って「千羽鶴」に座りました。そして彼女は赤ワインを私は日本酒を呑み、美味い握り寿司を食べました。そしてふたりで新たな仕事の進展を喜び合いました。

この日航と大韓航空への納品はその後数年続きました。後に、市内のロシア系米国商社、キャ

ビア&ファインフーズ社を通じて、ユナイテッド航空、アメリカン航空の機内食として、スモークサーモンの納入がはじまりました。多分ファーストクラスだけのサーブだけだったのでしょう、数量は限られていました。ここでも米国社会の公平性に感激しました。

その後、販売促進活動の効果があり、日本の卸売会社のインターナショナルマリーン社の横島氏から連絡が入りました。私はすぐ彼のダウンタウンのオフィスに出向き、わが社のスモークサーモンの利点を説明しました。すると気に入ったのか横島氏からトライアルオーダーが入りました。この会社は築地に本社があり、名前の通り魚類が専門の卸売会社です。彼はキングサーモンについても知識はありました。この会社には毎朝、市内の日系寿司バーや和食レストランの経営者が魚類を買い付けに来ます。

すると数日して、デイリーフーズ社、次いでジャパンフード社の仕入れ担当者が話を聞いてくれ、後日取引を開始することになりました。

ところが、仕事はよいことばかりではありません。ある朝のことです。ビバリーヒルズホテルより、

「そちらの製品がソフトミートで使えない」

と、怒りの声で電話が入りました。私は驚いて受話器を置くと、車を駆って十番フリーウェイに乗り、ビバリーヒルズホテルに急行しました。車を運転しながら「ソフトミートとは何ぞや」と繰り返しました。ホテルの裏口より、調理場に足を入れると、チーフシェフが顔を出し、調理

テーブルに乗っている三キロほどのスモークサーモンのフィレーを指し、

「このサーモンフィレーはソフトミートで使えない」

と、目をぎょろぎょろさせて、文句を繰り返しました。

私は、彼の喋る語調がいささか乱暴で、生意気だなと思っていましたが、黙って聞いていました。すると彼は、さらに語調を強め、「ソフトミート」を繰り返しますが、私は、「ソフトミート」という言葉を初めて聞いたので、何を意味するか分かりませんでした。それで、

「ソフトミートというのは何ですか」

と、怒る彼の眼を見ながら訊きました。すると彼はさらに怒って顔を紅くし、指でフィレーの表面を触れ、少し押しました。すると肉質が柔らかく指がぶすっと入りました。私は彼の動作を眺めていて、「ああ、これを言うのか。そう言うことか」と、その意味を初めて納得しました。

「分かりました。申し訳ない。ロットはすべて引き取ります。また後ほど連絡します」

と言い、頭を下げました。そしてスモークサーモンを入れた五十ポンド箱を担ぎ、車のトランクに積み込みました。

後で考えると、この時のシェフの態度がやや横柄だったことで、私も少々生意気な態度をとったのでしょう、彼によい印象を与えなかったようです。シェフはフランス系米人で英語は母国語ではありませんでした。そして一方、私の方も米国での営業はまったくの駆け出しで、アメリカでの商売は初歩のステージでした。そのため問題が発生しても、それを上手に扱えなかったのは事実です。

すぐ紀文カナダ社に連絡を入れ、三宅支店長にその旨を伝えました。デスクに座りじっと待っていると、三十分ほどして彼から返事が入り、二十分ほど、この問題についてふたりで話し合いました。

最初は彼も私と同様「ソフトミート」という言葉の意味を知りませんでした。そして紀文カナダ社の工場長と話し、「原魚の鮮度の悪さ」が原因で、スモークしている間にさらに鮮度が落ち、「ソフトミート」となることを理解しました。

遅いランチを近くの日系レストランでとった後、私は電話でホテルのシェフを呼び出し、再び品質管理の悪さを詫び、今後不良品は納品しない旨を伝えました。この時の彼の応対は、米国系シェフですと「イエス・オア・ノー」がはっきりしていますが、曖昧でした。フランス流なのでしょう。その夕方は早めに帰宅し、その問題点を彼女に話すと、

「英さん、あなた明日の朝、バンクーバーへ飛ぶのでしょう? この問題を早く解決しないと、また同じ問題が起こるわよ」

「その予定だ。明日は早い便で飛ぶよ」

そして彼女が知り合いの旅行会社に電話を入れ、席を予約しました。

翌朝、私は早起きしロサンゼルス空港に向かいました。機内では落ち着かず、どうして工場の従業員が魚の鮮度が分からないのか考えていました。バンクーバー空港では三宅君が緊張した面持ちで迎えに来ていました。

我々は紀文カナダ社の下請けであるスモーク工場に、彼の運転する車で直行しました。日系の

工場長が出て来て我々を迎え入れました。

我々は工場内に入り、十人ほどの日系カナダ人が働いている現場を、少し離れたところでチェックしました。ここは大きな工場ではありませんので、ベルトコンベアーでの流れ作業にはなっていません。従業員たちのサーモンのフィレー加工やその取り扱いは、少々遅いのですが悪くありません。

三十分ほど作業工程を見て分かったことがありました。それは工場の従業員のほとんどが日系カナダ人の四世や五世です。彼らは日本語を話せず、また日本人のように魚の鮮度については厳しくありません。普通の一般のカナダ人ですから仕方ないことです。一方、我々は幼少の頃より日々魚を目にし、触れ匂いを嗅ぎそれらを食べて生活してきました。日本人の魚類の鮮度に対するスタンダード（基準）は世界一です。

私は、この工場を見学した後、工場長や担当者とオフィスで問題点を話し合いました。この製造能力のレベルはかなり高いのですが、魚の鮮度の選定に厳しくなく、その結果製品に問題が発生することが分かりました。

我々は再び車に乗り紀文カナダ社に向かい、応接室で紀文の竹田工場長も加わり話し合いました。彼は北大水産学部の出身ですので、三宅君よりもスモークサーモンについての知識は豊富ですが、彼は多忙で下請け工場まで出向き、品質管理をする余裕はありませんでした。

私は帰りの飛行機のなかで、「これからあの工場で品質管理が十分できるだろうか」と、自問自答していました。私は帰宅し、そして私が見てきた工場や従業員、製品管理について彼女と話し、我々の置かれた現状が思ったより厳しいと思いました。

翌朝のことです。ビバリーヒルズホテルの例のシェフに電話を入れ、留守だったので彼に「次回より良品を納める」旨の伝言を残しました。しかしこの時以来、ホテルからの注文は入らず、残念ながらこれを機に、この有名ホテルとの取引は終わりになりました。このクレームの問題はこのスモークサーモンを販売する上で、大変よい教訓を与えてくれました。

ニッスイUSA社との全面的な提携

その翌朝のことです。偶然でしたが、日本水産USA社（以下、ニッスイUSA社）船越義弘氏より電話がありました。明日ロサンゼルスへ行くのでオフィスで会いたいとのことです。本社の日本水産は、大洋漁業とともに日本水産界の最大手です。

翌日、船越氏がオフィスに姿を見せ、名刺を交換しました。氏は私が日本航空の子会社、日航商事の綺麗な一室をオフィスにしているので驚いたようです。彼は九州生まれであることや、駐在しているニューヨークオフィスでの営業や運営のことなどを話し、私は私が経験した台湾での話など、三十分ほど雑談しました。会話もひと段落し、船越氏が本題に入りました。

「ところで、久保田さん、御社は現在紀文カナダとスモークサーモンの取引をしているようですが、弊社もスモークサーモンを供給できます。どうですか、うちの製品も扱っていただけませんか」

と言い、じっと私を見つめました。それまでゆったりと話していましたが、今度はまったく違った雰囲気です。

「やあ、船越さん、それは有難いですが、現在わが社は紀文カナダの製品を扱っています。お話したように多少問題も抱えていますが、あそこにいろいろと厄介になっているので、すぐに取引をやめることはできません」

と、私は率直に意見を伝えました。すると、彼は眼光を鋭くさせ激しい語気で、

「久保田さん、これは詰まるところ、御社が紀文をとるか、ニッスイをとるかということです。さあ、どっちかハッキリ決めて下さい」

と、詰め寄ってきました。私は久し振りに、その口調に彼の中の九州男児の熱い心意気、熱意を感じ、そしてその真剣さに心を打たれました。私は何となく嬉しくなって微笑し、

「そうですか、船越さん。そこまで言うのなら分かりました。御社とスモークサーモンの取引をはじめましょう」

と彼の手を強く握り、商談は成立しました。これがニッスイUSA社の船越氏との最初の出会いでした。

それから二カ月、両社のスモークサーモンを取り扱っていたとき、紀文の製品に、またソフトミートの問題が再発しました。幸い、このときは私が納品した日系寿司バーでしたので、私はそ

の店に急行し、不良品をピックアップしました。このクレーム再発を機に三宅支店長の同意を得て、紀文カナダ社との取引は終わりました。

その後分かったことですが、船越氏は私と同世代、博多出身、九州大卒、俳優船越英二氏（船越英一郎氏の父親）は従弟で、仕事では野心家でした。そして船越氏の母親が滋賀は近江商人の家柄で、久保田姓と分かりました。我々は「縁は異なもの」と、連日電話で仕事の成り行きや、お互いの意見をかみ合わせ徐々に親密になっていきました。

ある日のことです。彼とこちらの現況を話しているとき、

「久保田さん、冷凍紅サケ、チャム（サケの一種）のイクラを扱いませんか。多分販路がかなり拡張できるでしょう」

と、嬉しい申し出がありました。

「船越さん、イクラはすぐ扱えるでしょう。しかし紅サケは寿司マーケットでは多少難しいでしょうから少し時間を下さい。チャンスはあると思います」

翌朝、スモークサーモンの取引をしている市内のユニワールド社の阿久沢氏を訪ね、イクラをオファーしたところ、彼からすぐ注文が入りました。そして船越氏に連絡しイクラの発送をお願いしました。そして二日して最初の荷が到着しました。私は倉庫に行き十五分ほど待って、これを車に積みユニワールド社に届けました。商品を車から降ろしていると、数人が集まって来て手を貸してくれました。私はサンプルを彼らに見せ試食させると、

「これは美味いですね。この商品は是非取り扱いたいです」

「そうですか。これはニッスイさんが日本向けに製造したものですから、他社の製品とは異なり、美味いだけでなく品質は安定しています」

と、安心・安全の宣伝文句を口にしました。

このユニワールド社へは、私は週に数回訪問し、数人の社員や管理職と会い話をしていました。この会社で働いている人々のほとんどが二、三十歳代で、彼らの仕事に対する熱心さ、その真剣な態度に、私は常々感心していました。マネジャーの阿久沢氏からの要望があり、我々のアパート、オークウッド・ガーデンの会議室を借り、日曜日の午後、二時間ほど魚類やその扱いについて十数人のメンバーに講演したこともありました。そんなわけでこの会社との付き合いは、後述しますが、米国を離れるまで良好な関係が続きました。

その後、紅サケについては、ガーデナ市のニュー明治マーケットにオファーしたところ、これも遠藤マネジャーより注文が入りました。これには我々も大変喜びました。そしていつものように、Fとふたり、夕方は「千羽鶴」に座りました。この店によく通ううちに、数人の仲居さんと話すようになり、そのひとりに伊豆修善寺の旅館仲田屋の娘さんの植田英子君がいました。この旅館は修善寺で三百年以上歴史がある古い宿とのことでした。

わが社はこれを機に、次第に商材の枠を広げていきました。ニッスイ製品を取り扱い始めると、徐々に遠く東部はニューヨーク、中部のシカゴなどから引き合いが入りました。想像はしていましたが、商標「ニッスイ」を背負った寿司ネタ商品、イクラなどの販売は順調に進みました。やはりニッスイブランドの商品は、嬉しいことに全米の寿司職人の間では、想像以上にその名が通っていました。しかしスモークサーモンを東部、とくにニューヨーク地域に販売するのにはさらに数年かかりました。この地域もユダヤ系米国人が支配する市場です。彼らががっちり市場を押さえているので一筋縄ではいきません。

私は、これらの商品の引き合いがあれば、誰にでもオファーするということはしませんでした。もちろん最初は販路を広げるため、極力引き合いがあればオファーしていました。ところが、会社によっては支払いが期日より延びたり、支払いが滞るケースもでてきたからです。

それで販路の末端は全米の「一流寿司バー」とすることにしました。これらの寿司バーやレストランに直接売るのではなく、各地の卸会社（日系、米系）会社を通じて販売しました。私は常に競争相手が扱っている商材の値段を調べ、その値段より十パーセントほど高い値段を設定し、「値は十パーセント高いが、味は三十パーセント高」をキャッチフレーズとしました。そして常にエンドユーザーの率直な意見を聞くため、市内の数店の寿司バーには、最後まで私が直接配達を続けました。

この少し前の一九八三（昭和五十八）年に、私は新会社も立ち上げました。社名は「ユリカ・トレーダーズ・オブ・アメリカ社」。ユリカとは「カリフォルニア」という意味です。

問題はどの商材を「売り」とするかです。他社に負けない、自信のある商材は一貫して、スモークサーモンと、輸入を始めた独自の「伝統の味」ブランドの「うなぎ蒲焼」でした。この二種類はその後約二十年間、他社の追従を許さない商品として、ニッスイUSA社の協力を得て販売量を成長させることができました。

台湾製のうなぎ蒲焼を例にとりますと、その販売を最初に企画したとき気がついたのですが、日本で売られているうなぎ蒲焼のたれには、「味の素」が使われていました。ところがいろいろ調べた結果、欧米では本来の味が変わるといって「グルタミン酸ソーダ」の混入品は嫌います。それで私は取引先の台湾の葉氏と話し合い、私は蒲焼のたれには味の素を使わず、自然の味を尊重し、数社のたれの中から厳選しました。この蒲焼は寿司バー用ですから、アミノ酸（味の素）が混入しているかどうかは問題ないはずですが、欧米人でもよい舌をもつ人は判別します。彼らはこの味を大変嫌います。私もこれは理解できます。言い換えれば、欧米人も醬油たれを好み、かつ本来の味がアミノ酸などで変わるのを嫌います。

この二年ほど前の一九八一年、日本産の「うなぎ蒲焼」を輸入しようと考えていたときのことです。そこに丁度、台北市在住の葉氏がボラの卵を、フロリダに買い付けに来ており、その出張の帰りにロサンゼルスに立ち寄りました。それで私はリトルトーキョーの「鮨元」で、夕刻彼に会うことにしました。

私はFとふたり、約束の十分ほど前に駐車場に車を止め、「鮨元」の前まで行くと、背の高い百八十センチほどの台湾系の中年男性が立っていました。私が声をかけると、彼がにこっと笑って、「台北の葉です」と、正確な日本語で答えてきました。

ここの経営者で寿司職人の豊さんとは、うちのFが親しいので事前に電話し、席を予約してあ

りましたので我々三人、寿司カウンターのよい席に座ることができました。私はカウンターの中を覗き、

「マグロのトロが美味そうだな。トロからいきましょうか」

と訊き、葉さんもうなずきました。

「私にはハマチを握って下さい」

と、うちのFは好きなハマチを注文しました。すると普段は無口な豊さんですが、「OK」と答えて、手早く握り始めました。

豊さんは青森出身。いつもは寡黙ですが時に気分が乗るとよく喋ります。人柄と味が良いので店は連日人で溢れています。カウンター席とテーブル席はランチ、ディナーと常に満席で、時に待ち人の列が長く続くこともありました。

私はにぎり寿司を食べながら葉氏といろいろ話しているうちに、彼は台南市の大手うなぎ工場とも親しいことが分かりました。それで私の蒲焼に対する要望を伝えると喜んで了承してくれたので、彼を通じ台湾からうなぎの蒲焼を輸入することに決めました。工場と直接取引きすると多少値段は安くなりますが、日本語の堪能な台湾人を通した方がこちらの意見はよく伝わります。

私は、まず「伝統の味」商標を会社の公認ブランドとして登録し、その末端の客先を全米の「一流寿司バー」としました。このように販売目標を具体的に考えると、販売促進も具体的となり、販売効果もすぐ分かりました。

俳優夏八木勲君、ロサンゼルスへ来る

日本経済のバブル期の少し前のことです。東京から夏八木君の高橋マネージャーがロサンゼルスにやって来ました。Fと三人で、ニューオータニでコーヒーを飲みながら、いろいろ彼の近況を聞いていると、

「久保田さん、夏八木さんが昭和五十八年に新居を鎌倉に建てました。日本に帰ったとき、夏八木さんの自宅を訪ねてやっ

鎌倉の夏八木勲の新居にて。左より、著者、稲木政利、夏八木勲。1983年頃

て下さい。それも早い方がいいです」

と言うのです。

彼の話を要約すると、夏八木君は自分の好みの役でないと仕事を断るのだそうです。それだと住宅ローンの支払いが滞り、新築の家は一年と持たずに他人の手に渡ってしまうと彼は危惧していたのです。それで我々は少々心配になって、次に帰国したときふたりで、その頃の日本では珍しい北欧様式で建てられた三階建ての、鎌倉常盤の夏八木君の家を訪ねました。


ここで、彼がロサンゼルスに来たときの話をしたいと思います。最初は小松左京原作、一九八〇年公開の『復活の日』のロケであったでしょうか、南極付近まで行き、その後、チリ、アルゼンチンなどを歩き、そして日本に帰る前にロスに立ち寄りました。このときはハリウッド女優オリビア・ハッセーと結婚しビバリーヒルズに住むことになる、歌手布施明氏の結婚式にも立ち会ったとのことでした。

夏八木君が、またそれから少し経ってからきました。何かのロケの帰りということでした。彼はひとりの知人と一緒でした。その彼は、一九七八年『九月の空』で七十九回芥川賞受賞した作家、高橋三千綱《みちつな》氏でした。私は彼の作品は読んだことはありませんが、読書好きのうちのFはその作品はすでに読んでいました。それで三千綱氏とうちのFは気がよく合い、プールサイドに座り長々と話をしていました。

その数年後、まったく予想外の人物と一緒にロサンゼルスに来ました。彼が連れてきたのは、新聞王ウィリアム・ランドルフ・ハーストの孫娘のひとり、ビクトリア・ハーストでした。彼女は夏八木君と一九八五年、日本の関西テレビ制作の『影の軍団　幕末編』で共演し、それで夏八木君と話すようになったようです。彼女の姉のことは一九七四年の「パトリシア・ハースト誘拐事件」で新聞記事になりましたので知っていましたが、その妹が日本のテレビ映画に出演しているとは意外でした。私は彼女と彼を歓迎するために、この晩は道場師範代ゲイリー夫妻も招待し、近くの韓国レストランで美味しい韓国料理をつっつき、ビールを呑み、語り、それは楽しいひと時を過ごしました。

これはもはや二十数年前のこととなりましたが、夏八木君が、夏八木夫人こと、ミセスマリ（まり子）ちゃん、娘さんのゆいちゃん、ことちゃんの四人でやって来たこともありました。

はじめ私は彼が東宝映画『アラスカ物語』（北大路欣也主演）の撮影で、アラスカはコツェビュ市に行き、その撮影後にロサンゼルス空港に降り立ったものと思っていました。しかし調べてみると、この映画は一九七七年に上映されています。それでこれは間違いで、その後の一九九〇年公開の角川映画『天と地と』のカナダでのロケの帰りであることが分かりました。

その頃、我々は広く住み心地の良い家を捜していました。Fは二百坪の庭がほしいと言います。すると適当な物件がひとつ、北ハリウッド地域の近くにありました。それで夏八木君にもその物件を見てもらい意見を聞こうと、建築家武市氏も一緒に四人で出かけました。その物件は三階建てで、地下に広いスペース（六十畳ほど）があり、そこにはまだ新しい玉突き台も置かれていました。夏八木君が、

「会社にも近く、大変素晴らしい家ですが、英さんと不二子さんのおふたりでは、大き過ぎませんか。やはりロスですね。東京では考えられません」と。

その帰り道、夏八木君、武市氏とうちのFの三人は、今見た物件について車内でいろいろと話し合っていました。私は坂道なので会話には加わらず、車の運転に集中していました。時々右手の道より車が出て来ます。この道には信号がないので急に車が出て来られると危ないと思っていました。案の定、初老の男の運転する車が右手より急に、私の車の前に出て来ました。

私がとっさに、ブレーキを踏んだその瞬間、車の後方にドスンと大きな音がしました。車に追突されたのでした。私はそれまで交通事故をしたことはなく初めての経験でした。助手席に座る夏八木君も驚いていました。すると、追突した車を運転していた若い学生風の若者が降りて来てフロントグラス越しに、「大丈夫ですか」と、真剣な顔つきで車内を見回しました。

私が「大丈夫だよ」と言うと、道端に座りこみ、若者は急に大声で「ワアー」と叫び、泣き始めました。彼は高校生で母親の車を借り、ガールフレンドたち三人を乗せ、前を走る私の車が坂道でスピードを落としたのを、話に夢中になっていて気づかず、私の車に追突したようです。車はパッカードか何かで、七十年代に人気のあった古い大型車でした。

夏八木君と私が後ろに回って見ると、それはひどいへこみで後ろのトランクはぺちゃんこになっていました。幸い何も入っていなかったので、物が飛び出すことはありません。「これはひどい！」と、夏八木君が驚いて私の顔を見ました。Fは路上の端に座りじっとうつむいています。私は心配になって、

「フータン、大丈夫かい」と訊くと、彼女は黙って首を振りました。それを見て私は彼女が首かどこか痛めたのだろうと思いました。

「こりゃ、困った。この車走るかな」

実は、この日は夕方から北御門君の寿司バーで、夏八木君の「家族歓迎パーテイ」を予定していました。もし車が走らなければ、何か他の方法を考えなくてはなりません。それで彼女の意見を訊こうとして、道端に座る彼女を見ると、どうもいつもと異なります。多分痛むところがあるのでしょう。

すると、ひとりのヒスパニック系の中年女性が道路を渡りながら、「今私がパトカーを呼んだからすぐ来ます」と言って、ジュースをいれたグラスを私とFに渡してくれました。彼女は「要らない」と言ったので、夏八木君がグラスを受け取りました。

四、五分して、サイレンの音高くパトカーが坂の下からやって来て、我々の前で止まり、警官は私の車を見てすぐ事情が分かったのか、まだ道端で泣いている若者に衝突した状況を訊いていました。もうひとりの警官が、これも道端で座るFを見て救急車を手配したのでしょう。二、三分でサイレンの音がして、救急車がやって来て彼女を救急台に乗せて行きました。そして残った警官が「救急病院の名前と所在地」を書いたメモを私に渡してくれました。

私はこの状態で車は正常に走るかと心配しましたが、車は無事何の問題もなく、エンジンがかかりスタートしました。それを横で見た夏八木君は安心し、ふたりでFの病院に急行しました。途中車のトランクの一部が壊れぶらさがり、道路に触れガタガタと大きな音を立てていました。

このうるさい音を聞き、夏八木君が、
「英さん、一寸待ってよ。どこかでロープでももらってきますから、その辺で停車し私を下ろして下さい」
と言うので、私は少し走って十台ほどとめられるパーキング場のある、小さなクリーニング店の前に駐車しました。彼は車からさっと出て、その店に入り何かふたりの若い女性に言うと、ひとりの女性が奥に入り、ビニールの細いロープを彼に渡しました。彼の「サンキュウ、ベリーマッチ」と言う、独特な声が聞こえ、我々はロープを手に入れることできました。私は車を運転しながら、先ほどの事故を通報しジュースを差し出してくれた女性、そしてこのクリーニング店の女性たちの親切に感謝していました。

それから十分ほどで病院に着くと彼女はすでに病室から出て、待合室に座っていました。もう気分も悪くないので、予定通り「歓迎パーテイに出る」と言います。見ると顔色も普通で背中もよく伸びています。私はそれを見て心底安心しました。そして再びボロボロになった車を運転し病院を後にしました。

ひどい破損車になりましたが、車は快調に故障車と分からぬ走りで、二十分ほどで二十キロ程離れたウエストコビナ地域の寿司バーのパーテイ会場に無事到着しました。

寿司バーはがらんとして仲間はまだ誰も来ていません。少ししてデイリーフーズ社の社員の中井夫妻が、そして夏八木君のミセスマリちゃんと娘さんふたり、それから五分ほどで、ハリウッド道場メンバーの五人（ゲイリー夫妻、ボブ、ディーン、ジョー）が顔をそろえました。皆がそろったところで、私が簡単にスピーチをし乾杯しました。

皆で寿司をつまみ、ビールと日本酒を呑み雑談し、夏八木君はカラオケで歌い、皆で楽しいイブニングを過ごしました。私はその間ずっとFの首の痛みを心配していました。しかし幸いなことに、彼女は首の痛みもひどくなかったようで、隣に座るまりちゃんと時々話し、いつものように振る舞っていました。それを見て安心し、皆とパーテイを一緒に楽しみました。

少したって気づいたのですが、我々はこの寿司バーを借り切ったわけではないのに、ほかの客が誰も入って来ません。私はどうしたのかなと思い、店内で働く従業員のひとりに訊いたところ、その晩はオーナーで板前の北（北御門）さんがほかの客を入れなかったそうです。これは北さんの優しい配慮だったのです。

次に夏八木君が来たのは、当社の製品の日系TVコマーシャル出演でした。

夏八木勲君のTVコマーシャル

わが社の公認ブランド商品「伝統の味」のうなぎ蒲焼の、日系寿司バー市場への売り込みは最初から好調で、ひと安心していた一九九〇（平成二）年頃のことです。日系TVで日本のドラマ『天と地と』がオンされており、夏八木君が山本勘介役で出演していました。このドラマを彼女と

観ながら、

「山本勘介役とはいい役だ。夏八木君も大分売れてきたな」

「そうだわね。私たちが思った通りだわね。これからも、いろいろな役が回ってくるでしょう。夏八木さん役者になって良かった」と、その晩は彼女も大喜びでした。

「いいチャンスだから、うちの商品の宣伝でもしてもらうか」

「英さん、それはいいアイデアだわ。連絡してみたら」

私は早速彼に電話を入れ、日系テレビでのわが社のコマーシャル出演を彼に依頼しました。彼はそのとき舞台に出演しており、それが三日後にオフとなるので、終わったら、すぐその日の飛行機に乗りますとの即答をもらいました。

その夕方、私は期待に胸をふくらませ、うちのFと一緒にロサンゼルス空港出口で待っていると、彼が微笑しながら現れました。

彼は大韓航空を使っていました。彼の機内での印象は「初めての韓国の航空会社での旅でしたが、機内のサービスはよく大変快適でした」と言っていました。

彼がこの大韓航空を使った理由は、後で分かったことですが、創設期のわが社を思って安い航空機に乗り、足代をできるだけ安くあげようという優しい配慮だったのです。そして夕飯は久し振りに三人で「千羽鶴」で寿司を食べました。

翌日は、宿泊先のニューオータニで彼を拾いテレビ局に向かい、私が見守るなか、わが社の「伝統の味」ブランドのうなぎ蒲焼とスモークサーモンのコマーシャル撮影は進みました。私はその撮影の進行を見つめながら、アメリカに行く一九七八（昭和五十三）年の一年ほど前のことを思い出していました。

テレビ東京であったか、夏八木君からの依頼で私はテレビに初出演をしました。その時は私のほかにもうおひとり、日米会話学院長夫人、ミセス板橋も一緒に出演しました。テレビでは彼女は日米会話学院での彼の勤勉さに触れ、私はよく覚えていませんが、これまでの彼との長いつき合いについて話したと思います。

このコマーシャル撮影の一カ月ほど前のことですが、私はこのロスの日系テレビ局の依頼で二回目のテレビ出演をしました。インタビュー番組で、四十五分ほど「台湾の成鰻やフランスのシラス業界」について話をしました。

さて、夕方にはこのコマーシャル撮影も終わり、私は彼をホテルに送り、オフィスに待つFを乗せ、再びハリウッドフリーウェイをホテルに向かいました。そして三人で「千羽鶴」に座りました。先ずハイネッケンで乾杯し、後は各々好みのドリンクを注文しました。

食事を終えて、私はうちのFを自宅に落とし、夏八木君とふたりでクラブロータスに向かい、いつもの欧米人ホステスと語り、楽しいひと時を過ごしました。

このときは幸いなことにホステスが全員外国人で、彼が俳優ということは知りません。それで彼はリラックスし欧米女性と会話を楽しんでいました。

「夏やん、一寸失礼。このたびはいろいろとありがとう。ところで、コマーシャル出演料ですが、こちらで適当に塩梅して考えていますが」

と言ったところ、

「英さん、それは頂けません。もう昔のこととなりましたが、私はお宅でメシを食べ、泊まり、いろいろ厄介になりました。今回はそのお返しです。もうそれは忘れて下さい」

と、例の調子で高らかに言い、この話はお仕舞となりました。私は先に彼にこちらの要望を電話で伝えたとき、「足、箸、枕、プラス出演料」と話していましたが、わが社は大助かりでした。心友の有難さをつくづく痛感した晩でした。

このテレビ広告が功を奏したのか、「伝統の味」ブランドのうなぎ蒲焼は全米でよく売れ、毎月約十トン以上が販売できるようになりました。


二〇〇一年に我々が帰国して夏八木君と同じ鎌倉に居を構えてからは、居間の正面に初富士が望みながら、新年はわが家で夏八木君と盃を傾けるのが習慣となりました。しかし彼の仕事は俳優業、休暇日は一般人とは異なります。それで彼の時間が取れないときは「新年の酒盛り」は多少前後することになります。

彼の誕生日は十二月二十五日です。いつもその誕生日には彼は家族四人で過ごし、高倉健氏から届いた綺麗な花束のギフトを眺めて楽しんでいたようです。

第十章　事業の発展、そして帰国

加藤寛司氏登場

一九八四（昭和五十九）年、ロサンゼルスオリンピックがありました。日本では映画『風の谷のナウシカ』、流行語は「オシンドローム」。

ロサンゼルスでは夏季オリンピックが開催されましたが、米国のテレビ局も新聞社も、このオリンピック開催を日本のようにお祭り騒ぎをして報道していませんでした。市民もいや国民もまったく騒がず、いたって冷静です。東京オリンピックの折、代々木のオリンピック選手村で働いたひとりとして私にはこれは意外でした。

その数カ月前、ニッスイUSA社より、船越氏の後任である加藤寛司氏がダウンタウンの南、ロングビーチ港に着くと連絡が入り、私とFは加藤氏とホテルのフロントで会いました。お互い自己紹介した後、三人でタクシーに乗り込むと、

「久保田さん、私は船越とは違う、私のやり方で仕事をしますから……」

と言うのが挨拶の後の、加藤氏の第一声で、私は黙って聞いていました。これが加藤氏との最初の出会いでした。私は加藤氏の話し方が、船越氏を非難しているように聞こえ、少々戸惑った

のを思い出します。

後日分かったのですが、その頃船越氏は、中国系商社に騙され、不良在庫を抱え、そのため散々苦労していたようです。そしてその不良在庫の一部、冷凍サケ類の販売は当社がロサンゼルスとサンフランシスコを中心にその販売促進の手助けをしていました。氏が抱えたその高額な赤字金額が、新任の加藤氏の脳裏にあったことは間違いありません。それであの非難するような発言になったのではないかと推察します。


七月二十八日、レーガン大統領が開会宣言をし、オリンピック大会が開催されました。

私は、オリンピックには関心がありませんが柔道だけは別です。この大会にはハリウッド道場のフランク・江見師範がレフリーとして参加していました。それで柔道の試合は五回観戦しました。そんなある日、会場の控室口にFと一緒にいたときのことです。会場に近い奥の部屋から猪熊功氏がやって来たので、

「やあ、猪熊さん、お久し振りです」

と言うと、氏が顔をこちらに向け、

「ああ、久保田さん、久し振りだね」

と、大きく笑ってきました。

氏とは短い間ですが話すことができました。その場に一緒にいた道場師範代のゲイリーを猪熊氏に紹介し、猪熊氏とはしばらく話をしていないので、

「今晩でもディナーはどうです」

「久保田さん、残念だが今回はずっと約束が入っています」

と、残念そうにいつもの顔でにっこり笑いました。

オリンピックの柔道競技はそれなりに楽しく観戦しました。しかしすでに柔道は本来の柔道とは異なり、足技が少なく姿勢は悪く、レスリングの技が多く見られました。この頃から「柔道」が「ジュード」となっていると感じていました。それは柔道人口に欧米人とそのほかの民族が加わってきているので、ある意味では仕方ないことです。根本的な問題は講道館が積極的に「柔道とはなにか」の本質的な説明をする努力が足りなかったことにあります。柔道普及の初期には難しいでしょうが、今はすでに中期に入りました。これからは積極的に、かつ明白に柔道上での「良いこと、悪いこと」を強く説明してほしいものです。正しい説明がなければ欧米人はそれを理解しません。一歩日本を離れたら、必要なことは相手の質問をよく聞くと同時に、相手が分かるまでこちらの意見・説明を執拗に主張することです。この辺は米国に永住し、正しい柔道指導をしている、リトルトーキョーの篠原一雄師範の助けをかりるのも一法かと思います。

これは柔道だけでなく仕事や日常生活でも同様です。日本人は外国の言葉がかなりできても、自分の意見を積極的に相手に伝えることは苦手です。これも国民性ですが一歩海外に出たらこれでは駄目です。この事実を心に刻み海外での仕事で頑張ってほしいものです。

以前、米国人の会社と日航のスモークサーモン箱のデザイン所有権のことで、トラブルがありました。それは、あまり自己主張をしない一般的な日本人に慣れているのか、この箱のデザイン

は我々の会社の所有だと、その会社は勝手なことを強く主張したのです。それで私は前に座る彼らに向かって、

「それは受け入れられない。訴訟したいなら、勝手にやってくれ。話し合いはこれで終わりだ」

とひと言いい、Fを促して会議室の席を立ちました。相手側は五人がテーブルに座っていましたが、日本人らしからぬ私の態度に驚いて、お互い顔を見合わせていました。その後、相手側の弁護士からクレームはなく、訴訟問題も発生しませんでした。

このスモークサーモンを入れた箱は、その後も日航商事が日本からの旅行者のために使用しました。読者のなかには、このスモークサーモンを買われた方もかなりいるかと思います。

ニッスイUSA社の船越氏の後任加藤氏との商取引がはじまりました。最初は何かとスムースに進まないのではと危惧していました。ある晩のことです。部屋でクッキングしながら、Fが急に手を止め、

「ねえ、英さん、まず加藤さんに、うちの販売力を見せてやったら」

「えっ、販売力か、そうか。そうだなあ。じゃあ例のイカの販促から始めるか」

私は翌朝から、積極的に冷凍イカの販売促進を開始しました。まず、ユニワールド社を訪ね、阿久沢氏とスモークサーモンやイクラのことで話し、その最後に、

「ところで、阿久沢さん、そちらで冷凍イカを扱ってもらえませんか。アルゼンチン産ですが、ニッスイ製品なので鮮度は良く品質は安定しています」

「分かりました。久保田さんが品質保証してくれるなら扱います。アメリコールド社でピックアップ（引き取り）しますが、それでＯＫですね」

「もちろん、結構です。そうしていただけると助かります」

と、いとも簡単に商談は成立しました。

この種のイカを大量に消費するのは中華料理です。次は、電話帳を調べ中国系商社に直接連絡をとりオファーしたところ、ここでもすぐトライアルオーダーを受けました。ただ中国系商社の場合は決済が常に問題になります。初めての会社ですので調査すると、この会社は長い間ロスで取引しており他社の信用も厚いので、まあいいかと販売することにしました。

そして翌朝、まだ当時加藤氏とダブって仕事をしていたシアトルの船越氏に、この中国系商社の話をすると、

「久保田さん、すぐ契約書を作り、社長のサインをもらって下さい。さもないと騙されるリスクがあります。すぐですよ」

「分かりました船越さん、早速契約書を作成し、サインをとりましょう」

前述のように、私は台湾での苦い経験がありましたので、彼の意見を素直に聞き、契約書を作成し、翌朝その水産物商社を訪ねました。

多少心配していたのですが、応接室に案内され座っていると、中年の陳社長が出て来て、こちらの意見を聞き、要望通り契約書にサインしてくれました。私は契約が文字通り無事に成立したので安堵し、船越氏にその旨連絡を入れたところ、船越氏は私の話を聞き、予想以上に大変喜ん

でくれました。

数日後、再びその会社を訪ね分かったことですが、会社は主に冷凍エビを取扱い、見学した大倉庫にはコンテナ十個ほどの大量のエビが在庫されていました。

偶然のことですが、この会社に台湾系中国人の頼氏がいました。ここで初めて会ったのですが、台湾系の中年の中国人なので懐かしく、彼とはその後時々チャイナタウンで会食し、内部事情を聞くことができました。それでこの会社は内容が良いと知りひと安心しました。海外での取引に必要なことは、できるかぎり内部の人間と親しくし、その人との交際を通じて内部の現状をよく知ることです。これは必須事項です。

ある晩、頼氏とディナーを「千羽鶴」で摂っていたときのことです。

「頼さん、日本に行ったそうですが、最初に日本の地を踏んだ印象は」

「それはね、久保田さん、一番驚いたのは日本ではどこの家の前にも、表札が堂々と張ってあるじゃないですか、これには驚きました」

と、意外な返事に今度は私が驚いて、

「そうですか。そういえば、台湾でもロスでも番号だけですね」

「そうです。日本のように堂々と名前を公表したら、台湾では犯罪に巻き込まれます。その意味では、日本はまったく安全な国です。世界の先進国でこんな国はありません」

と、頼氏は「堂々」という単語を、強く二回繰り返していました。この発言を聞き、私は外国人と日本人との観察視点の違いを痛感しました。そしてこれからも、日本で玄関先の表札が消えないことを願ってやみません。

またある昼のこと、ふたりでランチを食べた後、コーヒーを飲みながら、私が、

「将来日本が戦争に巻き込まれるようなことがあったら、現在の日本の自衛隊は戦いの経験がないから心配ですよ。頼さん、これどう思うかね」

「久保田さん、それは心配いりません。日本はたちまち人間ロボットを製造し、ロボット海兵隊が敵陣上陸するでしょう。心配はまったくいりません」

と言い、ハハハハと中国流の高笑いをしました。その時も私は外国人というのは、我々とまったく違った風に物事を考えているのだと痛感したことです。

その数カ月後のことです。何のパーティであったか、道場メンバーのひとり、海兵隊の少佐ケビン・ナーリーにこの話をしたところ、彼は黙って下を向いて聞いており、私は返事を期待したのですが、何の返事も返ってきませんでした。その時は分かりませんでしたが、後で考えると、彼にとってはあまり愉快な話ではなかったのでしょう。

その後のことですが、ケビンは沖縄に五年余駐在し、横田にも三年半ほどいました。そして几帳面な彼は私に毎月近況を手紙で送ってきました。初めはそれほどではなかったのですが、三年ほどして彼が次第に親日家になってゆくのが、その便りから分かり、興味深かったのを記憶しています。その後彼は帰国し、海兵隊本部の武道総指揮官になり現在は大佐になっています。彼の長男も幼少の頃から、沖縄で空手や柔道・剣道をやっていました。今は海軍大学を卒業し海兵隊員となっていることでしょう。

しばらくして、船越氏は日本水産東京支店勤務となり帰国しました。

私は、毎朝加藤氏と電話しニッスイUSA社とわが社との関係は、何の問題もなくスムースに仕事が進行しはじめました。これにはひとつの理由があります。例の約五百トンのアルゼンチン産冷凍イカですが、この八十パーセント（約四百トン）を当社が扱い、ほとんどをロサンゼルス市内とサンフランシスコの業者に完売しました。加藤氏はわが社の実績に驚きかつ喜び、以来信用するようになりました。Fの適確なアドバイスが実に的を射ていたのでした。

最初、私はこれまでの日本での経験から、日本の大手企業との取引を敬遠していました。何となれば、日本では大手企業は中小企業を下請けと考え、仕事も上から下に流すという長い歴史があります。また、昔、台湾でのうなぎ蒲焼やシラス取引では、大手商社丸紅の担当者との不快な付き合いもありました。船

食事の席で。左より著者、F（不二子）、中央中腰の加藤寛司。1980年代

越氏の当社に対する平等というか、米国的で実に「フェアーな態度」は「例外」と考えていましたので、新任の加藤氏がどんな態度に出てくるのか興味津々でした。

この数カ月で加藤氏とはお互いに気心が知れ、商売相手から一歩進んだ知人の関係となり、その年の暮れ、正月を家族連れでサンフランシスコで過ごそうということになりました。私とFは年末、ロサンゼルスを立ち、昼過ぎに予約しているホテルに入りました。すでに加藤一家が到着しており、そこでミセスと息子さん二人を紹介されました。その夜は加藤氏から「年忘れ」をうちのFを入れ三人でとの提案があり、その時はビールであったか、加藤氏と我々ふたりはホテルのバーのカウンターに座り、乾杯しました。その夜は除夜の鐘はありませんでしたが、ジャズを聞きながら一九八五年の新年をバーカウンターで迎えました。

翌朝はレンタカーを借り、加藤氏と私が交代で運転し、サンフランシスコ南部の都市、オークランド、サンノゼ、モントレーの各都市を訪ね周囲の景色を堪能しました。これを機に、ニッスイUSA社とわが社との関係はさらに親密となり、大変有意義な旅となりました。

それから数年した、ある日のこと、シアトルの加藤氏から電話が入りました。

「久保田さん、ニッスイ本社のシーフードコロッケをそちらで販売したいのですがいかがですか」

と、新商品のロサンゼルスでの販売の提案です。

私は味の良いニッスイのコロッケは、日本にいる時からよく知っていました。

「いいですね。加藤さん、ぜひやらせて下さい。どうでしょう、近いうちロスで水産物の展示会がありますす。これに出品してはいかがですか」

「そうですか。ぜひ参加しましょう」

と、話はとんとん拍子に決まりました。

数日して、加藤氏がロサンゼルスにやって来ました。ディナータイムでしたので加藤氏を韓国料理屋に招待しました。そしてFと三人で一緒に楽しいディナーを食べ、氏が歩いた海外での話などで座が盛り上がりました。そして楽しい食事も終わり、Fをオークウッド・ガーデンの自宅に落とし、加藤氏とふたりでクラブロータスに向かいました。

クラブロータス

ここで少し仕事を離れ、市内の夜の世界についてお話しします。

一九八〇年頃ロサンゼルスには日本人の通うナイトクラブが数カ所ありました。そしてこのクラブロータスには、加藤氏はじめ、岩下、遠藤、深谷、河西、吉原氏ほか数人のニッスイUSA社の諸氏と、美味い和風料理や韓国料理を食べた後よく出かけました。ディナーのときは常に私の隣にはFが座っていましたが、ロータスに行く時は、私はいつも彼女を家まで送ってから出かけました。

私はこのクラブで、欧米女性の一面を知ることとなりました。最初の頃は私の会社には交際費もないので、クラブロータスに日本的に「ツケ」をお願いしたところ、マネジャーの野口君は喜んで引き受けてくれました。

その頃は、私はすでに欧米系のホステスの数人と、親しく会話をするようになっていましたが、この晩はそのなかのひとり、ユーゴスラビア系の女性、名はメアリーが私の隣に座り、前にはニッスイUSA社の遠藤氏が座っていました。我々はすでに二時間ほど好みの洋酒を呑んでいましたが、隣に座るメアリーが、

「こんな席上で、貴方にお願いするのは申し訳ありませんが、私の悩みを聞いていただけますか」

と、彫りの深い欧州美人が真剣な眼差しで私に話しかけてきました。

「どうした、何でも話しごらん。私のできることがあれば助けてあげるよ」

「実は、急な用事があって母国に帰りたいのですが、このクラブで旅費の一部借りようとしましたが、貸してくれません。それで困っています」

それを聞いて私は時と場所は違っても、水商売で働く女性たちの悩みはお金なんだなと思いました。

「理由は分かったので、マネジャーの野口君に費用を貸すように話してみましょう。それでいいかい」

「大変有難うございます。助かります」

と彼女はにっこり笑って感謝の情を表しました。

私は彼女にはすでに韓国系の米人の恋人がいることは知っていましたが、事情は何であるか訊

きませんでした。海外にいると親や縁者の死に際に間に合いませんが、せめて葬儀には帰国したいと皆思っているとよく聞いていました。

そして三日後のことです。その晩はデイリーフーズ社の村尾氏と一緒でした。まだ時間が早かったのでホステスは誰もいませんでした。銀座のナイトクラブの二十倍ほどある店はがらんとしていました。横を見ると、マネジャーの野口君がバーの中に立っていました。カウンターにも客はいません。その時、村尾氏が、

「久保田さん、ちょっと失礼します」

と言ってトイレに立ちました。それで私はすぐ立ち上がりバーカウンターへ近づき、

「野口君、ちょっと話がある」

「なんでしょう。どうかしましたか」

「実は、メアリーが母国に帰るのは聞いているだろう。先日彼女から相談があって、帰国の費用の一部を店から借りようと思ったが駄目だったと」

「そうなんです。実は店に現金がなくて、貸してやりたいと思いますが、不可能というのが現実です。残念ですが仕方ありません」

「ああ、そうかい。そしたらどうだろう、私の飲み代のツケが六百ドルほどあるね。私が支払うので、そしたらそれを貸してやれるかい」

と言うと、私がそんなことができるのかと疑わしそうに笑って、

「そうして頂ければもちろん彼女に渡します」

と、返事がありました。私は話が長くなったので、後ろを振り返ると、既に村尾氏は席に戻り、ふたりの日本女性と楽しげに話しています。

「OK、分かった。じゃあ現金を五百ドル払うので、これを全部彼女に貸してやってくれ。何の用事か知らないが、急に帰国するのはそれなりの理由があるのだろう。領収書は頼むよ」

と、私は彼に百ドル紙幣、五枚を渡し席に戻りました。我々は二時間ほど呑みながら、スモークサーモンの販売についていろいろと意見を交わしました。そしていつものように、日本女性や欧米系女性たちと話し、ジャズを聞き、気分よく時間を過ごしました。

このロータスクラブには十数年通いました。そしてここでも日米の違いを知り驚きました。それは私の知っていた新宿や銀座のクラブとの違いでした。このロータスクラブで働く、うら若い女性たちのことです。日本人の女性は留学生が多く、その他の欧米系、南米系の女性は、ほとんどが大学卒でした。そして主にモデル業などもやっていました。チリ人の女性は三カ国語を流暢に話していましたし、ほかの諸嬢もそれぞれが具体的な人生の目的をもっていました。彼女たちにとってこのクラブで働くのはバイトでした。前述のレッド（赤毛）というニックネームの、本名メリデスは、大学卒、何と南部バージニア州の名門の出、陸軍大佐の娘でした。その後彼女は道場メンバーのひとり、スイス人で南カリフォルニア大学の客員教授のロルフと出会い恋仲になりその後結婚したことは前にふれました。

そんなある晩のことです。クラブのオーナーから、日本から来たひとりの中年男性を紹介されました。彼は殺陣《たて》師やスタントマンを仕事とする若駒プロの代表の林邦史郎氏でした。残念なことに、その頃の私は若駒プロとは何かまったく知識がありませんでした。林邦史郎氏とふたり、広い座席に着きゆったりとウォッカを呑んでいるときのことです。時間も早かったので女性たちは周囲にはいません。彼が真剣な顔でひと言、
「久保田さん、お宅は酒を呑む姿勢がサマになっていますねぇ」
と。私は少々照れ笑いを返すだけでした。実のところ、私はまったく予期しない氏の言葉に戸惑っていたのです。これは後日のことですが、日本で俳優諸君の太刀捌きを指導する人の、日常生活での観察眼に敬意を払った次第です。これはまだ昨日のように新鮮に覚えています。

戻ります。ニッスイUSA社の加藤氏から販売の提案のあった「シーフードコロッケ」の宣伝のため、ニッスイUSA社と共同で、「シーフードフェアー」に参加し、ひとこまスペースを借りました。ブース（コマ）にはうちのFが立ちました。

初日から、近くでブースをもつ、豪州からの出品会社で働く若い女性が、うちのブースにやって来て一口食べ、「これは美味しい！」と言って、自分のブースに帰り、また三十分ほどして来てサンプルをつまみ、「これ、本当に美味しいわね！」と言って、四、五回つまみ食いに来ました。その間も他の欧米人たちが次々に、我々のコーナーに集まって来ました。そして彼らはサンプルを食べ、皆が顔を見合わせ、「これは美味い！　これは美味い！」の連発です。

Fが、寄ってくる欧米人にサンプルを試食させる風景を、私は近くから眺めて、心の中で「これはイケルぞ！」と、浮き浮きした気分になり、私もブースに入り彼女を手伝いました。そして

顔を見合わせ、これは売れると確信しました。

その翌日は加藤氏もシアトルからやって来て、会場でのこれらの風景を眺め、大いに安心したようです。そしてシーフードショーも無事終わりました。

私はこの製品をまず日系市場に販売すべく動きはじめました。リトルトーキョーのモダンマーケットには浜君が出向き、少量ですが注文が入りました。私は、この製品をマーケティングすべく、ほかの日系マーケットはもちろんのこと、米系マーケットにも売り込みを開始しました。予想通りすでに取引のある、日系市場には何の問題なく販売できました。

ところが、米系市場では連日売り込みを開始しましたがどこも失敗です。帰りの車の中で、先日の展示場で近くのブースの女性や、他の欧米人の男女が「美味い！　美味い！」とつっついて食べていた風景が、夢のように思い出されました。

ある日、思いついてハリウッド道場のメンバー、弁護士のディーンとコーヒーショップで会い「シーフードコロッケ」を試食してもらいました。すると彼がにっこり笑って、

「センセイ・クボタ、この味は大変結構です。ただひとつ問題があります。これは油で揚げて食べるものです。それで中流から上の人たちは遠慮するのでしょう」

と、鋭いひと言が返ってきました。

この製品は日本のニッスイ工場で作られた輸入品ですので、ほかの製品と比べると味は美味かつ良質ですが、ただ値段が少々高く、中流階級以上の市場を対象とする商品でした。私は知らなかったのですが、米国では中流階級から上の人たちはほとんど「マクドナルド」や「ケンタッキ

ーフライドチキン」には足を運びません。これらの店で出される商品はすべて油で揚げ、フライしたものです。それらは脂肪分が多く、自己管理に厳しい中流層から上の人々の嗜好する商品ではありません。一般的には中層階級以下向けの商品なのです。

彼の意見を聞き、欧米系マーケットで売れない理由が分かりました。それで商品はリトルトーキョー、ガーデナ市の日系市場に販売することとしました。しかし日系マーケットでは数量はしれています。その意味では、この「コロッケ」の米市場での販売は残念ながら失敗でした。しかしこの製品も私に大変貴重な教訓を与えてくれました。それは米国内での中流家庭内の食事情を知ったことです。一カ月ほどして、輸入した製品はニッスイUSA社が、シアトル地域で完売したと聞き安心しました。

全米に販売網を広げる

一九八五（昭和六十）年、国際科学技術博覧会（科学万博つくば'85）、阪神タイガースが二十一年振りに優勝。流行語は「私はコレで会社を辞めました」。

この頃はすでに旅行者向けのスモークサーモン販売は、日航商事を通じて安定した数量が動いていました。一方、ロサンゼルスの寿司市場向けの商材、スモークサーモン、イクラ、うなぎ蒲焼などの販売も順調に伸び、西海岸はもちろんのこと、ハワイ地域へと販売が広がっていきました。ハワイには博多出身で日系二世、勝見マース氏が、ダイエーUSA社を経営しており、わが社の最初の取引先でした。

テキサス州ヒューストンの米系企業からも引き合いが入りオファーしたところ、その場で注文、スモークサーモン十ケース（500ポンド）が入りました。テキサス州というのは「親日家」が多くいる州です。それは第二次大戦のときヨーロッパ戦線で、かの日系二世のみで編成された四四二部隊が多くの犠牲者を出しながら、ドイツ軍に包囲されたテキサス大隊を救助したという歴史的事実があるからでした。そのためか州民が日系人に好意的なのです。

その頃になると、時にアラスカやカナダ東部から引き合いを受けました。しかしこれらはすべて断りました。というのは、これらの市場では問題が発生する可能性が強く、アンペイド（未払い）が起こった場合、すぐに現地に飛ぶのは遠すぎるからでした。

一方、ニューヨーク市場を中心とする東部市場は取引先が見つからず、悪戦苦闘していました。というのは、前述しましたが、ニューヨーク市場はユダヤ系のスモークハウス（燻製工場）が中心になって団結し、ユダヤ的なしつっこさで精力的に活躍していたからでした。多分これは現在も継続していることでしょう。

私はその地域のマーケット事情が分かったので、時間をかけてこの市場を攻めることに決めました。それでスモークサーモンの販促は見合わせ、イクラや筋子だけをオファーし、じっと我慢して市場の動きを観察していました。ここでも「忍の一字」です。

一九八九（昭和六十四・平成元）年、中国天安門事件。日本では昭和天皇崩御、美空ひばり死去。流行語は「セクシュアル・ハラスメント」。

そんなある日のことです。ニューヨークの日系会社よりスモークサーモンの引き合いを受け、オファーすると注文が入りました。私は相手が日系企業なので他社への照会作業はせず商品を発送しました。すると三度目に今までの倍ほどの注文が入りました。

「いつもの倍の注文が入ったが、大丈夫かな」

「英さん、日本人の会社だから大丈夫じゃない。あまり心配しない方がいいわよ」

と、このFの言葉を聞き、決断し出荷しました。ところが、期日が来ても支払いはなく、さらに驚いたことに電話もつながりません。

「英さん、すぐ飛んだら」

と言うことになり、ニューヨークへ飛びました。

機内では、台湾で苦い経験をしたいろいろな事柄が脳裏に浮かびました。そしてコーヒーを飲みながら、再びこの米国で同じような状況に陥っている、まったく仕事人ではない自分に呆れていました。

翌朝、ホテルでタクシーを拾い、その会社の所在地に直行しました。すると驚いたことにそこはもぬけの殻です。再び詐欺されたことを身を持って知り、自分のお人よし加減に呆れました。私は近くの舗道をぶらぶらと歩き、美味くないランチを食べ、空しく安ホテルの一室に帰りました。途中で買ったジョニ黒の壜を前に座り、買ってきたオリーブとチーズを肴にちびちびと呑みながら、テレビをつけ、ジョニー・カースン司会の「ザ・トゥナイト・ショウ」を観たというより、ぼんやりと眺めていました。

私はジョニ黒を壜の半分ほど呑み、何となく疲れが出てきてベッドの上にひっくり返り、小さな声で「場所と時間は異なるが、オレはニューヨークまで来て祖父と同じことをやっている。祖父の場合は船をカタにもらったが、オレはナッシングだ」と独りつぶやき、その安ホテルの汚らしい天井を眺めていました。そして再び酒に手を伸ばし、ジョニ黒一本を三時間ほどで空けてしまいました。

翌朝はベッドから転げ落ち、床に転がっている自分を発見しました。そしてその昔、台北で飛行機墜落事故を逃れ命拾いをし、皆で「乾杯、乾杯」と、二十センチもある大きな盃を傾け、翌朝目覚めると、私はトイレの便器を抱いていたときのことを思い出しました。そしてぼんやりとした頭で時差を考え、十時過ぎにうちのFに電話し次便の飛行機で帰りました。

それから一カ月ほどして、ユニワールド社ニューヨーク支店の佐藤氏からスモークサーモンの引き合いが入り、オファーするとすぐ注文が入りました。そして他の二社からも同じように引き合いが入り、オファーすると注文が入りました。仕事というのは不思議なものです。実は、代金を不払いしドロンした会社が、地元の有名寿司バーに当社のスモークサーモンを販売していました。その寿司バーのオーナーたちが味の良い「わが社のスモークサーモン」を佐藤氏に探させたのです。まさに、これは昔から言う「禍転じて福となる」ということです。仕事では時にまったく思いがけないことが起こります。必要なことは常に他社に負けない「良品」を市場に出すこと、これを痛感したことでした。

料理の味といえば、ビバリヒルズよりさらに高級な住宅地、ベルエアを下った場所にあるレストランのイタリアのシシリー料理は抜群で、私とFは、二週間に一度は出かけていました。彼女がそこの料理の味と雰囲気が気に入っていたのです。そこでは時に有名な俳優なども見かけました。私はイタリア料理を好みませんが、ここのイカスミを使った料理は抜群で、私の好みともなりました。前にも述べましたが、概してイタリア料理は、オリーブオイル、バター、チーズの混入量が多く好みではないのですが、その意味ではこのレストランは例外で、私が初めて出会った美味いイタリア料理でした。一方、日本国内でのフランスやイタリア料理は和風になっているので、美味い料理が多く助かります。

後年のことですが、彼女の北海道の縁者たち（叔母の小倉、平田のミセスたちと甥っ子）がロサンゼルスにやって来たとき、その晩は皆さんをこのレストランに招待し、ここのシシリー料理を味わいロサンゼルスの宵を楽しみました。

また、和風フレンチレストランがこの近くにありました。ここの料理は大変味がよく、ふたりで時にニッスイUSA社の加藤、星野、小川の諸氏と会食しました。驚いたことに、ここで働くふたりの若い女性は、どちらも米国の有名校、メアリーはUCLA在学中、ホーリーはハーバード大卒で、二人とも日本食に興味があり、バイトをしているとのことでした。

一九九〇（平成二）年、東西ドイツ統一。日本では、テレビでは「ちびまるこちゃん」。流行語は「ファジィ」。

仕事の話に戻ります。その晩は例の「千羽鶴」でディナーを摂りながら、Fとふたりで動き出した米国の中、東部市場（シカゴとニューヨーク地域）についていろいろと話しました。

「なあ、フータン、近いうちにニューヨークに出かけてみるか。これからのスモークサーモンのさらなる販売促進だ。次は君も一緒だ」

「いいわね。私もニューヨークへは、一度行ってみたいと思っていたわ」

和風フレンチレストランで働く、UCLAの学生メアリー。左、著者、右、ニッスイ小川取締役

「あそこには有名な美術館がある。日曜日には君好みの絵でも見に行こう。多分君の好きな印象派の絵もあると思うよ」

「メトロポリタン美術館はパリのルーブル、ロンドンの大英博物館と並ぶ、三大博物館なのよ。知ってるでしょう」

「いや、知らないね。帰りはフロリダのユニワールドにもストップオバーしよう。前々から一度来てくれと言われている」

「そうだわね。あの半島の先の方にヘミングウェイの別荘があるの。あそこで彼が名作『老人と海』を書いたのよ」

「へえ、そうなんだ。本は読んだけど、漁労の仕方が幼い。やはり日本の漁師とは大違いだ。まあ、アメリカだから仕方ないが。よおし、決まりだ。明日飛行機の予約を頼むよ」

この提案に彼女は眼を輝かせ、すでに楽しそうでした。

数日後、我々はニューヨークに着き、タクシーを拾いホテルにチックインしました。翌朝、遅いブレックファーストを食べていると、ホテルに我々を訪ねてユニワールド社ニューヨーク支店の佐藤氏がやって来ました。それで彼の車に乗り、事務所のあるエンパイアーステートビルに行きいろいろと商談し、その後はタクシーでほかの二社を訪問し商談を終えました。土、日曜日の二日間はメトロポリタン美術館に行き、数々の美術品を見物しました。しかし私が期待していた印象派の絵画はなく、モダンタッチの絵画が多く退屈でした。一方、彼女はそれなりに抽象画を見て楽しんでいました。

翌朝、我々はニューヨークを発ちフロリダに向かいました。連絡していたので、マイアミ空港にはユニワールド社の飯田君が、我々を迎えに来ていました。その日は快晴で気持ちの良い天候でした。三人で紺碧の空と海を眺め、キーウエストまでの長いドライブを楽しみ、途中作家ヘミングウェイの別荘を見学しました。

それから数日したある日のことです。ニューヨークのヤマシーフード社の山梨氏から引き合いが入りました。そしてオファーすると注文が入り、スモークサーモンとうなぎ蒲焼の取引が始まりました。

それ以来、シカゴ、ニューヨーク地域にも販売が伸び、その販売量は予想以上で年々増加の一途をたどりました。ロサンゼルスとニューヨークでは三時間の時差があります。それで取引先には自宅の電話番号を教えました。九時前は直接自宅に電話をお願いし、そのためFは早朝から朝食とランチの弁当の準備、それと電話での問い合わせのため多忙となりました。彼女は我々ふたりの弁当を持参しましたが、時間のある時はいつも「千羽鶴」か「鮨元」でした。また日曜日、自宅での魚料理の夕食は例によって、私がいつも準備しましたが、この頃はすでにディナーは外食が多くなりました。

ある日、ラスベガスから砂漠の中のハイウエーを車で帰る途中でした。Fと昨晩のショーについて雑談しながら、私は早くロサンゼルスのオフィスに帰ろうと、スピードを上げて走っていました。すると周囲に工場もないのにモーターの唸り声が聞こえます。

「英さん、おかしわね、へんな音がするわ、何でしょう」

「ヘンだなあ、近くに工場もないのに。前回稲木夫妻と来たときも、この辺でこんな音がしたな」

と、おかしいなあと思いながら車の運転を続けました。

その数日後、ハリウッド道場で皆で一杯やっているときに、この音について訊くと、前に座るボブが、

「センセイ・クボタ、それは警告音です。早く走り過ぎている車に、スピードを落とせという警告を、警察官がやっていたのです」

「何だい。その警告ってのは」

「それは頭上の警察のヘリコプターからの『スピードの出し過ぎ』という警告です。時には地上に降りてきて警察からチケットを切られます。今後気をつけて下さい」

「ああ、そういうことなのか。まったく知らなかった」

と、納得しました。あの時は窓を開け外を眺めたのでスピードが落ち、ヘリコプターは去っていったのでしょう。あの日は時速百五十キロほどで走っていました。ロサンゼルスのダウンタウンからラスベガスまでは、五百キロほど、直線距離で東京から盛岡くらいです。

稲木夫妻と四人でラスベガスまで走ったときは、稲木君がスピードメーターのマイル表示をキロ表示と勘違いし、時速百キロで運転しているつもりで、時速百七十キロでドライブしていましたので、ヘリコプターからの警告があったのでしょう。

ところで、ラスベガスといえばマフィア。これはロサンゼルスのある日のことです。

彼女が電話に出て先方と話していました。すると急に彼女の表情が変わり、

「英さん、出て頂戴。韓国系の会社で、ソフトシェルクラブ（脱皮カニ）を買いたいと言っているけど、何か話し方が少し変よ」

「韓国系、OK。聞いてみよう」

「代わりました。カニの引き合いと聞きましたが、実は商品が不足しているので、恐れ入りますが、そちらの市場にはサプライすることはできません」

「パッカー（生産者）に連絡したところ、アジア市場はそちらでと言われたので電話した次第です。何とか少量でも結構ですから、お願いできませんか」

と、懇願するような言葉つきで、ぜひにと頼んできます。

「今お伝えしたように、現在在庫はほとんどありません。申し訳ありませんが、そちらのご希望には応えるわけにはいきません」

と、事務的に言ったところ、相手の語気ががらっと変わり、

「何だと、この野郎！　こっちは少量でもいいと言ってるんだ。おめえはそれでも出せねえと言うのか。この野郎（ファックユウー）！」

私は彼の乱暴な喋り方、脅し文句を聞いてすぐ韓国やくざと分かりました。

「今言ったように在庫はほとんど空だ。それでも文句があるなら、ここへ来たらいい。ピストルを持ってきてもかまわん」

と冷静に言って、ガチャンと受話器を置きました。そして彼女に、

「フータン、ちょっと下に行ってくる」

と言い、エレベーターに乗り込みました。このビルの受付には親しい韓国系警備員がいます。

「朴さん、申し訳ないが韓国系の中年男が、私のオフィスを訪ねて来るかもしれません。その時は必ず彼の身体検査をして下さい。そして何かヤバいものを持っていたら取り上げて下さい。ひとつ宜しく頼みます」

私の表情がいつもと違ったのでしょう。驚いた彼が、

「えっ、どうしました。ミスター・クボタ、何かあったんですね。そうですか。韓国人なら私に任せて下さい。奴を裸にしますから」

と、彼はにやにやしながら、自分の胸をバンと叩きました。

彼は韓国のプサン出身、大の日本好き。この数年前まではマグロ船の船員で、三度ほど日本に密入国を試みたそうです。しかし厳しい日本の入国管理官に捕まり失敗。それで仕方なく、今度はグアム島であったか、米国領に密入国し、最終的に米国移住が成功したと聞いていました。その後、次の日もその次の日も奴は現れませんでした。

韓国人といえば、ロサンゼルス地震の時は、コリアンタウンでは十人ほどの韓国人が、昼間からライフル銃をビルの屋上で構え、道を挟んだビルへの侵入者を狙っていました。この頃はベトナム・ベット（帰還兵）の生き残りが多く、銃を使うのが得意で、コリアンタウンでは銃による発砲事件も時々発生していました。

物騒なことといえば、この頃のことですが、ヒスパニック系の殺し屋は最低五百ドルで「殺し」

を請け負うと聞きました。ある日のこと、ユダヤ系の水産物卸商がパリで殺された記事が『羅府新報』に載っていました。彼とは話したことはありませんが、時々取引先で顔を合わすと挨拶はしていました。彼は冷凍エビを買い、支払いができずドロンしたという話を聞いていました。

ソフトシェルクラブは、メリーランド州の大手会社の商品を扱っていました。最初この商品を購入すると、すぐ先方から社長兄弟がロサンゼルスにやって来て、わが社に立ち寄りました。そして「千羽鶴」でランチを食べいろいろ話しました。ここからが米国社会の公平性です。小規模の会社であっても、快く何の問題もなく取引を開始し、数カ月して日系市場はすべて当社に任されました。韓国系の会社の引き合いも、当社の注文数量が大量で、生産数量を越えたことも商品不足になったひとつの原因だったのでしょう。

このソフトシェルクラブは、この頃は米国ばかりではなく、日本市場でも人気がありました。ある日のこと、ニッスイUSA社の遠藤氏から、

「久保田さん、明日は東京本社に帰ります。それで築地の取引会社よりカニを買いたいと言ってきたら、これは御社が直接取引して下さい」

と言われました。

翌日、その会社より見積り依頼が電話で入りました。すると、そのすぐ後、ニッスイ東京支店の日向氏より電話が入り、その築地の会社と直接の取引はしないでほしいと強い口調で要請がありました。私は話しているうちに、日向氏の話は筋が通っている、そして彼の仕事に対する強い情熱を感じて、彼の要望に応え、ニッスイ東京支店経由での取引に同意しました。これを機に日

向氏とは交友が始まりました。後で知ったのですが彼も船越氏と同様「九州ッポ」でした。人の縁というのはふとしたことではじまり、そして「人生に味」を与えてくれます。

ある日の午後、得意先のインターナショナルマリーン社の横島氏より電話が入り、「久保田さん、お宅のスモークサーモンですが、ソルテイ（塩分過多）と客先から苦情がありました。一度来てチェックして下さい」

「ええ、そうですか、それは問題です。すぐお伺いします」

私は車を駆って、リトルトーキョーの西側にあるインターナショナルマリーン社を訪ねました。そこにはスモークサーモンが俎板《まないた》の上に乗っていました。私はそれをスライスして一口食べ、その塩辛さに驚きました。

「これはひどい。このロットはすべて引き取ります」

と念を押し、フィレーの一部を受け取り、オフィスに帰りました。

ニッスイUSA社に電話を入れ、加藤氏にその旨を伝えると氏も大いに驚いていました。そして明朝シアトルに行く旨伝え、原因の調査をお願いしました。

スモークサーモン工場はシアトルから離れた港町レドモンドにあります。私とFは出迎えてくれた工場長のテロと挨拶を交わし、工場内部に案内されました。工場のそのセクションでは二十数人の若手が立ち働いていました。そこで工場日誌を見せてもらいましたが、間違いは見つかりません。それで数人が会議室に入り、私は持参したサンプルを提示し、皆でその味をテストしました。

「これは塩辛い。どうしたんだろう」と、この問題の原因究明に入りました。

丁度その時です。遅れて部屋に入って来たうちのFが、

「英さん、分かったわよ。これ見て頂戴！」

と、工場日誌を広げました。すると、横にいた工場長のテロが目を通し、首を縦に振ってうなずくと、皆が交互に工場日誌に目を通しました。そこには、ある日の原料のキングサーモンへの塩の投入量が約二倍となって記されており、皆はそれに気づいた彼女の注意力を賞賛したのでした。そして夕方には加藤氏、岩下両氏に招待され、シアトル市内の寿司バーに座り日本酒を呑み、鮮度の良い寿司をエンジョイしました。

一九九〇年代前半は、種々の苦労はありましたが、わが社の主な製品、スモークサーモンとうなぎ蒲焼は順調に販売を伸ばしていました。そして一九九五年ニッスイUSA社の加藤氏がシアトルを去ることとなり、氏の後任の河西氏が初めてロサンゼルスに加藤氏と一緒に来たときのことです。

その晩、両氏とともに私とFは、美味い韓国料理屋で楽しい夕食を摂りました。その後私は両氏とクラブロータスで落ち合うことにし、Fを自宅に落としクラブに向かいましたが、フリーウェイが混んでいて予定よりだいぶ遅れていました。まだ明るいロサンゼルスの道路を走っているとモーテルの横の駐車場に公衆電話があるのが目に入りました。

私は駐車して、ロータスに「あと十分ほどで着く」と加藤氏たちに伝言をしてもらうよう電話をしました。そして車のキイを鍵穴に入れたとき、後方より声がかかりました。

「ちょっと失礼！」

私は振り返り、ドアをロックしたままキイを抜きました。すると百八十五センチほどのヒスパニックの若者が、一ドル紙幣をぺらぺらさせて、

「これ十セントに交換してくれますか」

と、言いながら近づいてきました。彼の後に五人の若者が続き、雰囲気が違います。私はまた来たかと思い、

「ダイムは持っていない。ノーマネだ」

と、言いその若者を睨みました。次の瞬間、三人の若者が私を取り囲むように一歩を進め、ひとりの若者がしゃがみながら、かかとのナイフに手を伸ばしました。それを見て私はすっと半歩を進め、両手を上げ「ヤア！」と、気迫を込め大声で叫びました。連中が驚いて凍りついた瞬間、私は「バーイ」と言い、彼らの囲みから逃れました。ここでも「後の先」という行動が功を奏しました。

そして広い道路を横切りながら「そうか、これが鉄舟のいう無刀流か」と了解したのです。幕末の三舟（勝海舟、高橋泥舟《でいしゅう》、山岡鉄舟）のひとり、山岡鉄舟は無刀流の開祖です。この流派の極意は刀を使わずトラブルを解決することです。これは実に優れた剣道の流派です。

道路の向こうから眺めていると、連中は車のドアが開かないので、ドアを破ることなく現場を

去りました。以前もあったことですが、その時は車を少し離れた場所の駐車場に停め、Fとふたりで食事をしていると、突然車の警報器が鳴り響きました。私は食事を中断し走って駐車場に行くと、すでに車のガラスが割れていましたが、幸い何も取られていませんでした。

無刀流で難を逃れた後、私は車を再び運転しロータスに向かい、いつものように加藤、河西の両氏と雑談し、ウォッカを呑み楽しいひと時を過ごしました。

一九九六（平成八）年、ペルーの日本大使公邸人質事件。

ここで再び、仕事上での米国社会の公平性が、日本社会とまったく異なる点に言及したいと思います。この頃は、わが社はすでに韓国系、中国系、ベトナム系の数社と取引をしていました。そのベトナム系一社に不渡りというか「支払いの延滞」が発生しました。

私はすぐ車で現地に急行しその小売店を訪ねました。そして分かったことは、その店が回転資金が不足しているという現実でした。それで、以前から知人の弁護士より、こういうときはどうすればよいかを聞いていたので、州警察と電話で連絡をとりその旨伝えました。

すると驚いたことに、翌朝からシェリフ（州警察官）がその店のレジの横に立ち、店のその日の「売り上げ」をすべて回収し、手数料百ドルを除き、その日の売り上げ全額を当社の銀行口座に振り込んでくれました。実に現実的な売り上げ回収法で大助かり。

それから三日ほどして、当社の未収金の一割程度を回収したときのことです。先方の経営者から連絡が入り、当社の未収金残高の八十％を支払うことで「手を打って」ほしいと、悲痛な要望がありました。「毎日州の警官がレジの隣に立っていては、売れるものも売れなくなる」と。それで私もその要望を受け入れ、未収金残高の九十％を支払ってもらうことで手を打ちました。

わが社の販売促進は順調に進展し、中心商材である寿司用「スモークサーモン」と「伝統の味」ブランドのうなぎ蒲焼は全米六十五カ所の販売代理店を通じてほとんど全米の一流寿司バーで使われるようになりました。

前に述べたように、長い間ご協力いただいたニッスイUSA社の加藤氏がシアトルからアルゼンチンへ転勤となりました。日本水産本社はこの数年前からチリに鮭鱒養殖所をオープンしていました。そして加藤氏はブエノスアイレス所在のニッスイ子会社の社長に任命されての転勤でした。

帰国

二〇〇〇（平成十二）年、シドニーオリンピック、ＩＴバブルのピークと崩壊。流行語は「おっはー。ジコチューー」。

そしてそれから数年した二〇〇〇年のことです。加藤氏からチリでのニッスイの子会社が運営する、鮭鱒養殖所の見学の誘いがありました。Ｆに話すと「ぜひ訪ねたい」と言うので、我々は名古屋出身の住田氏の案内でロサンゼルス空港より旅立ち、チリ、アルゼンチン、ブラジルを旅し、養殖池やイグアスの滝の見物をしてきました。この旅はふたりでの初めての南米への旅行となり、私にとっても楽しい旅となりました。

ある日曜日の午後のことです。ふたりでいつものようにＹＭＣＡでひと汗流し、「千羽鶴」の向かいのステーキ店に座りました。美味な和牛を味わっていると、Ｆが急に、

「英さん、私は日本に帰って美味いものを好きなとき食べたいなあ。どうかしら、この私の考えは」

と、真剣な顔で私を見ました。この頃我々は二カ月に一回ほど帰国していました。

「じゃあ、来月は早い時に行こうか、いつ頃がいいかな」

「そうじゃないの。もう仕事をやめて帰国しましょう」

「何だって。その帰国かい。最近の会社の売り上げは、これまでで

イグアスの滝にて。左より、F（不二子）、加藤寛司。2000年

一番いい時だよ。この数年、毎年十六億円以上の売り上げがある。それは君が一番よく知ってるだろう」

「だから、私は今が一番いいと思うの。英さんそう思わない」

「そりゃないだろう。あと五年ぐらいは事業を継続したいなー。これまで我々の仕事はニッスイさんの協力で予想外に実現できたのだから。フータンもう少し頑張ろうや。我々どちらも健康そのものじゃないの」

それから数日、機会があるごとにふたりで話し合いました。そして彼女は自分の考えを主張し譲りません。それである日、私としてはここでの事業を、あと五年は継続したかったので別居を覚悟し、その旨提案しました。そのときはさすがに彼女は黙って下を向いていました。

それから数日間、私はいつものように仕事を続けながら、彼女の提案を考えていました。そして熟慮の末、私としての結論を出しました。結婚して以来彼女はふたりのために朝昼晩と食事を用意し、掃除・洗濯をこなし、数年は就職もしてきました。そして渡米してからは会社の経理を担当し、金銭的余裕ができてからも、自分の装飾品は一切買わず、時計も私の古い物を使っていました。よく考えてみると、仕事は豊かな人生を送るための手段です。

ふたりが元気潑剌であるこの時期に帰国し、彼女が言うように日本の「美味い料理」を、ふたりで好きなとき腹一杯たべよう。そして次は、日本で私が世界を歩き出会った「美味いもの」数点を輸入販売し、また米国社会に適する日本の「伝統的な食品」を、米国社会に紹介し輸出しようと計画しました。そして私の最後の仕事は「護身武道」を通じての社会奉仕です。日本人と米国人に無料で伝統武道を指導することです。

その数日後のことです。私がその結論をＹＭＣＡのプールサイドで彼女に話すと、彼女はプールの中で大喜び、子供のように水を叩き飛び上がって喜んでいました。

それからが大変でした。まず一番に我々の突然の計画を、ニッスイＵＳＡ社に伝え、その後、全米各地に広がる取引先に話しました。最初は、皆、急なことで大変驚いていましたが、嬉しいことに喜んで支払いを早めてくれ、びた一文も回収不能は発生しませんでした。一方、ニッスイＵＳＡ社の笹尾社長からは、わが社の「全米ネット・ワーク」を譲ってほしいとの要望がありました。私はこれから先のわが社の日本からの輸出業務提携を含め、両社で覚書を作成しサインしました。私は笹尾社長の寛大な配慮に大変感謝しました。

感謝といえば、加藤氏をはじめ、取引初期の頃よりニッスイＵＳＡ社に派遣された諸氏の皆さま方には、日本的な「上から下への」目線ではなく、欧米的な寛大さで当社の業務をヘルプしていただき、私としては感謝・感激のひと言です。これは日本の大手企業と小企業の取引では大変珍しいケースかと思います。

そして二〇〇一（平成十三）年五月、我々は二十三年間の北米生活に終止符を打ち、懐かしの母国に凱旋しました。


この年、九月にはアメリカでは、同時多発テロが発生。日本では映画『千と千尋の神隠し』が話題を呼び、流行語は「聖域なき改革」。

了

（今までの、時に漠とした記憶に基づいて文章を綴っていますので、人名、会社名など記憶違いがある個所も多々あるかと思います。どうぞご容赦下さい）

我らファミリー会のメンバー。後列左より稲木政利、小川修、斎藤太郎、夏八木勲、稲葉厚、著者、福山弘一、前列左より、稲木真澄、夏八木まり子、稲葉佳子、小川洋子。2010年頃

所変われば

一九七八年にロサンゼルスに住み始めてから、二〇〇一年、日本に帰国するまで、知らぬ内に在米生活が二十三年間経っていました。

場所（国）が変わると、ときにさまざまな奇妙な事柄に遭遇します。たとえば、渡米直後に滞在したロサンゼルスの北にあるバーバンク市のネイビル宅で部屋の中で飼育されているマウンテンライオンを見て驚きましたが、実際、それはあるときは不気味で恐ろしく、またときには奇妙で面白く映るものでもありました。

私が海外で経験したことを中心に、聞いた話なども含めて、ここで述べたいと思います。これらは将来海外に出る若者や中高年の方々に、ひとつの注意事項として皆さんの脳裏の片隅に保存し、時に思い出し参考にしてほしいものです。

I

まずはフランスはナント市でのことです。

それはフランスの若者たちが朝の出社前に、街中のレストランで、「アブサンの水割り」を呑んでいたことです。これはフランスの長い食文化というか、飲食の習慣によるものなのでしょうか。彼らの会社が、この習慣を許しているかどうかは不明ですが、フランスには日本とはまったく異なる飲食文化がありました。

後年分かったのですが、確かに欧米人はアルコールに強く、彼らのほとんどは強いアブサンやウオッカを少しくらい呑んでも顔に出ません。一方、日本人である私は、日本酒一合またはウオッカのオンザロックス一杯を呑んでも顔は赤らんできます。しかし欧米人はこれらを五、六杯呑んでも変わりません。私の仲間で酒が強くまた顔色が変わらなかったのは、元東大教授小川修と俳優夏八木勲の両君くらいです。ふたりとも祖先の遺伝か、また何らかの理由で肝臓が強靭だったのでしょう。まあ、アルコール類は呑めないより、多少でもいける方が、人生を豊かに楽しむことができます。これは間違いのない事実です。

＊

ハリウッド地域のアパートの女性管理者の部屋で、彼女が自慢げに大型のピストルを、枕元から取り出した話は前に述べました。ロサンゼルスでは一般的に男も女も、車の中に護身用の拳銃を持っているのが普通です。そして米国は必要となれば、いつでもこの拳銃を自由に使用することができる銃社会です。さらにLAPD（ロサンゼルス警察）もすぐに拳銃を使用する傾向があります。

ある日のことです。テレビのニュースを見て驚きました。それはある家庭を訪問した警官のことでした。警官を玄関口で迎えた子供、それも八歳ほどの男の子が、おもちゃのピストルを向けたところ、警官がすぐさま自分の拳銃を抜き子供を撃ってしまったのです。この事件が二日ほど新聞やテレビで報道されていました。

これもまた、同じ頃かと思いますが、日本からの留学生がスーパーマーケットの駐車場で、ヒスパニック系の若者に撃たれたということがありました。このときは日本から多数の報道関係者がその地域に取材に来ていました。それを見て集まって来たその地域に住む主婦のひとりが、怪訝そうな顔をして

「なんなの、この報道陣の数は。若者ひとりが死んだぐらいで、何でこんなに大勢の報道関係者が集まって来るの。ここじゃ毎晩毎晩拳銃の音がして、年がら年中若者たちが殺し合いをやってんのよ」

と、報道陣に向かって幾分怒ったように言ったそうです。

これがロサンゼルスの下層階級の住む地域の日常です。とくにラテン系、ヒスパニック系、黒人

系の人々が多く住む地域で起きた殺人事件はほとんど報道されることはありません。

さらに、拳銃またはライフル銃を使ってのひどい話があります。これはニューオータニの和食レストラン「千羽鶴」寿司バーの板前山本君から聞いた話で、彼が以前働いていたフロリダ州マイアミ市でのことです。そこの大きな屋敷の主人は、友人たちと午後の紅茶ならぬ、「アフタヌーン・ワイン」を呑みながら、歓談するのを常としていたのだそうです。そして彼の傍らに置かれたライフル銃で、はるか遠くのフェンスを乗り越えて果樹園の果物を盗みに来る黒人の子供たちが目に入ると、すかさず銃を取り上げ子供を狙い撃ちしていたとか。

聞いた話なので真偽のほどは不明ですが、黒人に対する人種差別の激しいフロリダ州の一部では、五、六十年前でしたら、十分ありうる話かと思います。米国の大部分の州では、自分の敷地に侵入する者は撃ち殺しても合法です。銃砲類には縁のない日常を送る日本人には、想像できない恐ろしい話です。

＊

次は、もう少し日常的で楽しいというか、面白い話をしましょう。

ある五月の晩、ハリウッド地域で雑誌の編集者であった友人に招待され、あるパーティーに出かけたときのことです。七時頃だと思いますが、空は青く晴れわたり、空気も気持ちよく澄んでいました。ロサンゼルスの良さは日没が遅いことです。夏は八時頃になってもまだ明るいので、日本からの来客は、よく驚いていました。

パーティーの主催者の家の玄関前に、ふたりの女性が立って招待客を出迎えていました。よく見ると、若い彼女たちは各々の招待客と軽いキスを交わしています。私はこの種のパーティーは初めてですし、周囲に知った顔はありません。日本ではこんな場合、軽く挨拶をして中に入るのが普通です。しかしここはハリウッド地域です。ある考えが私の脳裏に浮かびました。

「ハーイ。グッド・イブニング」

と、多少陽気に声をかけ、彼女を軽くハグし彼女と唇を合わせました。そして私は、ほんの少し彼女の上唇を軽く噛みました。するとその瞬間、彼女は大きな目をぱちぱちさせ、そして驚いたことに、

「アテンシヨン、エブリボディ（皆さん、聞いて頂戴）」

と、大声で叫びました。

「ヒデオが、私の唇を噛んだ！」

と大声で悲鳴を上げ、皆に訴えたのです。私は周囲にいる人々が、一瞬凍りつくような雰囲気になるのを感じました。また、私は私で彼女が見も知らずの私の名前を、それも正確に発音したので驚きもしました。もちろん誰かに聞いていたのでしょう。日本人は私ひとりですし、主催者が来客の名前を記録するのはいつものことです。

とっさに、次の瞬間、

「いや、これは失礼！　つい忘れて日本流にやってしまった」

と、笑いながら軽く敬礼しました。

するとこんどは皆が腹をかかえて大笑い。なかには手を叩いて面白がる人もいて、ひと段落となりました。

その後、ハリウッドのパーティーにときどき招待されましたが、もうこの種のパーティー（ハリウッド地域で開催される、面識もない人々の主催するパーティー）にはほとんど出席しませんでした。

＊

ここで少しさらにハリウッド的なものを紹介したいと思います。

五月下旬、午後七時過ぎのことです。まだ日は高く、暖かい空気は乾燥し澄んでいました。私はひとりハリウッドヒルにあるこざっぱりした家へ車で出かけました。近くの駐車場に車を入れ、その家の玄関を入るとすでに二十数人が集まっていました。そこでは皆がビールやワイン、ウイスキ

ーのグラスを手に、テーブルに座り喋っていました。

私もカウンターでウイスキーのオンザロックスを作り、プールサイドに向かいました。数人が気持ち良さそうにプールにつかっています。その中でひとりの女性が、これも気持ち良さそうにすいすいと平泳ぎで泳いでいます。彼女は知り合いのポーランド系英国人のクリスティーナでした。私も泳ぎたいと思ったのですが、もう少しアルコールを呑みたかったので居間に向かいました。

そこは三十畳ほどの広さで、数人がソファーに座ってグラスを手に話していました。すると知人のメアリーが私に向かって、

「ヒデオ、今あなたの話をしていたの。そこいるジャックが、日本の柔道は護身術にはならないと言い張っているので、私はそんなことはないと反論しているの。それで柔道が実戦で有効であることを、彼に見せてあげたいの。彼は学生時代アメリカン・フットボールをやっていたので手ごわいわよ。私も見たいから彼と一度組み合ってみてくれる、どう?」

と、突然の申し出でした。

私は左手のソファーにどかっと座り、皮肉な微笑をたたえている中年男を眺めました。彼の身長は百八十五センチほどで、体重は百五十キロくらいあるでしょう。顔はアラン・ラッドに似た容貌で、アランより顎を角張らせ厳しくさせた感じです。そして鍛えた筋肉がまだ多少は残っている様子です。私は以前にもそんな場面に出くわしたことがありましたので、「そうだねー」と少し考えていると、

「ヒデオ、見せてちょうだい!」

と、彼のガールフレンドのグロリアも言い、「出来ないの」と笑っています。

「いいでしょう。やってみましょう。ジャック、投げられると少し背中と腰が痛むよ。でもOKだね」

と、念を押しました。すると彼の目が鋭くひかり、唇が怒ったように曲がり、

「ノー・プロブレム(構わない)」

と、返事が返ってきました。

このセリフを回りにいる第三者に聞いてもらう必要がありました。何かの調子で怪我などすると問題となり、訴訟に発展することもあります。それがここロサンゼルスであり、米国です。私は思う存分闘ってみようと決め、それで私はこの「ノー・プロブレム」と言う返事を待っていたのです。

「ふたりともいいですか、ボクシングや空手の蹴りや突きはなし。そしてどちらかの背中が床に着いたら終わりです」

と、今度は空手をやっていたメアリーが、真剣な顔で付け加えました。

我々ふたりは、「OK」と言い、お互い居間の中央に移りました。彼は両手を広げ、レスリングの構えで向かってきました。実戦の場合は、相手が大きくても、彼の急所の水月の周囲を簡単に打てますが、この場合突きはなしです。また相手が背広を着ていると、柔道の技はかけやすいのですが、このとき彼の着ているのは丸首シャツです。

私は両手を広げ、右手の人差し指を動かし、

「ヘイ、カモーン」

と、彼の目を見ながら誘いました。彼が半歩を進め、私が下がると、さらに、私の身体を引き入れようとして、再び半歩、歩みを進めて来ました。私はその瞬間を待っていました。彼の右手を左手でかわし、次の瞬間さっと一本背負いに入り、きれいに彼の大きな体を居間の床に沈めました。

彼は床に落ちた瞬間「うっ」と声を上げました。しかしさすがはかつての運動選手です。すかさず、彼は私の身体を両手で巻き込み抱え込んでいました。

実戦でしたら、私は彼に首を締め上げられていたことでしょう。それでそのときは私は右手の肘を使い、一瞬のことですが、相手の脇腹を突く動作をし、この勝負はこれで終わりました。

彼は両手を離しすっと立ち上がりました。そしてにこやかに笑って、私に握手を求めて右手を差し出してきました。私も微笑し彼の手をがっちり握り返しました。さすがアメリカン・フットボールの選手です。私は彼の指が太く、手のひらと指

が大きいので驚きました。

横で見物していたメアリーが、にっこり微笑し、彼に向かって、

「言ったでしょう、ジャック」

のセリフで締め、この場は和やかに終わりました。

ところでこのメアリーですが、彼女はフロリダ大学卒、若い頃は女優やモデル業をやっていましたが、希望する役や仕事がこなくなった中年になって、ハリウッド地域に小さなバーを経営していました。

この地域で女優やモデル業に従事している女性たちの中に、有名大学の出身者がかなり多いのに驚きました。言い換えれば、日本とはまったく違う芸能界の環境に、さすがここは「映画の都ハリウッド」と納得したことです。

＊

その後、私はグラスをカウンターに置き、トイレに入り水着に着替えました。そして片手にグラスを握りプールサイドに向かい、誰もいないプールに入り二百メートほど泳ぎました。それからプールから上がり、グラスのオンザロックスをひとくち含み、プールの横にあるジャグジーに浸かりました。この頃からロサンゼルスでは、このジャグジーに人気が高まり普及しだしたようです。今から四十年ほど前の話です。

ジャグジーの温水が心地よく、あたかも故郷の温泉に入っているような感じです。私は目をつむりその滑らかな温水を堪能していました。短い間ですが身体をよく動かしたので、アルコールのまわりもよく気分はじつに爽快でした。

十分ほどすると、ひとりふたりと中年男性が加わりました。彼らは静かにジャグジーに入り、私に挨拶してきましたので、「気持ちがいいですよ」と、私は答えました。そのとき初めて気がついたのですが、彼らはすっぽんぽんの「フルチン」で、何事もないようにジャグジーに入り、小さな声で会話をしています。少したってメアリーが加わり

ました。なんと彼女も身に何もつけていません。

彼女が円形のジャグジーのサイドに座ると、水面は彼女のへその上あたりですから、彼女の形の良いバストは丸見えです。

彼女が、私にハリウッド柔道道場のメンバーについて話しかけてきたので、私はそれに受け答えしていました。私はできるかぎり彼女の眼を見ながら、話すようにしていましたが、私の視線は、悪いと思いながらも、どうしても彼女の立派な、形の良い乳房に落ちてしまうのです。幸い彼女がほかの男と話し始めたので、これは失礼だと思い、私は話すことを止めました。そして目をつぶり静かにジャグジーの中で「無の境地とは何ぞや」とひとり呟き、温泉のような水の中で眠った振りをし、彼女とほかの男たちの会話をぼんやりと聞いていました。

そして十分ほどして、それとなく目を開け、彼らの会話に耳を傾けました。彼らは私の知らない最近の映画の話をしていましたが、実に驚いたことがあります。それは裸で会話をしながらも三人の男たちの視線は、私のように決して彼女の豊かな胸に行かないことです。あたかも皆が衣服を着てお互い静かに話しているような感じです。それは欧米社会でいう「マナー」、あるいは「ジェントルマンシップ（紳士道）」という観念からなのでしょう。それは今まで日本では経験したこともない風景でした。そして欧米男性の異性に対する「尊敬の念」を強く感じた瞬間でもありました。

＊

もうひとつ。ある秋の晩のことです。

英国人で映画関係者スーザンの招待で、ハリウッド映画『ベン・ハー』（一九五九年）で、アカデミー主演男優賞を獲得したことのある名優チャールトン・ヘストン参加のパーティーに出席したときのことです。

そのパーティーはハリウッドのあるホテルで行われました。何のパーティーであったか忘れましたが、米国ライフル協会主催のパーティーであったかと思います。この協会は全米でかなり政治力のあるパワフルな団体です。その頃彼はこの全米ライフル協会の会長をしていました。

私は彼に好感をもっていましたので、ホールの隅に立つ彼にそれとなく近づきました。五十人近い人々がメインホールで、グラスを片手に四、五人ずつ固まって話していましたが、東洋人は私ひとりでした。それで彼の興味を引いたのかもしれません。彼が私に声をかけてきました。

「こんばんは、どちらから来られました?」

と、例の優しい笑みを浮かべながら彼が訊いてきました。

私は多少緊張しましたが、

「東京からです。こちらで寿司バーにスモークサーモンなどの寿司ネタを、代理店を通じて全米に卸しています」

と、微笑しながら答えると、

「それは興味深いですね」

と、映画で見る彼独特の笑いを、口元に浮かべました。それから彼と寿司バーのネタについて少し話をしました。

その会話で彼は、私に思った以上の好印象を与えました。というのは、当時私はハリウッドの有名スターたちというのは、傲慢で、高慢ちきなんだろうと想像していました。以前も数回このようなパーティーに招待されたことがありましたが出かけませんでした。しかし、このパーティーで出会った名優チャールトン・ヘストンは、完成した米国紳士のひとりとして、深く私の心の中に残りました。全米ライフル協会の会長職にあるのも頷けるというものです。ここでも彼の中にある、本物のジェントルマンシップを強く感じいったものです。

最近知ったのですが、彼は二〇〇八年ビバリーヒルズの自宅で亡くなりました。八十四歳でした。

高齢で有名俳優といえば、日本では三国連太郎です。残念ながら、これを書いている今(二〇一三年四月十七日)、私が好きだった「釣りバカ」シリーズの彼も亡くなりました。三国連太郎は沼津に別荘を所有していたそうです。彼は幼い頃伊豆の下田に住み、一時期は伊東にも住んでいたとか、そんなことを親友の稲木君から聞いたことがありました。それで沼津の街をよく知っており、またその近辺で釣りもやったのでしょう。何となく納得がいきました。

＊

ハリウッド映画で、わが故郷に関係する映画がありました。八十年代にＮＢＣで制作・放送されたドラマですが、その後映画版として編集され日本で上映された映画『将軍　ＳＨＯＧＵＮ』です。この原作はジェームス・クラベルの小説です。三船敏郎、島田陽子が共演しています。この映画の監督はジェリー・ロンドンでした。

この映画で、日本で最初に太平洋を横断する大型船が「砂場で造船される」シーンがありました。日本史上では、この最初の船は江戸時代初期、徳川家康の命により私の故郷伊東で造船されています。しかし、この船は「砂場で造船された」のではなく、大型船は重量があるので、現在の伊東市を流れる大川（松川）と合流する小さな川、唐人川の流れを巧みに利用して、伊豆の船大工による伝統的な造船法で、ウイリアム・アダムス（日本名三浦按針）により造船されたものです

この史実をまったく無視した映画の画面に少々不満で、その旨監督に手紙を書きましたが、私は彼女からの返事はまったく期待していませんでした。ところが、驚いたことに三日ほどしてすぐ返事がきました。そこには自分たちの造船に対する知識不足を陳謝し、誤りを指摘してくれたことの感謝の手紙と彼女の写真が同封されていました。それも大型、Ａ４サイズの写真には彼女自身のサインがありました。このときも私は日本とその対応の違いに、じつに開かれた米国社会を痛感したことです。

＊

次は、これもハリウッド映画業界での話をひと

つ。

一九六〇、七〇年代頃の話です。ハリウッドの名のある俳優のパーティーでは、エージェントを通じて五、六人の美女が送り込まれているのが一般的だったそうです。パーティー会場となるビバリーヒルズやベルエアの屋敷は大きく、部屋数は何十とあります。そこでは、適当なときに別室に移り、その一室で皆で楽しくコーク（コカイン）を吸いハイになり、同じくハイになった若い女性たちとセックスをエンジョイするのが一般的だというのです。

こんなユニークな経験をした女性から、直接聞きましたので間違いない事実でしょう。私がそれを聞いたとき、「さもありなん」、いかにもハリウッド的だと思いました。そんな印象がハリウッドにはありました。私が渡米した一九七〇年代後半の頃は、個人が使用するコークは合法でした。しかし、俳優のなかにはこんなことにまったく興味のない人もいますので、男優を見たら、「奴はコークを……」とは必ずしも考えないことです。

ハリウッド道場のリード。ジェームス・ディーンのモニュメントの前にて

若くして交通事故で亡くなった男優のジェームス・ディーンですが、この事故現場にはモニュメントがあります。この前でオートバイに乗っている写真の大柄な中年男は、ハリウッド道場のメンバーのリードで、あの頃はロングビーチの消防隊長をしていました。オートバイが大好きで、あの頃ハーレーダビッドソンのオートバイを日本に輸出したいと言っていました。

麻薬といえば、近年では北京五輪競泳八冠の、マイケル・フェルプスが大麻吸引疑惑で、米水泳連盟から三カ月の出場停止処分を受けたことが報じられ、また黒人女性歌手、ホイットニー・ヒューストンがコークの吸引事故で死亡しています。

私が米国から帰国してからの印象ですが、日本は世界有数のよき麻薬市場のようです。コークを例にとると、その値段は米国での二倍以上で売られています。これからもわが国の若者たちの吸引事故や、芸能関係者の麻薬所持事件などが年々増加する傾向にあるかと思います。日本は宗教が国民の日常生活にほとんど関与しない珍しい先進国です。ぜひこれから神道、仏教、キリスト教など宗教関係者の、国民の日常生活への関与を強く期待します。さもなければ近い将来、日本国は小松左京著『日本沈没』とは違った意味で、沈没することは間違いありません。

ここでもう少し、ロサンゼルスでの麻薬にからんだ日常的な話に戻りたいと思います。その頃の私は麻薬についてはまったくの無知でしたので、最初聞いたときは大変驚き、そして、さすがは西海岸の大都市ロサンゼルスと思いました。そこには日本の大都会東京とはまったく異なる現実がありました。

＊

これはある名のある弁護士のパーティーでのことです。

文字通りの大きなマンション（大邸宅）で、皆が賑やかに歩き回り、知人たちと五、六人ずつかたまって話をしています。私はひとりでぶらぶらと歩き回っていました。もちろん片手にはウオッカのオンザロックスのグラスを持っています。ひとりのかつてはモデル嬢とおぼしき赤毛の女性がやって来て、私と目が合い挨拶しました。すると彼女が、

「どうです、コークは？」

と、微笑しながら訊いてきました。

私は個人で使うコークは合法なのを知っていま

したが、使用したことはありませんが、どんな味がするのか興味がありました。

「それはいいですね。トライさせて下さい」

と、私も微笑しながら答えました。

彼女はバックの中から、紙の包みを出し、その一部を鼻から吸い込むように促しました。

「プールサイドに座りましょう」

と、彼女は私の先を静かに歩いて行きました。そして木製のベンチにふたりで座り、星の輝く夜空を眺めました。名前を訊くと、パトリシアとのこと。

「あなたはどこから来たのですか」

「東京です。あなたはどちらの州から」

「ボストン、マサチューセッツ州からです」

と、返事が返ってきました。彼女は綺麗な赤毛からしてアイルランド系でしょう。彼女を見て私はハリウッド映画『静かなる男』を思い出しました。ジョン・ウェインとモーリン・オハラが共演した名画です。私の高校時代のことですが、大変興味があり三回ほど映画館に通いました。

「ああ、そうですか。東海岸に昔からある都市ですね。私は以前その北、メイン州のバンゴア市に滞在したことがあります」

「ええ、バンゴアですか、何の目的で行かれたのですか」

と、怪訝な顔で訊いてきました。

それで私はうなぎのシラスを求めて、フロリダ州からメイン州まで出かけたことを話していましたが、途中で何か会話がぎこちなくなっていくのを感じました。「ははあ、これがコークの効果か」と思いながら、目を少し離れたプールサイドに座る十人ほどの人の輪に移しました。

そこでは皆が静かに座り、ひとりがタバコを吸うと、順にそれを隣の人に渡しています。以前も見たことのある風景なので「大麻」だとすぐ分かりましたが、するとおかしなことに、自分が今コークを吸ったことに気がついたのです。

「ちょっと失礼します」

と、私は立ち上がり、トイレを探すために邸内へ向かい、用を足し顔をきれいに冷水で洗いました。リビングルームへ移りソファーに座り、もうパトリシアの元には戻りませんでした。そして今度は本物の味の悪いコーク（コカコーラ）を飲み、数人とスモークサーモンの話をして数時間を過ごしました。私にとってこれが最初で最後のコークとの出会いでした。私の場合コークを吸うと、アルコールの味が分からなくなる傾向があることを知りました。

＊

次は、ロサンゼルスで最初に借りて住み始めたオークウッド・ガーデンでの経験です。ある八月の晩のことです。そろそろベッドインするかと、私がベッドのシーツを新しいものと取り換えていたとき、時間は真夜中でしたが、屋上（三階の上）で、ばたばたと大きな物音と、誰かが大声で叫ぶような声がしました。それも休みなく聞こえます。うちのFが怪訝そうな顔をして、

「英さん、何の音かしら、こんな遅く、何か人が暴れているみたいね」

「なんだろうなあー。酔った若いのが暴れているのかな」

と、私も不思議に思いましたが、五、六分すると騒がしい音も止み、いつもの静けさとなりました。我々もふだんと変わらず、ダブルベッドで静かに眠りにつきました。

翌朝八時頃のことです。誰かがドアをノックしました。誰だろう？　とドアを開けると、私が日曜日、護身術を教えているセキュリティ（警備員）のスティーブが立っていました。

「どうしました」

と、不審に思って訊くと、

「ミスター・クボタ、昨晩は大変失礼しました。夜中に大きな音がしたでしょう。住民から苦情の電話があったので、すぐ私が屋上に行きチェックすると、コークか何かやった若者が、屋上で大声を上げ暴れていました。それで私は彼を捕まえようと近づくと、奴はなんと三階の屋上からぽんと地上へ飛び降りて逃げてしまったのです」

と、苦笑いを頬にためています。

「なんと！　このビルの屋上から飛び降りたって！　彼は大丈夫だったの」

と、私は驚いて訊きました。すると彼は今度は大きく笑って、

「ヤクをやってなかったら、頭から落ちて大怪我だったでしょう。ヤクのお蔭で、そのまま降り立ち、びっこを引いて逃げて行きました」。

「そりゃ、大変だったね。夜中に音がしたので、何があったのかと、ワイフと話し合っていましたが、そんなことがあったのですか。どうもご苦労さん」

と、言うと彼は「では、また」と、微笑し廊下を静かに歩いて行きました。

＊

麻薬の話からそれますが、一寸恐ろしい話を。

ある日のことです。この日の予定は日本からの客、数人とロサンゼルスから車で南下し、サンディエゴ市内の観光でした。ところが、何かの都合で、サンディエゴのすぐ南にあるティファナ市（メキシコ）まで足を延ばしました。そこには当然のことですが税関がありました。しかしそのまますんなり国境を渡り、メキシコ入りとなりました。米国では入国するのは厳しいのですが出国はいたって簡単です。我々は観光も終え、再び車でロサンゼルスに戻ろうとした国境の税関でのことです。

私ひとりが入国管理官に捕まってしまったのです。私はティファナ市まで南下するとは予定していなかったので、パスポートを持参していませんでした。幸いセキュリティ・ナンバーを持っていたので、これを担当官に示したところ、彼が電話で管理局に確認し、三十分ほどで無事解放されました。

これは後日のことですが、この話を会社を手伝ってくれていた浜君に話したところ、驚愕のストーリーを聞きました。それは次のようなものです。

彼の知人のひとりが、同じようにティファナ市で観光した帰りのことでした。彼もパスポートを

持っていなかったので、この税関でひっかかりました。そして身元が確認できるまでと投獄されたのです。そのときの税関職員のセリフです。

「いつまでも食べさせてやるから、ゆっくり過ごしたらいい」

そして、これは投獄された彼がそこで出会った風景です。

大きな部屋には十数人が座っていました。ほとんどがメキシコ人でしたが、ひとり、アジア人とおぼしき若者が座っていました。よく観察すると日本の若者に間違いないようなので、彼は日本語で話しかけました。すると、若者は驚き目を大きく見開き、首を縦に大きく振りましたが、言葉をまったく発さず、ただそれだけだったとか。彼の感じでは、その若者はもう長い間投獄されていて、精神的におかしくなって日本語も話せなくなっていたのではないかと思ったそうです。

知人の彼は幸いなことに連絡をとった友人が、翌日パスポートを税関に届けてくれたので、係員はこれで彼を確認し、解放しました。彼は米国に再入国できたとのことでした。

日本では日常生活ではパスポートはまったく関係しませんが、米国では私もあの苦い経験を得て、パスポートの重要性を痛感しました。たぶんあの若者は今もずっと、牢の中での生活を続けているのだろうと思うと、まったく恐ろしい話です。

＊

次は、同じアパートで起こった、もう少し優しい話をしましょう。

私は日曜日、ランチの後はいつも洗車するのを日課としていました。ロサンゼルスはほとんど雨が降らないのであまり車は汚れませんが、雑巾で適当に汚れを拭き取っていました。そして仕事が終わると、すぐ近くのエレベーターに乗って、部屋のある二階まで行きます。あるとき、エレベーターに乗ると、欧米系の美人がひとり乗っていました。目が合ったので、ひとつの礼儀として、

「ハーイ。ハワユー」

と、声をかけると、相手も微笑みながら挨拶をしてきました。こんな風に米国では誰彼問わず挨拶をするのです。そんな習慣にやっと慣れた頃の話です。それから同じような場面が三回ほど続きました。そうしたある日、またエレベーターの中に彼女が立っていて、

「ミスター、アフタヌーン・ティーはいかがですか」

と、優しく微笑を浮かべて声をかけてきました。私はその優しい微笑にいささか驚き、瞬時に彼女の突然のお誘いにのることにしました。彼女は中年のそれは個性的な美人でした。それで私自身何となく上品な気持ちになり、ふつうなら少し引いて、「オッケイ」と言うところですが、このときは少々洒落て、

「ウイズ・プレジャー(喜んで、お招きに預かります)」

と、我ながら少々照れ気味でしたが、返事をしました。

エレベーターを降りると、すぐ近くに彼女の部屋がありました。そして一歩踏み入れると、部屋の壁にぐるっと、五十センチくらいのエルビス・プレスリーの写真が二十枚ほど飾られていました。彼女が「どうぞ」と勧めるので、私はゆったりとソファに座り、それらの壁の写真を眺めました。室内にはプレスリーの曲が流れていました。私は心のなかで「ああ、彼女はプレスリーの大ファンなんだ」とつぶやきました。それにしてもこんなに一杯部屋中に写真が飾ってあるのは、よほど熱烈なファンなんだろうなと思いました。私はジャズ、なかでもデキシーランドジャズが大好きです。しかしロック歌手のプレスリーの歌にはほとんど関心がなかったので、彼の曲は「ラブ・ミー・テンダー」ぐらいしか知りませんでした。彼女は、キッチンから紅茶とケーキのセットを運んで来たので、三十分ほど雑談しました。彼女は空手や日本の武道に関心をもっていました。

数日して彼女の姿はオークウッド・アパートから、なぜか消えました。

後日知ったことですが、彼女の名は「プリシラ」、何とエルビス・プレスリーの未亡人でした。壁一

面にプレスリーの写真を飾ってあっても当然です。そして彼女は空手の黒帯でした。それで彼女が私に関心を示した理由が分かりました。彼女は私が日曜日、オークウッド・ガーデンのセキュリティに護身術を教えていたのをどこからか眺めていたのです。それで彼女は私に興味をもち、私にアフタヌーン・ティーをご馳走してくれたのでしょう。

後年のことですが、プレスリーについて書かれた本を読み、いろいろなことを知りました。彼は兵役でドイツに駐在したときに、当時十四歳のプリシラにひと目に惚れしたそうです。そして八年後、彼女が成人なるのを待って結婚しました。その後年のことですが、彼がほかの女優と浮気したときは、プリシラは空手のインストラクターと同棲したということです。彼女にはそんな経歴がありました。

ロック歌手といえば、こんなこともありました。この後のある昼のことです。うちのFがアパートのロンダリー・ルーム（洗濯室）から帰ってきて、

「矢沢永吉が洗濯室にいたわよ。でも英さんは、誰だか知らないでしょうね」

「矢沢永吉だって？　そりゃ何屋さんだい」

と、私は訊きました。

「知らないと思ったわ！」で、この話は終わりました。

夕食時に彼は日本では有名なロック歌手と聞いて、

「ああ、そうだったの。でも僕はロックに興味ないからなあ」

と笑いました。彼の名前は聞いていましたが、ずっと忘れていてそのときは思い出せませんでした。

＊

次もオークウッドのアパートに住んでいた頃の話です。

以前にプールサイドで知り合ったポーラに紹介され、日本からの若い男性と会いました。彼は後藤正彦君といい、うちのFと同じ道産子でした（彼

は現在も元気にニューヨークで生活していると思います）。

それから数日した晩のことです。私がFに、

「後藤くんだが、彼はビバリーヒルズにあるダンサーで有名な俳優のフレッド・アステアの『ダンス教室』に通っているそうだ。興味あるかい」

と、尋ねたところ、

「いいわねー。一緒にやりましょうよ。大変興味があるので参加したい」

と返事がありました。

我々は次の日曜日、車でビバリーヒルズのダンス教室を探しました。ビバリーヒルズのよいところは道が広く、路上にすぐ駐車できることです。我々はフロントで申込書に記入し、その日、社交ダンスをワンレッスン受けました。それからは毎日曜日、車で十五分ほどのダンス教室に通いました。そこのインストラクターは姿勢のよい若い女性でしたが、彼女には毎回、

「ミスター・クボタ、足の向きがちがいます。ほら、またステップが間違っています」

と、厳しく叱られました。

私は頭をかきながら、少しずつ正しいステップを学びました。どのくらい通ったかよく覚えていませんが、先般後藤君がニューヨークから鎌倉にやって来ましたので彼に訊いてみると、我々は一年ほど通っていたとのこと。それでまあ、社交ダンスは少しばかり踊れるようになりました。

＊

我々はダンス教室でのレッスンの後は、このビバリーヒルズ地域で買い物をするのが習慣となりました。またビバリーヒルズの隣のセンチュリーシティの高級マーケット「ゲルソンズ」にも同時に必ず行きました。うちのFも私もここで売られている、米国産の高級牛肉が好きでした。そこで牛肉を購入し、野菜類はビバリーヒルズにある無農薬野菜の店「ミセス・グッチ」で買います。

その前にこのゲルソンズ店内のコーナーにある、Fの大好きな小さなケーキを売っているケーキ売り場に立ち寄ります。ひとつの値段が九十五セン

トです。そしていつも五個注文しました。私が二個、彼女が三個です。若い可愛い女性店員が、紙に足し算をして合計金額を出します。まだこの頃は卓上計算機のない時代でした。

ある日のことです。いつも店員の計算に時間がかかるので、うちのFがいらいらして、

「一寸失礼。それでは五個ではなく、十個にして頂戴！」

と、大きな声をかけました。

「OK．少し待って下さい」

と言い、彼女はまた紙の上で延々と計算を続けました。

「九ドル五十セントじゃないの。早くして頂戴！」

と、またうちのFが大きな声をだすと、

「もう少し、もう少し、待って下さーい」

と、彼女はまだ紙にボールペンを走らせ計算をしています。そして、やっと可愛らしい顔をこちらに向け、

「九ドル五十セントです……。どうしてあなたは、そんなに早く分かったのですか」

と、大きな瞳でうちのFの顔をじっと見て、その店員が怪訝な顔で訊いてきましたが、うちのFは私に向かって「この娘、バカじゃないの！」とつぶやき、その場は終わりました。

そして分かったのですが、あの女店員は掛け算ができないという事実です。たぶん東欧からの移民一世でしょう。計算が早くできない多くの若い女性が、いろいろな店で働いているのがロサンゼルスの現実です。言葉は何カ国語も流暢に話せるのに、計算はまったくだめという場面にも何回も遭遇しました。これは多民族が生活している大都市ロサンゼルスの現状です。

＊

毎週末、この高級マーケット「ゲルソンズ」でゆっくり買い物をし、二階にある商店街に足を延ばすのが常でした。そこで目にしたのは『刑事コロンボ』の俳優ピーター・フォークでした。

彼のお袋さんかどうか不明ですが、例の顔で老

婦人を介護用のカートに乗せて、静かに押して歩いていました。近くを通る人たちはこの風景を見ても、誰も彼に注意を払いません。これは私にとっては意外な風景でした。老婦人を介護している彼の邪魔をしないという皆の配慮なのでしょう。ここでも米国の大人社会を垣間見たことでした。

ここでもうひとつ。私がこの近くで出会った俳優について。

ハリウッド通りかサンセット通りか忘れましたが、これとフェアファックス通りの交差点に、ハリウッド地域で名の通った「ワインショップ」がありました。たぶん、いやもちろん今でもあるでしょう。

うちのFの好きなボルドーの赤、三本を買って私はレジに並びました。そして私の隣でキャッシュを払っている客の顔を見て、「おやー」と思いました。そこに立って、これも三本のワインの代金を支払っているのは、なんと映画『荒野の七人』や『王様と私』で主演していたユル・ブリンナーでした。

意外だったのは彼の上背が、私とあまり変わらなかったことです。その後もときに彼をこの店で見かけました。この頃私の身長は百七十二センチでしたが、ユル・ブリンナーは百七十五センチほどでした。百九十センチから二メートル以上の男優たちが多い、ハリウッド映画界のなかでは大変小柄です。観察すると驚いたことに、ここでも買い物客は誰も彼に注意を払いません。この点は日本とは大違いでした。

その後も二回ほど、彼とその店で出会いましたが、日本的にいうとスーパースターの彼もひとりの買い物客として自由に店内を歩き回っていました。ここでも前述した「米国の大人社会」の一面を垣間見たことでした。

＊

次は、米国の家庭内での夫の金銭傾向について触れたいと思います。

米国社会は日本とはまったく異なる生活環境というか、夫婦関係があるという事実を、少しですが語りたいと思います。これはこれから米国に滞在する、あるいは住もうとする若い日本の女性への「ピース・オブ・アドバイス」です。

私は日本からロサンゼルスに来て、米国人と出会い結婚した女性に、数回相談を受けました。それは結婚し楽しい生活を共にする夫が、常に「財布を握っている」という事実です。相談を受けた彼女たちはいわゆる専業主婦でした。

まず、私を例に上げますと、私は結婚当初からうちのFに給料全部を渡していました。それで彼女が家計をまかなっていました。その給料の一部から私は小遣いをもらっていました。これはその頃の日本の夫婦間では一般的なことでした。今と違いその頃は銀行振り込みはなく、給料は現金で手渡されていました。

ところが、米国では通常のことですが、夫は妻に給料の全額を渡しません。というかいくら収入があるか、妻に教えないことが多いようです。家庭の生活費は、子供がいればそれらの費用を、夫が自分で考えて妻に毎月渡します。私が相談を受けた彼女たちの悩みは、毎月、夫より渡される金額がいつも「少し足りない」というものでした。そして夫にその旨伝えるが、まったく聞いてもらえないと。これが彼女たちの「悩みの種」でした。

彼女たちの悩みを聞いて、最初に思い出したのは昔のハリウッド映画です。それは給料日になると、軍人の夫を持つ妻たちが数人で、きれいに化粧して夫たちの勤務先まで出迎えに行き、各々が玄関から出てきた夫たちの腕にからみつき、商店街に行って自分の欲しいものを買わせるシーンです。私は映画を観て、米国では日本とまったく違う生活習慣があるのを知りました。これは歴史的習慣ではないかと思いました。一般的に欧米女性は日本女性に較べ計算が得意ではありませんし、それと同時に米国の夫たちは日常生活で常に妻を心理的にコントロール下に置きたいという強い欲望もあるのではないでしょうか。いつもは優しい夫も、ことお金のことになると別人になってしまうようです。

このため米国では女性の職場進出が早くから始まった一因もそこにあるのでしょう。その意味では、日本とはまったく異なる家庭環境が存在するのです。現在米国の銀行では、夫婦両名でひとつのアカウント口座（銀行口座を夫婦で共同管理する）もオープンしています。

それで私の彼女たちへのアドバイスは「アルバイトでもいいから職を得ること」と伝えていました。さもないと家庭内不和が生まれ、米国人の夫たちの、もちろん一部ですが、家庭内暴力に発展するリスクがあります。

私の姪（妹のとしみの娘）は米国人と結婚しオレゴン州に住み、今はふたりの娘もいます。幸いなことに彼女は仕事をもっています。今年は娘ふたりを連れ夫と一緒に帰国し、一カ月ほど日本での生活を楽しんでいました。主な目的は夏休みを利用して、子供たちを「日本語クラス」に参加させるためでしたが、としみ家族と五日ほど、私が所有する温泉つきの武道場に泊まり結構楽しんでいました。

姪は就職しているので、欧米夫婦間でよく発生する金銭トラブルはありません。これは大変重要なことです。これから米国人と結婚する可能性のある「日本の若い女性の皆さん」、夫がお金を握るのは、米国に限らず欧州でも同じことでしょうが、これは最近始まったことではなく、欧米人である彼らの長い歴史的な習慣なのです。このことをよく認識したうえで、外国人と生活を始めてください。

＊

次は、日本国内で日常的な事柄と思っていて

伊東の武道場前にて。妹、としみ（前列右から２人目）一家と姪（前列右から４人目）の一家たち

も、海外では危険を含んでいるという一例です。

東京から買い付けに来た食品商社の鈴商の鈴木一成社長を案内し、ロサンゼルスの南にあるトーランス市に移ったクラブロータスからの帰りのことでした。青山にあるグルメショップ店の買い付け担当山口氏（仮名）も一緒でした。その四時間ほど前のディナーにはうちのFも加わり、四人でコリアンレストランで美味い韓国料理を摂りました。その後彼女を家に送り、宿泊先のニューオータニで待つ鈴木社長たちを車に乗せ、クラブロータスに向かいました。そこで鈴木一成社長がカラオケで、いつものように『昴』を歌ったりして、三時間ほど楽しく呑みました（鈴木社長は慶大のアメフト部の助監督をしていました）。席を立ったのは深夜一時頃のことです。薄暗い真夜中の車道には車はまったくありません。その暗い路上をアルコールの助けもあって、気分よくニューオタニに向かって走っていました。車の後ろ座席に座る山口氏が、急に大きな声で、

「久保田さん、すみません。小便したいので止まってもらえませんか！」

と言います。彼の緊急な感じが伝わってきましたので、

「OK．車を路肩に止めますので、一寸待って下さい」

と、近くにパトカーがいないかどうかを左右のバックミラーで確かめ、車を道路脇に静かに止めました。

私は彼が近くに太い街路樹があるので、そこで用を足すのだろうと想像し、私はバックミラーを眺めながら、パトカーが近づいて来ないか確かめていました。そして小便をしているかなと、彼の方に視線を向けて驚きました。私は彼がその太い街路樹のところにいると思っていたのですが、まだどこにしようかと迷っていて、ゲイトが開いている家の庭の中へ入っていこうとしているのではありませんか。私は驚き、大声で、

「山口さん、そっちへ入っては駄目です。そこは他人の家です」

彼には意味が分からなかったようですが、私の

大声に驚いて足を止めもどってきました。そして私の指示通り、近くの街路樹に向かって用を足したのでした。

これは日本人がよくやりそうなことです。ゲイトが開いていたから、他人の庭に入ってそこで小便をする。これは日本ではあまり問題になりませんが米国では大変危険です。それも深夜です。その家の家主に拳銃で撃たれても文句は言えません。それが銃社会米国の現実です。

数年前ハワイの公園で小便をしていた、日本航空の副パイロットであったかが、警官に逮捕されました。これは罰金刑ですんだでしょう。しかし真夜中に個人の家に侵入でもしたら、家主にピストルで撃たれてそれこそ命取りとなります。

一昨年（二〇一二年）の暮れのことです。前に述べた鈴木一成社長とふたり、京王プラザホテルの鉄板焼き店で楽しい数時間を過ごしました。このとき先の山口氏の小便の件のことが話題になりました。私は忘れていたのですが、そのとき暗闇の中からヒスパニック系の若者六人が現れ、そのうちのふたりがナイフを握っていたので、鈴木社長は驚愕したそうです。すると私が何事もないかのように彼らに近づき、五十ドル紙幣を背の高い兄貴分に渡したのでさらにおどろいたと。

次も、よくあることですが、米国では呑み屋で喧嘩が始まると、バーテンダーや用心棒が客を外に連れ出し、そこで痛めつけます。ときに客がぐったりした場合、彼らはその客を酒場の中に引きずり込み、客が店の中で暴れた状況を作るのだそうです。店の中で暴れた客を殴ったり、ときに殺したりしても、それは無罪です。日本では考えられない怖い話です。

＊

次は、もう少し楽しい話題です。

これはランチ時の、日本とフランスとの違いです。パリ市内の、ある昼十一時頃のことです。

親しい友人となったベオーとその友達二人、そしてベオーの秘書クリスティーヌと五人で、名のあるレストランのテーブルに座りました。手渡されたメニューを友人ふたりとベオーがメニューを睨みながら、十五分ほどあれこれと検討し、やっと意見がまとまりオーダーとなりました。

　アペタイザーにナント産の白ワインに種々のチーズ、そして後のメインデッシュはドーバーソウル（シタビラメ）を注文しました。その間、ベオーは知人ふたりに、彼が経験した日本での話、台湾での話をして、座が盛り上がっていました。私には秘書クリスティーヌが要点を英語で通訳してくれ、私は一呼吸おいて笑っていました。

　その間にワインの瓶は次々と空になり、温厚なベオーもグラスを重ねるにつれ、さらに多弁となり手振りを交え、話が熱を帯びてきました。そして気がつくと、時間はもう二時間半が経過していました。隣に座るクリスティーヌがなにか思い出したように、私の顔を見て、

「日本では、ランチは三十分ほどで食べ終わると聞きましたが、本当ですか」

　と、信じられないという顔をして訊いてきました。

「三十分ねえ。まあ一般のサラリーマンはそんなものでしょう。しかし早い人ですと、十分とかかりません。日本のランチアワーはフランスの半分、一時間ですから」と、私が言うと、彼女は大きなブルーの瞳をさらに大きくして、

「そんなこと、考えられません。信じられません。何を、どう食べるのですか」

　それで私は、日本の食生活、特にサラリーマンのランチで食べる、そば、うどんやラーメンの食べ方を説明し、動作で描写しました。

　彼女は私の説明を聞き、これら麺類をスパゲッテイに似たものと想像し、多少理解できたようでした。しかし欧米人にとって、スパゲッテイはあくまで「前菜」です。それでどうしても推測、いや想像できないようでした。

　そこで私は、にやっと笑い、

「百聞は一見にしかず。その内一度東京にいらっしゃい。見せてあげるから」

　と言ったところ、

「ぜひ見たいわ」

と、大きな瞳を輝かせていました。

その後皆で食後のコニャックをちびちびやり、仕事の話や雑談を終えて席を立ったのは三時半でした。なんとランチに四時間余をかけたのです。これはわが生涯、最長のランチでした。

＊

次は、米国一般市民の大変良い面を紹介しましょう。

いろいろありますが、私がロサンゼルスで中古車を運転し、最初に経験した大変印象的な事柄です。ロサンゼルスで生活を始め、ネイビルの知人を通じて米車「クーガー」を買ったことは前に述べました。この中古車は最悪で、運転中に十数回バッテリーがあがり路上で動かなくなるような車でした。車を買う以前のことですが、知人たちからエンストなどが発生したとき、米国ではどうするか聞いていました。でも真偽のほどはまったく不明でした。

ある日のことです。車のバッテリーが上がり、私は車外に出て車のフロントカバーを上げ止まっていました。この頃は携帯電話はありませんので、公衆電話から、アメリカ自動車協会AAAに助けを求めるのが一般的です。しかしそのときは車の構造の知識もなく、茫然とフロントカバーの内部を眺めていました。すると二、三分後、側を走る見も知らぬ若者が車を止め、

「どうしました？　バッテリーが切れたのですか」

と、微笑しながら親切に声をかけてきました。

「そうです。助けていただけますか」

と答えると、彼はごく自然な態度で、

「OK．一寸待って下さい！」

と気軽に言って、車を静かに路肩に止め、彼の車のバッテリーから充電してくれたのです。そして電気のチャージが終わると、何事もなかったように、

「では道中、気をつけて！」

と笑いながら車を運転し去って行きました。

我々は本当に大助かりでした。

これは高速道路でも同じで、広い道路際に止まっていると、よく知らない米国人から声をかけられ、喜んで助けてくれました。日本では考えられないことです。ロサンゼルスというか米国ならではのことかと思います。これは「困った人には手を差し伸べる」というキリスト教精神のひとつの現れなのでしょう。

私は中古の車を三台乗り換えましたが、路上でエンストした十数回は、彼らの手を借り助けてもらいました。その意味でも米国社会には大変お世話になってきました。

前に九章で述べた、追突事故のとき冷たいオレンジジュースを差し出してくれたヒスパニックの中年女性、壊れたトランクを縛るロープをくれたクリーニング店の若い女性たち、これらは米国人特有の寛大さ、あるいは優しさの表れといっていいものでしょう。もちろんその根底には、困った人には手を差し出すという「キリスト教精神」が根底にあるのでしょう。

米国社会での人々の優しい配慮といえば、米国の中流家庭の多く住む地域では、誰かが引っ越してきて居を構えると、近所の皆さんが「ウエルカムパーティ（歓迎会）」を催してくれるのを常とします。これは日常生活での日本の習慣との違いというものでしょうが、日本ですとまったく逆で、引っ越ししてきた方が、手ぬぐいや菓子などの手土産を持って近所を挨拶して回ります。これをしないと近所から白い目で見られると聞きました。私が日本にいるときは、日本のこの習慣に無知でしたので、最初はご近所の方々に変な目で見られていたかもしれません。

＊

米国では、人気、流行などでハリウッド発といわれる事柄は多々あります。

しかしながら日本発というものはほとんどありません。ところが、珍しく日本の言葉と深く関係がある事柄が人気になりました。それは皆さんご存じのように、昔から欧米では写真を撮るときに笑顔を求めて「チーズ」と言いますが、これは正確に英語でこの言葉を発音すると、唇が笑ったときと同じように横に広がるからです。それで写真を撮るときの常用句としたものです。

日本でも、それがいつの頃か正確には知りませんが、写真を撮るときには「チーズ」と言ってポーズをとるようになりました。しかし一般的に日本人が「チーズ」と発音しても唇は横に広がりません。むしろ「チ」を発音すると唇はとがります。これが他国の言語を発音するときの難しさというものでしょう。

ところが、最近といっても、もう三十数年前の話ですが、米国では写真を撮るとき「チーズ」に代わって、「スーシー」と言うのが一般的になりました。これはハリウッド発です。

八〇年代ハリウッド地域で寿司が人気食となりました。寿司はまず彼らに「健康食」として人気が出始め、その後「美味」として彼らに受け入れられました。このハリウッドで最初に、この「SUSHI」の単語が使われだしたとか。そしてこの発音が一種のおしゃれ語として、今までの「チーズ」に代わって全米に普及していったとのことです。確かに欧米人が「SUSHI」を発音すると「SHI」の音で唇が横に広がり、そこに「笑顔」が生まれます。それでこの新しい外来語が使われたようです。

寿司バーといえば、このロサンゼルス地域にある日本食レストラン「アマギ（天城）」は人気レストランのひとつでした。この店は名前の通り伊豆出身者がオープンした店です。この店には時々行きましたが、そこで日本とは違った風景を目撃しました。それは若い欧米系の女性客のひとりが寿司カウンターで静かに読書していましたが、店で働く誰もがそれを見てもコンプレイン（文句）していないことです。

最近（二〇一〇年）はロサンゼルス地域には今や五千店ほどの寿司バーがあるそうです。私がいた頃は三千店ほどでしたから、その数の延びは驚くほどです。この増加した数字のなかには韓国系の店が多く、次が中国系の寿司バーだそうです。歴史的に魚の「生もの」を食することには縁のない、また衛生観念の乏しい中国系の寿司バーなどでは、大腸菌などの「衛生の問題」が発生する可能性は大です。ロサンゼルスを中心に寿司ネタを全米に販売してきたひとりとして、このネガティブな傾向が広がらないことを強く願わずにはいられません。これが発生すると衛生管理の厳しい米国での、寿司バーの存在がおびやかされること必定です。

これはロサンゼルスのダウンタウンにある中華街での話です。中華料理屋の若い使用人は主人に強く叱られると、その復讐に主人の気づかないところで、料理のなかに痰や唾を吐くと聞いたことがあります。その昔は日本でもそんな従業員もいたと聞き驚きました。従業員の諸君、どうぞ、そんな馬鹿なことはしないことを願います。

日本で人気の高いマクドナルドですが、ハリウッド道場のメンバーのほとんどは、マクドナルドやほかのファーストフード店では食事をとりません。前にも触れましたが、わが社の揚げ物の「シーフードコロッケ」がなぜ売れないのかとデイーンに聞いたことがありました。念のため道場のほかのメンバーに、この疑問をぶつけてみたところ、彼らの返事は「マクドナルドなどで出される食べ物は揚げものです。脂肪が多過ぎます。だからあのような店には入りません」ということでした。これらの理由で米国の中産階級である道場メンバーとその家族は、この種の店には決して入らないことを知ったのでした。

米国の中産階級には食生活の厳しいルールがあります。その食文化の中で育った子供たちは、ケンタッキーフライドチキンやマクドナルドには足を踏み入れないとか。その点日本の中産階級の家庭とは、まったくとはいいませんがかなり異なります。

話はそれますが、日本のファーストフード店でコーヒーを飲んでいて驚いたことがあります。それは小さな子供が店内で大きな声で泣く光景です。米国ではまったく考えられません。私もたまにその種の店に入りましたが、そんなことはまったく見たことがありませんでした。米国では万が一そのようなことが起きた場合は、親が周囲の迷惑を考えて、すぐ店の外に子供を連れて出します。一般的には親が子供を叱ると子供はすぐ黙ります。ここにも日米の家庭内教育の違いを痛感したことです。

戻ります。一方、これからも日本ではますます小太り、いや大太りの若い男女が街に増えることが推測されます。皆さんにこれらのファーストフード店に入るなとは言いませんが、ただ食生活には十分気をつけてもらいたいものです。最近日本のテレビを観ていて、肉の代わりに魚肉を使ったハンバーグがあるのを知りました。これは日米の伝統食の混合でたいへん良い例です。ぜひ、次は「美味」を追求してほしいものです。

ところで、日本語には、小太り、二重あごなど、肥満体の表現はいろいろありますが、最近、欧米諸国では二重あごの大統領や首相はおりません。それは国のトップであるこれらの人々は、常に自分の健康管理を十分心がけているからでしょう。自己管理ができない人間には国の管理を任せられないということでしょうか。それに反し、日本では野田元首相は在職中ずっと二重あごでした。私はテレビで彼の顔を見るにつけ、何となく恥ずかしいような気分になりました。最近は安部首相も少々この傾向があります。ぜひとも自己の健康管理を十分にし、二重あごは極力避けてほしいものです。また、衆院予算委員会などでよく首を垂れ、眠っているような議員がいます。欧米先進国の国会で会議中に、このような態度をすることは皆無です。たとえ前の晩の宴会で多少疲れていても、背中の伸びていない姿勢は控えるように願いたいものです。

健康管理といえば、一昨年（二〇一二年）のことです。親友夏八木君はハリウッド映画『終戦のエンペラー』で枢密顧問官・関屋貞三郎役で出演しました。この時の出演インタビューで彼が驚いたのは、「製作者側から私本人の健康状態、健康管理に関する質問が厳しかったことです」と言っていました。この映画は昨年七月二十七日に日本で公開されました。ロケの現場はニュージーランドで、そこに戦後の東京、あの焼け跡を再現したとか。

II

二十三年の間留守にした日本に帰国し、それまでの日本では見たこともないさまざまな事柄を、目にし経験することとなりました。

合気道本部道場からの帰り、新宿駅構内を歩いていて、急に「え、ここはどこだろう」と、あたかもロサンゼルス市街を歩いているような錯覚に陥りました。それは前を歩く中年の日本女性の後姿が、ロサンゼルスで目にした風景とそっくりだったのです。彼女はそれほど丸々とした肥満体でした。三十年前は決して目にすることがなかった風景です。現代の日本では我々の時代の食不足とは反対の、過食による脂肪太りが、普通のことになっていたのは本当に驚きでした。

これは二十数年前のことですが、米国を初めて訪ねた私の妹としみが、

「アメリカでは時々真綿のセーターか何かを着たように太った女性を目にしましたが、最初に見たときはほんとうに驚きました」

と言っていました。

確かにロサンゼルス市街では、この種の女性が多く闊歩しています。ただ彼女らの大部分は中産階級以下というか、どちらかというと下層階級の女性です。安い脂肪分の多い食事を腹一杯食べるので、その結果として超肥満体になるのです。言い換えれば自己の健康管理が悪いということでしょう。

最近はこのような光景が日本でも普通になってきたようです。ぜひともこのような傾向にある男女の方は、運動を習慣にとり入れ、あまったファ

ット（脂肪）を消費してほしいものです。食生活はあまり改善しなくても、週二回ほど大汗をかく運動を加えれば、間違いなくこれらのファットは消えてなくなります。そして健康な身体に戻ること間違いありません。ぜひ実行してほしい事柄のひとつです。

＊

最近の日本女性の容貌の変化ですが、驚いたことが多々ありました。

そのひとつは女性に、髪を茶髪に染め上げている人がいることです。二十三年間米国で暮らして分かったことですが、一般的に欧米諸国の男性は、若い女性の真っ直ぐ伸びた黒髪にセクシーさを感じています。日本女性のオリジナルの髪の毛は、黒く輝いているばかりではなく「しっとりと柔らか」です。これは欧米の男性ばかりではなく、我々日本男性にとっても大変魅力的な髪質と思えるのです。欧米女性の黒髪は日本人に較べ、このしっとり感はなく、少々ぱさついた感じがします。また、私にいわせれば、欧米女性の肌はサメ肌とは言いませんが、日本女性に較べると乾燥し、肌理《きめ》が荒い女性が多いのは事実です。一方、日本女性の肌のしっとり感は類のないものです。日本の気候や風土、良質な水や食生活が、女性の美しい黒髪と美肌に大いに影響しているのでしょう。そのいい例が「庄内美人」です。この美しい黒髪を磨くこともなく、若い女性たちが欧米風の食事をし、欧米風の髪色に単純に憧れ、変な色に染め上げるとはじつにもったいない話です。

もちろん日々の生活の変化を求めて、時に染め上げるのはよしとしましょう。また中年を過ぎ白髪が多くなってきた女性が、髪を染めるのはこれはまた結構なことです。しかし知って頂きたいのは、伝統的な日本女性の「しっとり感のある黒髪と、肌理こまやかな肌」は世界に冠たるものであるということです。これに欧米男性が憧れるという事実も頷けます。そしてご存じでしょうが、この黒髪はしっかりと日々ケアーし、手入れをしないことには「伝統の黒髪」は保持できないという事実です。どうぞ今後とも、自信と誇りをもって、伝統的な「黒髪と美肌」、これらのテイク・ケアーは怠りなきように！

＊

日本での伝統的なものの喪失といえば、我々が二〇〇一年に帰国した理由のひとつに「日本の美味いものを味わい、腹一杯食べたい」という「切なる願い」がありました。食は昔から人類の楽しみのひとつです。帰国する五年ほど前から、我々は月に一回ほどの頻度で東京に帰っていました。それはふたりとも、美味い伝統の日本米、美味い和風料理、とくに世界に冠たる発酵食品を食べたかったからです。

日本での日々の生活が再び始まり、初めに思ったのは、果実や野菜類の味が昔の味とまったく異なるという事実です。たぶん皆さんの脳と舌はこの三十数年、徐々に味の変化を経験しているので、知らないうちに昔の味を忘れ去っている方も多いでしょう。

ところが、私の脳と舌は昔の味の記憶を鮮明に維持していました。かなり高級な和風レストランで、ランチに高額な金額を支払った後のことです。「どうしたんだろう。ロサンゼルスで食べた果実や野菜とあまり味が違わない。私の舌がおかしいのかな」といぶかりました。最初はよく分からず、友達に、昔の日本の味がしないのはどうしてなどと訊いたり、テレビなどを見て分かったのですが、果実や野菜の味が昔と異なり悪くなっているのは当然だと思いました。

皆さんも推測できるでしょうが、その昔は大部分の農家は促成栽培はせず、また農薬や化学肥料をほとんど使用していません。今の言葉でいえば、日本の土壌に根差した「有機農業」だったのです。もちろん今でも執拗に日本産の種を使い、昔からの有機農業に固執している農家の方もいることは知っています。問題はこれらの農家の数が少ないという現実です。

米作も然りですが、この日本の伝統的な味や品質を失っては、日本の農業は、中国や他のアジア諸国に世界市場で負けること間違いありません。ここでも伝統の風味を保つことこそが、わが国の農業の救いとなるのです。

日本の味といえば、近海の魚類の味は世界でナンバーワンです。私は欧米諸国の魚類を食べ歩き、この事実を知りました。これは日本の四季、山の緑、山の栄養を運ぶ急流、それらを摂取するプランクトン、それらを食べる小魚類、そして小魚を食べる中型や大型の魚類と、ここに「美味への連鎖」があるのです。日本の皆さんは日本産の魚を食べるのは日常のことで、日本産の魚の味で舌が慣れています。それでこのようなことはあまり考えたことはないでしょう。この事実を知り、近海で捕れる魚類に感謝し味わってほしものです。

「美味への連鎖」の条件が揃った国は欧米諸国のどこにもありません。しかし、そんな中でも、北海のキングサーモン、サバ、鬼アジなどは、その鮮度と脂の乗りさえよければなかなか捨てがたい美味しい魚でした。

＊

戻ります。ある夏の日のことです、都内のそば屋で冷麺を食べ終わって、こんな愚句が脳裏を走りました。

音高く　冷麺すする　帰国かな

ここで食事と音について、少し話したいと思います。一般的に米国の中流階級以上では、ナイフ、フォークはもちろんですが、食事中に食器の当たる音やスープを飲むときに出る音を嫌います。それで彼らはビールを飲むときも、それは静かに飲み音をたてません。

皆さんもご存じのように、日本ではラーメンやそば類を食べるとき、「ズルズルズル」と快音（？）を出して料理を味わい、ビールを飲むときは「ごっくん」と音をたてるのが一般的です。私もこの快音は嫌いではありません。

ところが、欧米社会では間違いなく、食事中の日本的な快音を嫌います。食文化、習慣の違いといえばそれまでですが、欧米滞在中はこの快音は決して出さないように心がけましょう。これは欧米社会で日本人の犯す典型的なマナー違反です。まあ、これは海外旅行する皆さんは、すでに十分ご存じかと思いますが。

個人の癖でもっとも嫌われるのは、いわゆる「くちゃくちゃ」と音を出して食べることです。これは欧米では下層階級の社会でもほとんどないようですが、日本では時にあります。欧米社会でこの癖を人前でやると、周囲の人々は口には出しませんが、「ああ、この人は極貧の生まれ」だと、間違いなく思われます。

なぜなら貧しい家庭でさえも、この「くちゃくちゃ」と音をたてる食べ方は両親から厳しく注意され教育されます。最近の日本と違い、欧米の子供に対する家庭教育では、肉体的な苦痛を与えることで、その悪い癖を直させるのです。ご存じのように、犬や猫は「厳しい躾《しつけ》」をしなければ、言うことを聞かないペットになります。日本では「褒める」ことによって悪い癖を直すといいますが、これには両親のたいへん強い意志が必要です。またこれを持続的にできるかという問題が残ります。

ところで、音といえば、欧米諸国では街や駅で走っている靴音を、ほとんど耳にしたことがありません。走っているのは大部分が犯罪事件が起きているときだけです。

久し振りに帰国した、ある昼のことです。東京駅の大丸百貨店の付近でばたばたと走る女性を目にして、一瞬「犯罪か」と思いましたが、長い間ロサンゼルスに住んでいたための錯覚でした。ほんとうに日常生活の慣れというのは怖いものです。

また朝のラッシュアワーの電車に乗ったとき、駅の階段を数人が物凄いスピードで走っているのを目撃しました。また再び一瞬「犯罪か」と思いましたが、ひとりではなく数人でしたのですぐその状況を理解しました。

＊

話題を少し変えます。これは主に都内の風景ですが、三十年前に較べると景色がまったく変わってしまいました。それは横文字（カタカナを含めて）が多く、何か欧米の植民地に足を踏み入れたような感じがしました。欧米諸国では自国の文化、食文化も含めて、これらをしっかりと守り、時代と共にこれらを進化させていますが、わが国では最初から欧米諸国がいろいろな面で進んでいると考え、それに憧れる傾向があります。これは間違いです。

世界の国々を歩き、商売を通じて欧米人と会い、共に食べ、呑み、語りあった日本国民のひとりとして、我々の独自の文化を継承し、次の世代に受け渡すのが私の使命かと思います。日本は何千年もの長い間、他国からの文化の影響をほとんど受けず、独自の習慣や文化を育んできました（もちろん、古代より中国・朝鮮などの影響がありますが、それらは微々たるものです）。そしてその大部分は「世界に冠たるもの」です。ぜひとも、これからもこの事実を胸にしまい、自信をもって日々の生活に生かしたいものです。昨年（二〇一三年）は「和食」がユネスコ世界文化遺産に登録されました。これは一例であり、日本には食に限らず、いろいろな分野で優れたものが日常生活に定着しています。それを皆さんが気づかない、いや気づこうとしないだけです。

ご存じの様に、日常生活では衣食住が生活の基本ですが、日本の伝統的な「衣」の世界はこれもまたかなりの分野で他の先進国に勝ります。それ故各業界の方々が自信を持って新しい製品を生み出し、海外の市場にマーケティングしてほしいものです。製品がよければ値段はそれほど問題ではありません。

日本には昔から「泣く子と地頭には勝てない」「長いものには巻かれろ」といった諺があります。また最近では「赤信号、皆で渡れば怖くない」がいっとき流行りました。ここには自分の考えを強く押し出す欧米流の自己主張は見られません。

自分の考えを主張しないのは、権力者に対しての諦めもあるでしょうが、他方、帰属する組織やチームの「和」を優先させるからで、これは日本人の特徴であるともいえましょう。ただ悪くすれば付和雷同となり、ただそのときの「空気」に流されるようです。欧米諸国にはこのような傾向はありません。

その例とは多少異なりますが、その昔こんな社会現象がありました。戦後、昭和二十五年頃のクリスマスですが、あの頃は戦争で負けた欧米諸国のキリスト教徒が「聖なる日」とするクリスマスを、我々日本人は酒をたらふく呑みこむことで、この聖なる日を壊してやろうと、一部の人達が十二月二十四、五日の夜は皆で大酒を呑み街頭で大騒ぎしたのです（これは我々世代が、中・高校の頃よく聞いた社会風潮でした）。

その底にある考えを知らない現代人たちは、キリスト教徒でもないのに、これらの夜を適当に楽しんでいます。そうです。じつは、これらを商売の面から後押ししたのが日本の有名百貨店です。国民のプレゼント購入を煽るために、クリスマス商品の宣伝を積極的にしたと聞きました。キリスト教徒が少ない国で、こんなに社会全体でクリスマスギフトやパーティーをする国はありません。ここでも「長いものに巻かれる」からクリスマスが盛んになるのでしょうか。悪いことではありませんがいささか滑稽です。

欧州の先進国はほとんどが陸続きです。そのため、太古の昔から人々は交流を続けていました。その結果として、欧州諸国は、わが国のように近隣の諸国とは異なる「独自の文化」が少ないのは確かです。それ故、我々国民が日本の各地で昔から伝えられた文化や文明（職人芸）を誇りに思い、その地域が中心になって継承してほしいものです。

欧米社会への憧れは理解はできますが、食文化でも寿司をはじめ、日本のオリジナルな食品や味噌、麴、醬油などは、世界のどの国民にとっても大変魅力的なものとなっています。これらを忘れず日本独自の農産物の生産を、心よりお願いする次第です。

＊

最近のことですが、私が若い頃、喫茶店、ラーメン店などよく巡り歩き、いろいろと世話になった静かな街、吉祥寺で若い女性が刃物で刺され殺害された事件がありました。犯人は日本に住むルーマニア国籍の若者と日本の若者のふたりのようですが。

私には最近の日本の社会環境が欧米社会に較べて異常になってきているように思えます。そのひとつの例がコンビニです。日本では二十四時間営業、深夜でもオープンしています。例えば、最初米国でオープンしたコンビニ「セブン・イレブン」は、米国では夜は十一時に閉店しますが、それにははっきりとした理由があります。主な理由は街の人々を夜間の犯罪から守ることです。米国の中流階級以上の家庭では、子供が十時過ぎまで外で遊ぶことを決して許しません。そのへんは最近の日本と大違い、大変厳しい家庭内のルールがあります。キリスト教を中心とする社会の掟が、しっかりと現実社会の底に存在しているのです。

言い換えれば、日本では深夜に出歩く若者が多くいるということです。先の彼女も吉祥寺とはいえ、深夜の街をひとりで歩いていたのですから、彼女にも責任がないとはいえません。若い女性たちには深夜は犯罪の温床という事実を、もう一度しっかりと心に刻む必要があります。社会が荒れ、心の支えとなる宗教もない、最近の日本の深夜はとくに油断がなりません。

＊

最後になりましたが、「衣食住」の最後、住宅について、日本と米国の根本的な違いについて少し述べたいと思います。

二〇〇一年、私は帰国した直後は、自宅のあるたまプラーザ分譲団地に住みました。他に、親友夏八木君の住む鎌倉に土地は持っていましたが、家はまだ建設していません。それから一年ほどして鎌倉に新しい家を建設し、たいへん驚いたことがあります。それは土地を含めた建設費がたいへん高額だったことです。

この金額だとロサンゼルスでしたら、高級住宅街のベルエアとはいいませんが、ビバリーヒルズで鎌倉の私の家くらいの建物は建てられます。米国だと敷地面積は約五百坪となるでしょう。そして二十五メートルのプール付でも、少し予算を増額すれば可能かと思います。言い換えますと、米国では土地代はほとんどかかりません。

帰国する三年ほど前のある日のことです。私は道場で、うちのFはYMCAで汗をかいた後、ふたりでいつものようにニューオータニの和食レストラン「千羽鶴」の寿司バーにいたとき、うちのFが、

「英さん、ロスは日本に較べると、土地代はタダみたいなものだから、帰国する前に少し広い土地に住みたくない」

「そうだな。土地が広いと朝起きたときに気分がいいからな。少し探してみようか」

と、いうことになりました。

それで翌日から二人で物件を探したところ、渡米当初住んでいたオークウッド・ガーデンから引っ越しして、そのころ住んでいたローズ・ミードから十五分ほど東寄りの場所に、土地は約二千坪、建物は約二百五十坪の物件が見つかりました。それでふたりで週末にその物件を見に、車で空いているフリーウェイを走り、岡の上にある物件に到着しました。

十年ほど前に建てられた確りした建物で、三十畳ほどの大きなリビングルームには、ピアノも置かれており、これも含まれていました。日本的にいうと六LDKで、一部屋の面積は日本の三倍ほどありました。広い庭の片隅には直径三メートルほどのジャグジーもありました。また広い敷地の庭の周囲には木々と、刈りこまれた芝生がありました。値段は六十万ドルほどでした。その頃の日本円で換算すると約七千万円です。ふたりとも気に入って、その場で一パーセントの手付金をチェ

ックで支払いました。

　ところが、残念なことにこの家には住むことができませんでした。というのは我々の仕事が急に多忙となり、できるだけダウンタウンに近い場所のほうが、仕事や生活上でベターなので、最終的にはこの物件をキャンセルしました。

　と、いう訳で、残念ながら我々は二千坪という広い敷地に住むことは夢で終わりました。

　これまでいろいろと海外で生活する日本人が直面する問題や注意点について述べてきました。結論として、前にも述べましたが、長い間、日本人はこの豊かな自然（四季、山の緑、急流など）、その結果としての美味しい食材などに恵まれ、他の民族では考えられない稀有な環境の中で、独自の文化・文明を育んできました。これからも欧米文化に憧れず、この日本民族の伝統をしっかりと継承してほしいものです。

あとがき

昔流に言えば男の厄年、災難に遭うので「静かにつつしむ」べき、この時期に胸一杯の不安を抱えて広い太平洋を渡りました。そして幸いに災難に直面することなく、見知らぬ米国の大都市ロサンゼルスでゼロからの出発となりました。

渡米する数年前は安定した収入もなく、多少あった貯えも次第に減少し、Fも不安な日々を送っていたことでしょう。

日本を発つ前は、ロサンゼルスで何か仕事を始めたとしても、何の地盤もない外国で順調に仕事を展開できるかどうか全く不明でした。収入がなければそこでホームレスになる可能性もあります。「骨を埋めるに、あにただ墳墓の地のみならんや」というフレーズが、時々脳裏をかすめることもありました。それ故たまプラーザの自宅はいつでも帰宅できる状態にしておきました。そして仕事が落ち着いてからは二カ月に一回、その後の三年ほどは毎月帰国し、プリンスホテルを定宿として、美味な和食をふたりでエンジョイしました。そして五月は一週間自宅に滞在し、室内の掃除をするのを常としました。

ユーコン河口での「サーモンの沖買い」から帰ってから、とある日系会社の役員として、「テング」印のビーフジャーキーを日本市場へ輸出しました。ところが、寿司ネタ商材の販売が多忙となり、この商品からは手を引きました。「スモークサーモン」と「うなぎ蒲焼」は他社製品との差別化を図り、市内の卸業者や寿司バーへは、直接に売り込みと配達をし、年間三万キロ以上を走っていました。

一方、ハリウッド柔道道場では柔道を続け、そして次に剣道クラブにも加わり、これらを継続してきました。そのためでしょう、風邪もほとんど引かず、極めて壮健な日々を送ることができました。具体的には血圧は七十・百二十、血糖値は八十と三十代の数値を維持できました。ただ帰国し数年してから、とある事情が発生し、通っていた合気道本部道場に通えなくなりました。すると驚いたことに、体重が七キロほど減り、ウエストは八センチ増となりました。これは重たい腹筋が軽い脂肪に変化した結果です。これには年一回ボディチェックを受ける聖路加病院のドクターも驚いていました。結論として、健康の秘訣は前述した「三快プラスアルファ」です。アルファは運動による「快汗」です。それで正確には「四快」となります。

私の幼少からの夢、「いつの日か太平洋を渡る」。これは見事に実現できました。そして、そこに住む欧米人の日常生活、考え方、その社会は十二分に観察でき、さらに幸運なことに欧米人の知人、友人たちが多数できました。彼らとハリウッド柔道道場で大汗をかいた後に、種々語り合い未知であった欧米社会の表と裏をも知ることができました。

欧米諸国では民族の「伝統的なもの」を身につけていると、メンバーや他の人たちからも想像以上に評価される。これも驚きのひとつでした。一方、日本の一般的な習慣が欧米社会で嫌われることが多々あります。そのひとつが「物事を率直に言わないこと」です。言葉は多少下手くそでも、日本風に気を使わず「イエス・オア・ノー」を率直に伝えることです。さもないと相手に理解されず、時に嫌われることもあります。

一昨年のことですが、ハリウッド柔道道場のゲイリー・フリーマン師範よりメールが入り、私の名前を日系人貢献者のひとりとして、敷地内にある大きな記念碑に刻んだとありました。それで私は「まだ生きているのに……」と文句を言いました。すると「君はもうLAにはいない。道場で知る人も少なくなった。それで、永久に名前を刻んだ」との返事が返ってきました。

仕事に戻ります。ニューヨークやシカゴ地域に商品が動き始めると、うちの彼女はロサンゼルスと三時間の時差があるので早起きしていました。そして七時頃には家で朝飯とランチを作りながら注文をとっていました。もちろん私も電話に出ましたが、取引先は私より彼女との会話を好んでいました。それで彼女はいつも朝から多忙でした。彼女としても単に経理担当で数字だけに触れているより、人との会話が楽しかったのでしょう。例えば、ニッスイUSA社の岩下氏とはオフィスで、毎朝十五分ほどいろいろと打ち合わせをしていました。また時に、取引先の若者の個人的な悩みや愚痴なども聞き、その相談相手になっていました。それで取引先との人間関係も深まり、仕事にもよい影響を与えていたことが推測されます。ここでもコミュニケーションの重要性を痛感したことです。

わが社ではスモークサーモンが売れ筋ナンバーワンの商品でした。そして毎月約二十数トンを全米に販売していました。原魚はノルウェー産キングサーモンでした。わが社は米国ではナンバーワンの客筋だったのでしょう。ロサンゼルスでシーフード展示会のあるときは、いつもノルウェー大使館からパーティーの招待状が届きましたので、彼女とふたりで、時にデイリーフーズ社の村尾氏を誘い参加しました。

二〇一二年のことです。三井住友銀行・大船支店長の紹介で故郷伊東市にある物件を紹介されました。見学すると、それは三百坪ほどの敷地のある保養所でした。建物を支える柱が直径約一メートルと太く、これが気に入って直ぐ購入し、武道場を建設することができました。日本人と米国人メンバーに柔道・合気道・集約拳を合わせた武道（護身術）を無料（泊り、レッスン料、風呂代）で指導するための道場です。まだ詳しくは未定ですが、これは私のこれからの仕事のひとつとなります。生まれ育った故郷と米国社会に対するささやかな恩返しです。

我が郷里では、次弟の軍治が変わらず家業を継続し、そして義兄丸山堅一の長男が久保田干物店を経営し、昔からの伝統の一部を継続しているのは嬉しい限りです。弟軍治が今も彼の好きな落語を時に楽しんでいるかはどうかは知りませんが。

最後に米国での二十三年を振り返ってみると、人生と言うのは具体的な目的を抱え、日々懸命に努力し生活すると、その目的は間違いなく達成できると言う事実です。ここで愚句をひとつ

忍ぶれば　夢実るなり　伊豆の春
連れ添い生きて　海渡るかな

二〇一四年七月

久保田英夫

久保田英夫略年譜（敬称略）

昭和12（1937）1月22日、静岡県伊東市に父久保田吉蔵、母静江の長男として誕生
昭和19（1944）7歳　犬かきで泳げるようになる
昭和20（1945）8歳　7月30日、水泳中グラマンの機銃掃射を浴びる。東京から親類の丸山堅一・本間正らが久保田家に疎開
昭和24（1949）12歳　祖父に柔術を習う。やんちゃな少年時代を過ごす
昭和26（1951）14歳　水泳・野球に熱中する。家業を手伝う
昭和27（1952）15歳　静岡県立韮山高校入学
昭和30（1955）18歳　一橋大学受験失敗。新星学寮に入寮し浪人生活。料理を覚える
昭和31（1956）19歳　2浪目。韮山高校同期生の森田都雄、小田原高校・稲木政利、沼津東高校・稲葉厚らと幡ヶ谷本町に下宿
昭和32（1957）20歳　明治大学商学部入学。幡ヶ谷本町で一緒であった亀川清徳と久我山の下宿に移る
昭和33（1958）21歳　実家が温泉旅館「新井荘・山久」を始める。旅館が狩野川台風の被害を受ける。
昭和34（1959）22歳　日米会話学院入学。生涯の友・夏八木勲と出会う
昭和35（1960）23歳　亀川清徳の下宿で、生涯の伴侶となる長野不二子と出会う
昭和36（1961）24歳　江川電機研究所就職。御茶ノ水山の上ホテルで長野不二子と挙式。経堂に移り新生活を始めるが、友人が毎日のように訪問
昭和37（1962）25歳　斎藤省三商店に就職（〜昭和39年）
昭和39（1964）27歳　代々木オリンピック選手村に

通訳として勤め、市川敬三と親しくなる。日研商事就職（〜昭和41年）
昭和41（1966）29歳　東海設備機材に就職（〜昭和43年）、杉口健と親しくなる
昭和43（1968）31歳　たまプラーザに分譲住宅を購入、引っ越し
昭和44（1969）32歳　キャッスル&クック社・極東支社に就職（〜昭和46年）、休日の土曜日を利用し、久保田商店東京支店を開設。母静江、胃ガンで亡くなる
昭和45（1970）33歳　初めての海外出張でマニラに行く。台湾からのうなぎの輸入を開始、台湾のうなぎ・シラス情況を『みなと新聞』に掲載。台湾で乗り遅れた飛行機（中華航空206便）が墜落し、命拾いをする
昭和46（1971）34歳　物産貿易入社（〜昭和49年）。『日本経済新聞』に「台湾のうなぎ狂騒曲」を掲載。義父母、父を連れ、結婚10年目の記念に台湾旅行
昭和47（1972）35歳　祖父治三郎亡くなる
昭和48（1973）36歳）祖母とめ亡くなる。台湾の冷蔵倉庫で債権確保作業
昭和49（1974）37歳　物産貿易をやめ久保田商店東京支店の業務に専心する（輸出・キャンディ棒、ゴルフクラブ、ライフル銃など、輸入・健康食品蜂花粉）。フランスの取引先ムッシュ・ベオーの弔問をかね、ヨーロッパ旅行
昭和51（1976）39歳　古河財閥グループの依頼でシラスうなぎの輸入ルート確保のため渡米
昭和52（1977）40歳　父吉蔵亡くなる
昭和53（1978）41歳　5月渡米、ネイビル宅に滞在。和風レストラン大和に勤める（3カ月）。オークウッド・ガーデンにアパート借りる。大山トレーディング社に勤める。ハリウッド柔道道場に通う（〜2001年）
昭和54（1979）42歳　大山トレーディング社を辞め、アラスカ、ユーコン川でのキングサーモンの海上沖買の仕事を手伝う
昭和55（1980）43歳　夏八木勲が『復活の日』のロケ帰りにロサンゼルスに立ち寄る

昭和56（1981）44歳　紀文カナダ社とスモークサーモンの取引始まる
昭和57（1982）45歳　ビバリーヒルズホテルなどと取引始まる
昭和58（1983）46歳　日系寿司バーへの販売促進、日航商事内に事務所開設し、ユリカ・トレーダーズ・オブ・アメリカを設立し、スモークサーモンのほか伝統の味ブランド「うなぎ蒲焼」などを販売。ニッスイUSA社の船越義弘と取引始まる
昭和59（1984）47歳　ロサンゼルスオリンピック開催。ニッスイUSA社の船越義弘の後任が加藤寛司となる。日本ハムUSA社、ジャパンフード社などと取引はじまる。年末に加藤寛司一家とサンフランシスコ旅行
昭和60（1985）48歳　夏八木勲、ヴィクトリア・ハーストとロスにくる。日本航空他でスモークサーモンの機内食納入が始まる。スモークサーモンの販売網がハワイ、テキサス、シカゴに広がる
平成元（1989）52歳　夏八木勲一家が『天と地と』のロケ後、ロサンゼルスに来る。ニューヨークで取引詐欺にひっかかる
平成2（1990）53歳　夏八木勲がユリカ・トレーダーズ・オブ・アメリカのコマーシャル出演。ニューヨークでの取引活発となる。F（不二子）とニューヨーク、フロリダなどに仕事と観光をかね旅行
平成6（1994）57歳　この頃より亡（義）父の道具を譲り受け、剣道を始める。
平成8（1996）59歳　ベトナム系の会社と支払をめぐりトラブル
平成12（2000）63歳　F（不二子）とブエノスアイレスに転任したニッスイUSA社加藤寛司の誘いによりチリの養殖場を訪ね、帰途アルゼンチン、ブラジル旅行
平成13（2001）64歳　5月、米国での仕事を整理し、F（不二子）と帰国

負《ま》けてたまるか。オレは日本人《にほんじん》だ！

友情《ゆうじょう》を胸《むね》に、武道《ぶどう》を心身《しんしん》に、
海外《かいがい》へ雄飛《ゆうひ》した熱《あつ》き男《おとこ》のロマン

発行日　平成二六年九月三日
著　者　久保田英夫
発行者　足立欣也
発行所　株式会社求龍堂
東京都千代田区紀尾井町三―二三
文藝春秋新館一階　〒一〇二―〇〇九四
電話〇三―三二三九―三三八一（営業）
電話〇三―三二三九―三三八二（編集）
http://www.kyuryudo.co.jp
装丁・組版　常松靖史［TUNE］
印刷・製本　公和印刷株式会社

ISBN978-4-7630-1436-8 C0095